PHILOSOPHY

人民日报学术文库

乡村振兴视野下农民合作社
多维功能与发展定位

高 强 ｜著

人民日报出版社
北 京

图书在版编目（CIP）数据

乡村振兴视野下农民合作社多维功能与发展定位／
高强著 . —北京：人民日报出版社，2022. 12
  ISBN 978‑7‑5115‑7501‑2

  Ⅰ. ①乡… Ⅱ. ①高… Ⅲ. ①农业合作社—研究—中
国 Ⅳ. ①F321. 42

中国版本图书馆 CIP 数据核字（2022）第 179186 号

书　　名：乡村振兴视野下农民合作社多维功能与发展定位
　　　　　XIANGCUN ZHENXING SHIYE XIA NONGMIN HEZUOSHE DUOWEI GONGNENG
　　　　　YU FAZHAN DINGWEI
作　　者：高　强

出 版 人：刘华新
责任编辑：刘天一

出版发行：人民日报出版社
社　　址：北京金台西路 2 号
邮政编码：100733
发行热线：（010）65369509　65369527　65369846　65369512
邮购热线：（010）65369530　65363527
编辑热线：（010）65369844
网　　址：www. peopledailypress. com
经　　销：新华书店
印　　刷：三河市华东印刷有限公司
法律顾问：北京科宇律师事务所　010‑83622312

开　　本：710mm×1000mm　1/16
字　　数：274 千字
印　　张：15.5
版次印次：2024 年 4 月第 1 版　2024 年 4 月第 1 次印刷

书　　号：ISBN 978‑7‑5115‑7501‑2
定　　价：95.00 元

他 序

充分发挥合作社在中国式农业农村现代化进程中的作用

前不久，南京林业大学经济管理学院的高强教授发来新著《乡村振兴视野下农民合作社多维功能与发展定位》电子版，嘱我写序。高强是我带的博士研究生，在人大获得管理学博士学位之后，又回到爱知大学获得了学术博士学位，是为数不多的双博士学位教授。去日本留学之前，他在青岛农业大学合作社学院工作。毕业后在原农业部农村经济研究中心工作，其间被借调到国务院研究室和原农业部经管司工作过一段时间，熟悉政策研究和制定过程。这些经历无疑对他拓宽研究视野大有裨益。被南京林业大学引进后，高强深度参与了江苏省"三农"相关法律、政策的研究和制定工作，成绩斐然，我当然很高兴。为学生新著作序，是我最乐意做的。

从世界各国现代农业发展的经验看，由于总体规模小（新大陆国家农业经营规模大，只是相对于旧大陆国家而言的，相对于工业企业，规模依然是小的），追求规模效益的公司制企业很难在农业领域存续。因此，合作社是农业领域的现代企业制度。合作是人类的天性之一，这是克鲁泡特金在其著作《互助论》中反复证明的道理。他说，"互助合作是动物的本性""人类中的互助倾向，其起源是很遥远的，而且是和人类过去的一切进化极为密切地交织在一起的，所以，尽管历史上有种种变迁，人类仍然一直把它保持到现今""互助这种习惯——还可以举出许多这种习惯的实例——无疑说明法国农民那样轻易地进行下列合作的原因：他们把犁头和拉犁的马匹以及葡萄榨汁器和打麦机交给自己村子中的一家人单独保管，由大家联合起来轮流使用这些东西，并且共同做各种农活"。在中国农村，一直保留着各种各样古老的合作形式，如西北地区的变工、札工、搭庄稼、伙喂牲口，华北地区的拨工、包工、参忙、插伙，江苏、安徽一带的换工、伴工、调工、搭工、搭伙、辫犋等。

现代意义上的合作社发端于 1918 年北京大学成立的消费公社。第一次国内革命战争时期，中国共产党与中国国民党开始合作，北伐战争每到一处，中国共产党就发动农民成立农民协会。从目前掌握的极少资料看，广东、湖北、湖南等省的农民协会无不强调成立合作社。如 1925 年 5 月广东省农民协会第一次代表大会《关于农村合作运动决议案》指出："我们农民大多数，既苦于土地的不足，复迫于粮食的缺乏，再加以资本家地主的剥削和榨取，我们农民生活的困苦可想而知了。我们要解决这个困苦问题，决不能依赖于人，只有自己出来奋斗。解决困苦的办法，在根本上惟有由阶级斗争以达到社会经济的改造，但在根本改造目的尚未达到以前，我们对于目前的改革也是要的，合作运动就是改革目前农民生活状况的一种有效方法。"所谓合作运动，应是农民间基于互助精神而组织的一种合作事业，遗憾的是目前尚未找到当时合作社发展的详细资料。但可以想象，即使当时组建了一些合作社，由于国共两党很快决裂，这些合作社也不会存在。我党领导创建的第一个合作社是安源路矿工人消费合作社。到了瑞金时期，各类农民合作社就大量存在并为根据地的巩固和发展起到了重要的支撑作用。延安时期，合作社更是无处不在，著名的南区合作社作为成功范例，为新中国成立后合作社的发展，尤其是供销合作社的发展积累了宝贵经验。

20 世纪 80 年代前半期，在农业专业化生产的推动下，一些地方的农民开始以农业专业技术协会、研究会的形式进行合作，有的开展共同购买化肥、农药、饲料等生产资料，以及共同销售农产品等活动，实际上是农民合作社的早期形态。到了 20 世纪 90 年代，这些合作更加紧密，少数协会或研究会也以专业合作社的名义对外开展经营活动。我们查到最早提及专业合作社并予以支持的中央文件是 1997 年 2 月 3 日，《中共中央 国务院关于一九九七年农业和农村工作的意见》："对农民自主建立的各种专业合作社、专业协会以及其他形式的联合与合作组织，要给予积极引导和支持。有些建立在群众自愿入股基础上的联合与合作组织，实行一人一票的民主管理，在按股分红的同时有一定比例的劳动分红，并留有一定的公共积累，这种做法值得提倡。"正是在这样的基础上，2006 年 10 月 31 日，第十届全国人民代表大会常务委员会第二十四次会议通过《中华人民共和国农民专业合作社法》，以立法的形式推动了这一农业中现代企业制度的构建。

2008 年 10 月，党的十七届三中全会提出："统一经营要向发展农户联合与合作，形成多元化、多层次、多形式经营服务体系的方向转变，发展集体经济、增强集体组织服务功能，培育农民新型合作组织，发展各种农业社会化服务组织，鼓励龙头企业与农民建立紧密型利益联结机制，着力提高组织化程度。"主要包括三个部分：一是原集体经济组织（当然也是合作经济的一种形态）在新形势下如何发展发挥统的功能；二是农民专业合作社如何发展并发挥为农服务功能；三是其他社会组织如何发挥社会化服务功能。党的十八大以后，农村集体产权制度改革开始以试点的方式推进，到 2021 年底基本结束。数据显示，截至 2021 年底，全国清查核实农村集体账面资产 7.7 万亿元（村级资产占77.6%），其中经营性资产 3.5 万亿元，全国集体非经营性资产约 4.2 万亿元。全国共确认农村集体经济组织成员 9 亿人（其中农村户籍成员 7.7 亿人，村改居等城镇户籍成员 1 亿多人），全国乡镇、村、组三级共建立组织约 96 万个，按照 2018 年 5 月《农业农村部 中国人民银行 国家市场监督管理总局关于开展农村集体经济组织登记赋码工作的通知》，这些组织全部在农业农村部门注册登记，领到《农村集体经济组织登记证书》，为集体经济组织参与市场经营活动、为农民提供统一经营的功能提供了保障。根据农业农村部数据，全国现有农民专业合作社 220 多万家，成员覆盖了大约 50%的农户。

习近平总书记在 2017 年中央农村工作会议讲话中指出，推进"互联网+现代农业"加快构建现代农业产业体系、生产体系、经营体系，不断提高我国农业综合效益和竞争力，实现由农业大国向农业强国的转变。三个体系的核心，就是新型农业经营主体，其中最重要的就是农民合作社。2013 年中央一号文件首次使用"农民合作社"这个概念，要发展多种类型、多种形式的合作社，满足农民在各个领域合作的需求。党的二十大报告指出："全面推进乡村振兴。"这是前无古人的事业，涉及"三农"领域的方方面面。如前所述，丰富多彩的合作社类型是中国农民对于国际合作社运动的伟大创造，也必然能够成为全面推进乡村振兴战略的主力军。

是为序。

孔祥智

2022 年 11 月 26 日

自 序

　　乡村是具有自然、社会、经济特征和生产、生活、生态、文化等多重功能的地域综合体。实施乡村振兴战略，不仅要求产业振兴，还包括人才振兴、文化振兴、生态振兴和组织振兴。当前，中国已经进入加快推进乡村振兴的历史新时期。一方面，脱贫攻坚任务已经完成，在巩固拓展脱贫攻坚成果的基础上全面推进乡村振兴，需要通过培育新主体挖掘乡村发展内生动力；另一方面，实施乡村振兴战略的"四梁八柱"制度框架基本建立，推动形成乡村全面振兴的新格局，需要引导新主体发挥新功能。农民合作社既是小农的联合组织，又是新型农业经营主体的重要构成。同时，农民合作社作为一种制度化的综合体，不仅是一个经济实体，还是一个社会组织，更是乡村治理的重要载体，与乡村振兴战略具有高度契合性，在推动乡村振兴过程中具有独特功能和特殊优势。从政府行为导向看，既要为合作社发展创造宽松外部环境，也要着力提高合作社在市场竞争中的独立性，更要注重发挥合作社的多维功能。然而，无论是政策设计还是理论研究层面，各界人士目光主要集中在合作社在促进产业发展方面的作用，而对于合作社的社会、文化、生态等方面的功能关注不够，尤其是对合作社带动小农户发展、传承乡村文明、推动乡村振兴等方面的研究还不够深入。本研究主要通过典型调查等方法，利用合作社调查数据及政府统计数据，分析合作社的经济、社会、文化等多个维度的交互功能，讨论合作社帮助农民增收、改善乡村治理和提升农户福利方面的综合作用，并讨论合作社在乡村振兴战略中的功能定位。

　　本研究启动于 2018 年，原计划通过两年左右时间，赴四川、内蒙古、山东三个省（自治区）进行实地调研，从农户、组织和区域三个层级，整体考虑合作社在乡村振兴战略中的多维功能，推动研究从"农业产业化"导向的经济功能向"乡村振兴"导向的多维功能转变。同时，本研究的另一项工作是梳理不同时期、不同领域合作社主要功能的发展演化脉络，为国际合作社运动提供中国特色的本土化创新案例，以推动国际社会对中国合作社发展道路的理解。

本书是团队合作的成果。高强作为项目负责人，提出了研究设想、逻辑框架和主要内容，带队参与了内蒙古、江苏、山东三个省（自治区）的田野调查，农业农村部农村经济研究中心、中国人民大学、中央财经大学、西安建筑科技大学、南京林业大学的专家学者及部分研究生作为项目组成员参与了撰写。具体来看：第一章由南京林业大学高强、鞠可心、徐莹执笔；第二章由南京林业大学高强和中国人民大学魏广成执笔；第三章由农业农村部农村经济研究中心谭智心和张照新执笔，相关成果发表于《中国合作经济评论》2021年第1期；第四章由南京林业大学高强和侯云洁执笔；第五章由中央财经大学黄佳民和农业农村部农村经济研究中心张照新执笔，相关成果发表于《中国农业资源与区划》2019年第4期；第六章由西安建筑科技大学李博和南京林业大学高强执笔，相关成果发表于《西北农林科技大学学报》（社会科学版）2021年第3期；第七章由南京林业大学高强和鞠可心执笔，相关成果发表于《中国农村观察》2022年第4期；第八章由南京林业大学高强和徐莹执笔，相关成果发表于《南京工业大学学报》（社会科学版）2023年第4期；第九章由南京林业大学张益丰、吕成成、陆泉志和高强执笔，相关成果发表于《新疆社会科学》2021年第6期；第十章由南京林业大学高强和高士林执笔；第十一章由南京林业大学高强和薛洲执笔，高强审阅了全部书稿并做了修改完善。另外，曾恒源、周丽、陈晓萱等还参与了全书统稿校对工作，吴栋剑、万兴彬等参与了实地调查和案例收集工作。

在此，我们向关心、关注本研究的各位专家学者表示衷心的感谢，向在田野调查中为本研究提供帮助的基层干部群众、合作社理事长及农户致以敬意！

实施乡村振兴战略是一项长期的历史任务，培育发展农民合作社任重而道远。我们对乡村振兴视野下农民合作社多维功能与发展定位的研究还处在初步探讨阶段，尚有很多不足和需要改进的地方，恳请大家批评指正。希望本书抛砖引玉，能够引起社会的关注和讨论，让各界人士更加关注农民合作社的多维功能，更好地助推乡村振兴战略。

高强

2023 年 10 月 6 日于玄武湖畔

目 录
CONTENTS

第一章

农民合作社的功能演化与发展定位

农民合作社是广大农民群众在家庭承包经营基础上自愿联合、民主管理的互助性合作经济组织。培育发展农民合作社并引导其发挥多维功能，是增强农业农村发展活力和内生动力，实现乡村振兴的重要途径。在大国小农的基本国情下，农户通过联合与合作等方式组建合作社，不仅可以实现与现代农业的有效衔接，而且可以显著提升其社会地位、增强乡村社会凝聚力、促进农村和谐稳定。自2007年《农民专业合作社法》施行以来，经过多年不懈努力，全国农民合作社蓬勃发展，数量不断增多，服务能力持续增强，合作内容不断丰富，发展质量进一步提高，功能更加多元化、综合化。截至2021年4月底，全国依法登记的农民合作社达到225.9万家，涵盖粮棉油、蔬菜水果、肉蛋奶生产等各个领域，并向休闲农业、观光旅游、民间工艺和文化服务延伸，辐射带动了全国近一半农户。

2013年中央"一号文件"中首次提出"农民合作社"并明确其经营与服务的双重职能，标志着中国合作社开始朝着宽领域、多功能的综合性服务组织方向发展（孙迪亮，2020）。2017年中央"一号文件"围绕供销社改革及其领办的合作社发展，提出"积极发展生产、供销、信用'三位一体'综合合作"，为推动专业型合作社向综合型合作社的转换升级提供了政策依据。实践证明，农民合作社在降低农业成本、对接市场主体、增加农民收入等方面发挥了重要作用，取得了一定的经济效益，已经逐渐成长为现代农业发展的中坚力量。与此同时，随着合作社经济实力不断增强，其社会凝聚力、文化影响力也逐步提高，成为推动农村发展的重要载体。然而，无论是在政策设计层面，还是在理论研究层面，目前对于合作社的社会、文化、治理等方面功能的关注还比较少，还没有完整准确地认识到农民合作社发展对于乡村振兴的独特价值。

发展农民合作社是全面深化农村改革的重要任务，也是实施乡村振兴战略的重要抓手。进入全面建设社会主义现代化的历史新时期，充分认识农民合作社的多维功能，明确合作社发展定位，并加以政策引导使其向全面化、综合化发展，对增强其对于农户的服务带动能力、助力乡村振兴具有重要现实意义。

第一节 合作社多维功能的理论解释

一、合作理论与合作行为

（一）合作理论

在市场经济条件下，一般认为以小农经济为生存基础的农民依托自己少量的生产资料进行分散经营，无力抵抗资本主义大生产带来的冲击。恰亚诺夫、马克思、舒尔茨是农民学术研究的"三大传统"（黄宗智，2014）。他们关于农民的理论观点不尽相同，但都强调提高农民组织化程度，重视农民联合与合作发展。恰亚诺夫认为，小农户的主体性是贯穿于合作社的成立、运行和发展过程中的。合作社作为理想的农业组织形式，可以将农业生产组织的整体规模和农业生产环节的最优规模区分开来，实现"差异化最优"，即合作社更适合大规模形式组织的经济活动集体化，而将适合小规模形式组织的活动留给单个家庭农场（恰亚诺夫，1996）。这类似于中国国情下合作社发展过程中强调的"生产在家、服务在社"。

从政治经济学视角看，马克思和恩格斯提出，合作生产是一种辅助性的生产方式，要在承认个人产权的基础上对小农的生产资料进行整合，并对小农的劳动力进行联合。他们认为，农民合作行为主要分为简单的劳动组合和合作社两种形式。尽管劳动组合在一定程度上维护了农民权益，但是它具有很大的滞后性。而合作社作为促成和维系农民合作的组织形式，是实现社会主义政治理想的重要工具。1964 年，舒尔茨提出农民并非是完全落后的，其实他们和资本主义企业家一样拥有经济理性，也是追求经济利益最大化的投资者（舒尔茨，1987）。一旦农民拥有合适的投资机会、有效的激励方式和理想的经济收入时，他们是愿意积极参与合作的，这其实也是农民合作社得以发展壮大的逻辑前提。

毛泽东很早就认识到合作经济（cooperative economy）的重要性，他在马克思、恩格斯提出的自愿互利原则的基础上，进一步鼓励广大劳动人民遵循民主平等原则发展多种形式的合作经济事业。到 20 世纪末，邓小平主张在中国农村生产力水平差异化的背景下，推行家庭联产承包责任制，通过土地流转与适度规模经营，发展农村合作经济。2020 年 7 月，习近平总书记在吉林考察调研时提出，要因地制宜发展合作社，探索出更多专业合作社发展的路子来。这些合作理论和思想不仅为中国农业合作化道路指明了方向，而且也为新时期农民合作社创新发展提供了行动指南。

（二）合作行为

合作行为（cooperative behavior）是两个及以上的个人或团体基于相互之间的信任，为了实现单独完成不了的目标，进行优势互补、资源整合的行为活动。农户的合作行为是在农业生产过程中为了维护或增加自身利益，与其他农户在各个环节中进行协作的行为过程（罗倩文，2009）。农户在合作社中的合作行为表现为，以不同方式入股合作社，积极参与合作社的生产和管理活动，兼顾自身需求和合作社的目标而采取行动（孙亚范，2011）。合作社成员之间长期稳定健康的合作行为是推动合作社高质量发展的关键因素。

合作行为是合作意愿与合作能力的统一。合作意愿是农民合作需要和诉求的反映，为合作行为提供了可能性；合作能力受自身条件和外部环境影响，一定意义上决定了合作程度和合作经济组织的发展情况（胡敏华，2007）。在舒尔茨"理性小农"的理论基础上，农民的个人诉求未必与合作对象的诉求保持一致，也就无法保证一定能实现集体理性。如果合作方在同一个经济组织内进行协作，并能在合作方和集体之间构建明确而紧密的利益联结关系，实现风险共担、收益共享，那么但凡有一个人做出不合作的行为，都会影响到整个经济组织的发展，从而损害其他成员的利益。经过长期的博弈，在信誉、利益等因素制约和有效的制度约束下，合作方不得不贡献自己的资源，最后逐渐扩大合作队伍，获得合作收益（黄珺等，2005）。

在农民合作行为的激励过程中，正式制度与声誉制度存在协同治理关系。一方面，声誉制度可以弥补正式制度的不足，激励合作意愿较弱的农民参与合作；另一方面，正式制度效率提升可以带动声誉制度激励有效性的提升。基于上述理解，农民合作社不仅是通过经济合作实现利益共享的组织，也是通过社会合作实现多元化价值的组织。

二、合作社原则的历史沿革

合作社原则不是凭空发明出来的，而是来自世界各国合作社 100 多年来的实践经验与历史沉淀，是用来指导合作社发展的行为规范。世界各国在这样一个基本准则下，依据各自的国情进行修改和调整，形成了各具特色的合作社发展路径。1895 年国际合作社联盟成立时，将 1844 年罗虚代尔公平先锋社的"罗虚代尔原则"确立为国际合作社原则。为了顺应时代潮流和发展需要，国际合作社原则先后于 1921 年、1937 年、1966 年和 1995 年进行了 4 次修改（表1-1）。

表1-1　国际合作社联盟原则的演变

	1895年 罗虚代尔原则	1921年 统一的合作社原则	1937年 合作社组织的国际标准	1966年 合作原则	1995年 合作社原则
原则内容	入社自愿		门户开放	入社自由	自愿和开放的社员
	一人一票	社内事务采用平等投票原则	民主控制	民主控制	社员民主控制
	现金交易		现金交易		
	按市价出售	商品按市场平均价格销售			
	如实介绍商品，不缺斤少两	销售商品保质保量			
	按业务交易量分配盈余	按社员交易额分配盈余	按社员交易额分配盈余	合作社经营盈余或剩余为该合作社社员所有	社员的经济参与
	重视对社员的教育	将盈余的一部分用于发展教育	促进社员教育	合作社教育	教育、培训和信息服务原则
	政治和宗教独立		政治和宗教信仰中立		
		合作社的事业应以自有资金经营，社员投资按普通利率支付股息	股本利息应受限制	资本报酬适度	自治、自立
				合作社之间的合作	合作社之间的合作
					关心社区

1895年确立的罗虚代尔原则内容包括"入社自愿；一人一票；现金交易；按市价销售；如实介绍商品，不缺斤少两；按业务交易量分配盈余；重视对社员的教育；政治和宗教独立"。其中，有三条原则是最核心的原则。第一，入社自由。合作社是在"自愿"的基础上为了维护成员的共同利益、改善成员的生活条件和社会地位而成立的，自愿是根本原则。第二，民主管理。即强调合作社的管理人员由成员选举产生，应对全体成员负责。第三，收益共享，即要求合作社首先提取公积金公益金用于福利，年终将盈余按比例返还给成员，调动成员积极性，鼓励成员关心合作社经营效益。

罗虚代尔原则主要是立足于消费合作社经营管理实践而设立的。随着国际合作社运动的深入开展，合作社类型逐渐多样化，诸如信用合作社、生产合作社等大量兴起。这些合作社无法完全按照罗虚代尔原则运行，比如交易额分配原则只适用于消费合作社和供销合作社。由此，1921年国际合作社联盟在瑞士巴塞尔召开的第10次代表大会上确定了第一个统一的合作社原则。这一次的合作社原则做出了以下几点改变：一是从实际情况出发，将"一人一票"修改为"平等投票"；二是由于合作社经营范围扩大后，不同产品的交易量无法统一量化，为了体现公平原则，盈余不再按照"交易量"而是按照"交易额"进行分配；三是新增了"合作社的事业应以自有资金经营，社员投资按普通利率支付股息"的原则，从根本上明确合作社的独立性和民主性，保证合作社是人的联合而不是资本的联合；四是为了鼓励合作社的成立，放弃了"入社自愿"原则，但事实证明这不利于合作社民主性和共享性的发展。

为了适应形势需要，1937年国际合作社联盟重新修订了1921年确定的原则，并将其明确为组建合作社的国际标准。这一版本的合作社原则有以下几点变化：一是恢复了"门户开放"原则，不考虑政治、宗教、种族、性别等因素，任何人只要承认合作社章程并且能够承担成员义务，都可以加入合作社；二是将"民主投票"改成了"民主控制"，成员参与合作社事务不只通过投票途径，更要主动参与合作社的制度建设和民主管理；三是为了使合作社原则能够适应生产合作社、信用合作社等多类型合作社的发展，删除了"按市场价格出售商品"和"保质保量"的原则。1937年的原则基本确定了一个统一的合作社发展制度框架，是世界合作社运动的一个里程碑。

20世纪40年代以来，世界经济形势与政治格局发生了重大变化，合作社运动也呈现出新的发展趋势。为了使合作社原则更加符合合作社发展实践的需要，1966年国际合作社联盟再次对合作社原则进行修订，主要有以下几点变化：一是考虑到合作社的制度安排具有较强的反市场性，对政府的扶持具有天然依赖性，因此取消"政治和宗教独立"原则；二是为了适应商品货币关系的飞速发展和农村现代化的快速推进，允许赊销等经营方式的发展，取消"现金交易"原则；三是首次明确了"合作社是民主组织"的定位。新的原则结构更加完整，更加注重与实践相结合，促进了合作社联盟队伍的壮大和世界合作社运动的发展。

20世纪中晚期，世界范围内垄断资本主义已经形成，合作社要想在日益激烈的市场竞争中获得主动权，就必须注重经济效益，提高盈利水平。为了适应合作社生存发展环境的变化以及顺应各国合作社在实践中的改革与创新，1995年国际合作社联盟对合作社原则又进行了以下调整：一是修改"经济参与"原则，规定成员为合作社未来发展所提供的额外资本可以按照银行利率获取利益，同时强调合作社资本金和储备金至少有一份是不可分割的；二是增加"自治与自立"原则，强调合作社要保持自身独立性，避免受到过多干预；三是增加"关心社区"原则，强调合作社的最终目的不仅仅是带动经济发展，更要在社区发展等方面发挥功能。

总体来说，随着世界经济环境的变化，"合作社原则"不断调整，但作为合作社本质规定性的三个原则始终没变，仅仅是表述上略有差异：一是民主控制原则，即每一个成员都有平等参与合作社治理的权利，并且坚持"一人一票"的表决权原则，允许个别成员按照交易额或者投资额享有更多的表决权，但是这些特别的表决权在总表决权中的份额需要被严格限定；二是资本报酬有限原则，即严格控制合作社内部资本的报酬；三是按惠顾份额分配盈余原则，即确保交易剩余充分内部化，以保护交易对象的利益。合作社原则是指导合作社发展的价值方针，为合作社发展提供了制度框架和规则遵循。世界各国各地区合作社在发展过程中，对照不同阶段的基本原则自我完善、自我调整，较好地推动了当地合作社的发展。

国内外很多学者也通过总结合作社原则的演进趋势来归纳和论证合作社的本质规定，认为合作社必须坚持资本报酬有限、按惠顾额分配盈余和成员民主控制等原则，倘若合作社不能坚持上述原则（邓衡山和王文烂，2014），"所有者与惠顾者同一"就会被破坏。Fulton 等（2013）指出合作社的利益联结机制主要取决于合作社治理结构以及合作社成员的开放或封闭性质。Majee 等（2011）认为合作社是开放的成员组织，是基于合作社成员需求出现的。Nilsson（1998）指出合作社的特征在于所有者和惠顾者的统一、集体所有制、一人一票等。Saz-Gil 等（2021）指出合作社是由其成员拥有并进行民主管理的合作组织。合作社的出现不是偶然的，其基本原则也随发展实践不断调整，但只要其本质属性不变，就会保持持续的生命力。

三、中国合作社政策的发展演变

（一）合作社名称的演变

中央"一号文件"指中共中央每年发布的第一份文件，现在已成为中共中央、国务院重视"三农"问题的专有名词，并成为对农村改革和农业发展作出工作部署的重要文件。梳理历年的中央"一号文件"，可以发现中国合作社名称的演变主要经历了四个阶段（表1-2）。第一阶段是1982年至1986年，中央"一号文件"中将合作社称为"地区性合作经济组织"，这主要受农村土地承包制改革的影响，想让其在"统一经营"方面发挥作用。第二阶段是2004年至2007年，中央"一号文件"中将合作社改称为"农民专业合作组织"，这一阶段很多合作组织以农村专业技术协会等形式存在。第三阶段是2008年至2012年，中央"一号文件"中同时存在"农民专业合作组织"和"农民专业合作社"两个称呼。其中，2009年以后，为了规范合作社的发展，中央"一号文件"统一将合作社称为"农民专业合作社"。第四阶段是2013年及以后，为了鼓励合作社突破专业合作的范围与边界，引导合作社朝着多维度、多功能的方向发展，中央"一号文件"将其改称为"农民合作社"，不再单一强调合作社的"专业性"。目前，中国农民合作社已经呈现出多样化、综合性的发展趋势，并在乡村发展中发挥着多种功能。从合作社名称的演变中，既可以看出中国农民合作经济组织由单一化到综合化的变迁历程，又可以反映出政府部门对合作社发展认识的深入过程。

表1-2 中央"一号文件"关于合作社名称的演变过程

年份	中央"一号文件"中合作社的名称
1982—1986年	地区性合作经济组织
2004—2007年	农民专业合作组织
2008—2012年	农民专业合作组织、农民专业合作社
2013年以来	农民合作社

（二）合作社定位的政策演变

国家政策中对于合作社的定位直接关系到合作社的发展方向和趋势（张连刚等，2016）。2007年《农民专业合作社法》实施以来，中国政府对合作社的定位不断变化（表1-3）。2007年中央"一号文件"首次将合作社定位为"现代农业经营主体"，鼓励农民专业合作组织以现代农业为目标要求，开展生产经营活动。2013年中央"一号文件"将农民合作社定位为"带动农户进入市场的基本主体""发展农村集体经济的新型实体"和"创新农村社会管理的有效载体"，引导合作社在农业生产经营、农村集体经济发展和农村社会管理三个方面发挥功能，并鼓励农民兴办专业合作和股份合作等多元化、多类型合作社。2014年中央"一号文件"首次提出了"新型农业经营主体"的概念，将其作为新型农业经营体系的重要组成部分，并倡导以市场化、社会化的新举措发展现代农业。2016年中央"一号文件"进一步将合作社定位延伸为"新型农业服务主体"，突出了合作社的农业服务功能，并强调要完善农业服务体系，为农业各个环节提供全产业链服务。2017年中央"一号文件"在2016年定位基础上引入了建设管护主体的内容，旨在引导农民以合作社的形式参与财政项目监管。此后中央"一号文件"不断强化合作社在"新型农业经营主体"和"新型农业服务主体"方面的历史担当，将其定位于促进小农户与现代农业有机衔接的重要载体。

表1-3 中央"一号文件"关于农民合作社发展定位的政策内容

年份	定位	文件内容
2007年	现代农业经营主体	培育现代农业经营主体。积极发展农民专业合作组织等各类适应现代农业发展要求的经营主体
2013年	基本主体 新型实体 有效载体	农民合作社是带动农户进入市场的基本主体，是发展农村集体经济的新型实体，是创新农村社会管理的有效载体
2014年	新型农业经营主体	扶持发展新型农业经营主体。鼓励发展专业合作、股份合作等多种形式的农民合作社，引导规范运行，着力加强能力建设
2016年	新型农业经营主体 新型农业服务主体	坚持以农户家庭经营为基础，支持新型农业经营主体和新型农业服务主体成为建设现代农业的骨干力量。积极培育家庭农场、专业大户、农民合作社、农业产业化龙头企业等新型农业经营主体。支持多种类型的新型农业服务主体开展代耕代种、联耕联种、土地托管等专业化规模化服务
2017年	新型农业经营主体 新型农业服务主体 建设管护主体	大力培育新型农业经营主体和服务主体。加强农民合作社规范化建设，积极发展生产、供销、信用"三位一体"综合合作 对各级财政支持的各类小型项目，优先安排农村集体经济组织、农民合作组织等作为建设管护主体，强化农民参与和全程监督

（三）合作社经营与服务范围的政策演变

经营与服务范围是反映合作社发展道路的重要体现。历年来，中央"一号文件"关于合作社经营与服务范围的政策要求不断更新（表1-4），主要变化有以下两个方面。

一是经营范围从生产领域向产业化经营、市场化流通的方向拓展。比如，2007年中央"一号文件"提出，支持农民专业合作组织直接向城市超市、社区菜市场和便利店配送农产品。2012年中央"一号文件"提出扶持供销合作社、农民专业合作社等发展联通城乡市场的双向流通网络。2018年中央"一号文件"提出推动合作社市场化方向发展，提升品牌效应。2020年中央"一号文件"引导合作社利用电子商务等现代化途径，推动农产品进城、工业品下乡双向流通。

二是服务范围呈现专业化、全面化的趋势，并逐渐重视合作社在引领小农户与大市场对接方面的作用。2007年中央"一号文件"提出农民专业合作组织要开展营销采购、信息技术、产品加工等方面的服务。2012年中央"一号文件"明确指出，扶持农民专业合作社等社会力量广泛参与农业产前、产中、产后服务。2014年中央"一号文件"再次强调，支持农民合作社发展农产品加工流通。2017年和2021年中央"一号文件"都提出要发展"生产、供销、信用'三位一体'综合合作"，不断拓宽合作社服务范围。从2018年开始，中央"一号文件"关于合作社服务范围的界定更加多元，但其中心任务仍然是引导小农户对接大市场、融入现代农业产业链。

表1-4 中央"一号文件"关于农民合作社服务与经营范围的政策内容

年份	文件内容
2007年	支持龙头企业、农民专业合作组织等直接向城市超市、社区菜市场和便利店配送农产品 着力支持农民专业合作组织开展市场营销、信息服务、技术培训、农产品加工储藏和农资采购经营
2009年	支持供销合作社、邮政、商贸企业和农民专业合作社等加快发展农资连锁经营，推行农资信用销售
2012年	扶持农民专业合作社、供销合作社、专业技术协会、农民用水合作组织、涉农企业等社会力量广泛参与农业产前、产中、产后服务。充分发挥农民专业合作社组织农民进入市场、应用先进技术、发展现代农业的积极作用 创新农产品流通方式。扶持供销合作社、农民专业合作社等发展联通城乡市场的双向流通网络
2013年	逐步扩大农村土地整理、农业综合开发、农田水利建设、农技推广等涉农项目由合作社承担的规模 引导经营性服务组织参与公益性服务，大力开展病虫害统防统治、动物疫病防控、农田灌排、地膜覆盖和回收等生产性服务
2014年	落实和完善相关税收优惠政策，支持农民合作社发展农产品加工流通
2015年	创新农产品流通方式。推进合作社与超市、学校、企业、社区对接。引导农民合作社拓宽服务领域
2016年	支持多种类型的新型农业服务主体开展代耕代种、联耕联种、土地托管等专业化规模化服务

续表

年份	文件内容
2017 年	加强农民合作社规范化建设，积极发展生产、供销、信用"三位一体"综合合作
2018 年	注重发挥新型农业经营主体带动作用，打造区域公用品牌，开展农超对接、农社对接，帮助小农户对接市场
2019 年	大力发展农机合作社等新型农机服务组织，推广"全程机械化+综合农事服务"等社会化服务模式 通过政府购买服务、以奖代补、先服务后补助等方式，支持农业服务企业、农民合作社等开展农技推广、土地托管、代耕代种、烘干收储等面向小农户的生产性服务
2020 年	重点培育家庭农场、农民合作社等新型农业经营主体，培育农业产业化联合体，通过订单农业、入股分红、托管服务等方式，将小农户融入农业产业链
2021 年	突出抓好家庭农场和农民合作社两类经营主体，鼓励发展多种形式适度规模经营。发展壮大农业专业化社会化服务组织，将先进适用的品种、投入品、技术、装备导入小农户。深化供销合作社综合改革，开展生产、供销、信用"三位一体"综合合作试点，健全服务农民生产生活综合平台

第二节 合作社的功能演化

农民合作社健康发展的前提是科学分类并彰显其功能，避免因定位模糊或定位偏误而发展受阻（孙迪亮，2020）。在中国宏观和微观环境的综合影响下，农民合作社发展经历了不同阶段，合作社多维功能也不断演化。

一、合作社经济功能演化

合作社最基本的功能是组织生产、联合经营。合作社存在的核心价值之一就是促进乡村产业兴旺（郭晓鸣，2018）。一方面，乡村振兴战略背景下，依托农民合作社实现农业规模化经营，构建现代农业生产经营体系，是实现乡村产业振兴的可行之路（张琛和孔祥智，2018）；另一方面，农村一二三产业融合发展，对于实施乡村振兴战略、加快农业农村现代化具有十分重要的作用（万宝瑞，2019），而农民合作社是推动农村一二三产业融合发展的重要主体之一（苏毅清等，2016；陈璐等，2019）。

大部分研究指出了农民合作社在促进农民增收、促进乡村产业发展等方面的重要作用。Valentinov（2007）指出合作社能有效地节省农业生产成本。Drivas 等（2010）构建了不同类型的消费者博弈模型，分析了合作社在产品创新、食品定价等方面的作用。唐宗焜（2007）认为合作社能提高农民的市场地位，促进农村剩余劳动力转移就业。与农户相比，合作社具有技术、信息、资金等优势（刘登高，2007），并对构建现代农业生产经营体系具有重要作用（孙迪亮，2005）。因此，合作社在经济层面的功能主要在于延伸农业产业链和提升产业发展质量。农民通过组建合作社，其根本目的在于通过合作的力量来提高抵抗市场风险的能力、增强抗衡中间商的能力以及提升使用先进技术和生产设备的能力。总体来看，目前中国农民合作社的经济带动能力不断增强，主要表现在拓宽生产及服务范围、提升农产品质量、提高农民收益和改善农民福利等方面。

从新中国成立到改革开放期间，中国高度重视农业生产经营，将重点放在生产领域的合作社，且主要关注以种植业为主的农业生产合作社，导致合作社出现了单一化倾向。在当时高度集中的计划经济体制下，合作社也很难进入流通领域。改革开放以后，随着社会主义市场经济体制的建立，"大市场"对"小农户"的冲击日益加剧，单一的生产和流通模式严重阻碍了农业农村经济的发展。在此背景下，合作社经济功能逐渐多元化，且呈现以下特点：一是合作社的类型不断丰富，已经不单单涉及加工领域，还覆盖到了农资供应、产品流通等整个农业产业链条。二是合作社经济服务范围不断扩大，已经从最初级的农资供应，拓展为涉及产前、产中、产后的各类新产业新业态。三是不断推进农业品牌建设，合作社产品的附加值迅速提升，品牌效应逐步显现。

二、合作社社会功能演化

改革开放以后，大量农民走向城镇从事非农就业，导致农村共同体意识淡化、组织化程度降低。2006 年中国全面取消农业税后，虽然减轻了农民负担，但也使得农村基层组织的收入减少，治理能力削弱，进一步加剧了农村空心化和农民个体化倾向（赵晓峰和许珍珍，2019）。新时期农村社会结构的散乱和治理能力的衰退，阻碍了农村经济发展以及农村社会有效治理。而合作社作为国家权力在农村地区的一种制度性"嵌入"工具（韩国明等，2016），在基层治理中的参与度越来越高，影响力也越来越大。

2017 年党的十九大首次提出乡村振兴战略，并将其作为一项长期的国家战略目标。在此背景下，合作社的社会功能日益显现。随着农民合作社不断发展壮大，其与村民之间的经济联系更加紧密，非经济性互动也日益频繁。与其他农村社会组织相比，农民合作社组织性更强、凝聚力更高，很大程度上能够承担乡村治理职能。合作社的社会功能可以引导农民以主人翁的姿态参与农村社会事务管理，助力乡村"善治"实现。随着乡村振兴战略不断推进，合作社在乡村治理中的功能也将逐步彰显。一般而言，合作社参与乡村治理的途径主要有以下两个方面：一是以集体化的合作模式，为乡村治理提供高效、集约的运行机制，从而提高乡村治理效能；二是在村级事务协商过程中，利用经济功能的纽带推进村庄公共事务的协商（李博和高强，2021）。经过不断发展，农民合作社逐渐成为缓解乡村矛盾的重要阀门，有力促进了农村社会和谐稳定。农村社区集体经济组织与农民合作社相互融合与共生发展，使农民成为真正的市场主体，又使农民成为现代农村社区的治理主体（黄祖辉，2018）。

三、合作社文化功能演化

乡村振兴不仅包括物质生产层面的振兴，也包括精神文化层面的振兴。农村文化繁荣是乡村振兴的题中应有之义，也是乡村发展的精神支撑。农民合作社的目标不仅在于发展生产，增加收入，也要相应地改善文化生活（范连生，2021）。有活力的合作社一定有着合作的文化根基、文化理念以及丰富的文艺表现形式。现实中的合作社并不必然在一开始就具有明显的经济增效功能，反而在发展初期必然具有在一起交流沟通、学习共享的功能，以及在集体会议活动中以喜闻乐见的乡土文化凝聚人气、内化合作理念的功能（何慧丽和杨光耀，2019）。Mojo 等（2015）指出合作社因其多重目标和不同角色，对成员的社会资本和人力资本会产生显著的积极影响。

1982 年中央"一号文件"正式确立了家庭联产承包责任制，极大地解放了生产力。但同时，集体意识、传统文化习俗等不断衰落，农民之间的观念加快变迁。乡村文化基础设施投入不足、文化产品创新及文化活动普及不够、文化市场体系不健全等，制约了乡村社会的健康发展（高静和王志章，2019）。合作社本身既是合作文化的呈现，也是乡村文化延续的重要依托。目前，中国已经出现了不少文化类合作社，成为传承农村文化的重要载体。经验表明，农民合作社可以立足农村地缘优势，通过加强内部组织建设，在合作社业务往来中增强成员合作意识和集体意识，重塑乡村文化认同感，从而有助于推动乡村文化振兴。

四、合作社生态功能演化

生态振兴是乡村振兴的重要内容之一。实现农业农村现代化的根本前提是生态环境的优化。随着中国工业化、城市化进程的加快，资源和环境保护利用的压力与日俱增，在一定程度上阻碍了农业农村经济的可持续发展。农民合作社对建设生态农村社区具有重要作用（胡平波和罗良清，2020），并且其相对于传统的农户经营主体具有明显的生命力与优势，这主要是因为加入合作社的农户对生态耕种有更强的采纳倾向（张洁等，2022）。合作社通过区域生态农业创新体系构建，开展培训与教育讲座等，促使农民生产观念的转变以及绿色生产意识的提升（龚继红等，2019），推动生态农产品开发与组织生态文化建设（胡平波，2018）。因此，应该强化合作社及农业技术培训的生态服务功能，增加生态生产方式的技术和相关信息提供（喻永红等，2021），促使合作社内更多村民参与到乡村生态振兴中来。

农民合作社作为农民自己的组织，具有保护农民生产生活环境的天然优势，也是构建环境友好型、资源节约型农业生产体系的重要载体。在生态文明的框架下，合作社利用自身优势获得项目资金支持，通过经济合作引导小农户把农业问题变成健康农业，把农村问题变成环保农村，促进人与自然的和谐共生（何慧丽等，2009），极大地推动了农业的绿色化、可持续化生产。同时，合作社通过集中决策，不仅可以有效地配置农业资源，避免过度开垦和施肥问题，还有利于大规模机械化作业的实现和农业生产效率的提高，从而促进农村地区环境改善和生态宜居（白德全和王梦媛，2019）。合作社可以有效规范农民的生产方式，避免小农户为了追求自身经济利益最大化而采取破坏自然系统的农业生产行为（赵晓峰和许珍珍，2019）。

第三节　从不同层面看合作社的多维功能及其综合效应

合作社作为上接市场、下联农户的组织载体，可以开展横向、纵向的联合与合作，能够紧密联结农业生产经营不同环节的各个主体，为发展现代农业提供坚实的组织支撑。党的十九大报告中针对"乡村振兴战略"提出了"产业兴旺、生态宜居、乡风文明、治理有效、生活富裕"的 20 字总要求。合作社作为实现乡村振兴的重要支撑，从农户、组织和区域等不同层面日益体现出多维功能。农民合作社不仅是促进农业生产、联合经营以及区域资源整合的重要组织，也是改造传统农民、培养新型农民的学校，还是促进农业农村可持续发展的重要载体（赵家荣，2010）。

一、农户层面

农户既是合作社的参与主体，也是受益主体。在农业产业化经营进程中，"小农户"与"大市场"间的矛盾迫切需要农业生产经营模式转变，而农民合作社则是连接农户和市场的有效中介组织。作为一种制度创新安排，农民合作社的目的在于刺激和实现农户对潜在利润的追求（潘劲，2011；周立群和曹利群，2001）。在乡村振兴战略背景下，"合作互助"和"政策收益"的双重红利使得农民合作社成为农民实现增收、脱贫致富和走向发展的有效组织（刘同山和苑鹏，2020；刘俊文，2017）。在合作社数量、规模扩张的过程中，不同类型的合作社在农业生产经营各个环节以及乡村社会发展各个领域的定位也不同，其对农户的促进效应和功能作用有明显差异。

从经济功能来看，合作社作为农村产业发展的重要载体，在生产要素整合、农村产业融合、农村产业结构调整等方面具有重要作用，能很好地促进产业兴旺的实现。合作社通过扩大经营规模、开发新产品、延长产业链，为农村剩余劳动力提供就业岗位，增加农户收入来源。农户也可以通过以资金、技术、土地入股等形式加入合作社，推动土地流转与规模化经营，提高农业生产效率。农户的积极参与是合作社有效治理的决定性因素，而成员参与合作社的动力主要源自增加收入。吴晨（2013）基于2012年粤皖两省农民合作社的问卷调查，将合作社分为社区集体组织型、农产品加工营销企业型、政府主导型、专业大户型、供销社型和其他类型，并通过分析发现不同模式的农民合作社在帮助社员家庭实现收入增加、控制农产品价格波动幅度、满足成员利益需求等经济问题方面存在显著差异。杨军（2014）将合作社划分为农村能人主导型、政府管理部门引导型、农民自组织型以及企业组织主导型，其中企业组织主导型合作社的经济绩效显著低于其他三种模式。从文化功能来看，合作社可以满足农户交往、休闲和参与社区公共生活的需求（张纯刚等，2014）。合作社本质是嵌入社会环境中的一个经济组织，同时受到社会、文化等多方面的影响（赵晓峰和孔荣，2014）。农民素质是农业现代化的关键因素，而农民合作社是提升农民素质的重要平台（孙迪亮，2010）。发达国家的经验表明，农民合作社本身就是一种学习型组织，是对农民进行教育培训的重要载体。对成员施以教育，是合作社的一贯原则。合作社通过向农民推广农业科技、传播现代知识，可以显著提高农民的科技素质。合作社作为新型农业经营主体，在对农户进行培训的过程中，会提高农户的专业技能和素质，帮助农户认识到文化知识的重要性，这对改善农户文化水平具有重要帮助。同时，合作社提供公益性服务倡导了"人人为我，我为人人"的互助理念（任大鹏等，2012），能够培养农民的协作精神，推动村级民主协商和互助合作，进而促进乡风文明建设。

除此之外，合作社广泛参与包括农村养老服务在内的农村公共服务供给，从而为农村社区治理和公共服务创新提供了新思路（李俏和孙泽南，2022）。根据第七次全国人口普查数据，2020 年中国 60 岁及以上人口为 2.64 亿，占 18.70%，其中 65 岁及以上人口为 1.91 亿，占 13.50%。与 2010 年第六次全国人口普查相比，分别上升了 5.44% 和 4.63%。根据张琛和张云华（2021）的预测，到 2035 年 60 岁及以上农村常住人口数在 1.58 亿至 1.69 亿之间。随着农村人口呈现出老龄化趋势，养老问题逐渐受到重视。从理论上看，合作社向成员提供的养老服务具有典型的"俱乐部"产品特征，即非竞争性和排他性。农村养老服务供给属于农村公共服务供给的一部分（林闽钢，2014），而合作社可以充分发挥优势和积极作用。同时，成员为满足养老需求而建立合作社养老项目，实际上是一种农民抱团互助行动，体现出合作社的综合导向与社会功能（李俏和孙泽南，2021）。

二、组织层面

农民合作社应注重与多元主体的合作，共同推进乡村振兴。首先，合作社之间应当加强合作，尤其是同一产业链条上的农民合作社应当联合起来，建立产业链联合社，延伸产业链条，提高产业附加值（汪恭礼和崔宝玉，2022）；其次，农民合作社要与集体经济组织整合双方资源，形成农村集体经济发展、农民合作社成长和乡村产业振兴的共进格局（郭晓鸣和张耀文，2022）；最后，龙头企业也应纳入合作社的合作目标范围内，搭建"龙头企业+合作社+农户"的合作服务模式，全面提升乡村发展水平（朱太辉和张彧通，2022）。

长期以来，乡村发展过程中忽视了农村社会组织在乡村治理中的重要作用。农民合作社的经济职能不但能为乡村治理提供物质保障，其产生的社会效应也将进一步推动农村基层治理效率的提高。发展农民合作社，赋予合作社更多的综合性服务功能，是实现经济资源、社会资源为社区治理服务目标的重要途径和有益尝试（张益丰等，2016）。合作社作为一个具有营利性和自治共同体双重属性的组织，在与村党支部和村委会等组织的合作联合中可以发挥经济功能和社会功能耦合的独特作用。

党支部领办合作社既是乡村振兴战略背景下的新探索，也是政府与农民利益重新契合催生出来的新事物。村党支部领办下的农民合作社，可以重塑共建共治共享的乡村利益共同体，形成以正式制度和非正式制度为底色的乡村社会秩序，是党组织领导乡村治理体系的有益尝试（李东建和余劲，2022）。基层政府和村"两委"偏重于与政绩相关的治理内容，而体制外精英倾向于利用国家惠农政策获取自身利益，普通村民则把个人经济利益最大化置于首要地位。作为内生于乡村内部的精英组织，村党支部既对国家政策充分了解，又深谙本村民情民意（渠鲲飞和左停，2019），其领办合作社正是在中央政策势能和地方治理创新共同作用下的结果。从组织运转过程来看，合作社是一种"积极性组织"，能够积累和利用社会资本，有效发挥群众长期以来对党组织形成的信任优势，将村党组织的凝聚力与合作社发展有机融合起来，实现有效治理。从实践效果来看，党支部领办合作社不仅增加了村集体收入，还提升了村党支部的影响力。

农民合作社与村"两委"的联合，实现了两类组织管理架构的融合，有助于实现社区经济资源向治理服务的有效投入，也有助于降低乡村治理的组织成本和提升基层管理效率。一方面，合作社与村"两委"在乡村经济发展方向及村庄管理经营理念上达成一致，有利于合作社扩大经营范围，获得来自村"两委"的支持；另一方面，合作社与村"两委"的联合有助于降低合作社与农户的履约成本，强化生产流程的规范化与标准化，提高农产品质量。除此之外，合作社与村"两委"的相互嵌入还促使农民合作社在发展集体经济的同时，为农户提供多元化生产生活服务。

三、区域层面

当前，乡村产业融合已成为推动农民增收、实现共同富裕的关键路径。近年来，以农民合作社为代表的新型农业经营主体顺应市场规律，依托乡村产业，探索出了联合社、联合会等组织形式，进一步丰富了现有农业产业化发展模式。Boyle（2004）通过实证研究发现合作社不仅对社员的个人经济利益产生影响，还能够促进农产品市场化，推动农产品市场规模的扩大。有研究也提出，要支持合作社发展农产品加工流通，与社区、超市、企业、学校进行直供直销对接，将合作社培育为产业融合主体（王乐君和寇广增，2017）。因此，促进农业产业化应当充分发挥市场机制的作用，积极培育农民合作社等微观市场主体（蒋东生，2004），实现区域发展中乡村优势资源的有效整合和充分利用。

农民合作社再合作的联合社形式是实现农民合作社走向规范高效发展的内在要求和基本形态（徐旭初和金建东，2021），是合作社突破"小、散、乱、弱"发展困境和实现高质量发展的有效途径之一（罗千峰和罗增海，2022），是合作社高质量发展的必然要求，也代表了转型升级、提质增效的发展趋势（高强，2020）。Nilsson 等（2012）认为合作社成员之间缺乏信任，在合作社实施纵向和横向整合的过程中会造成合作社产权界定不清的问题。因此，这就需要创新制度建设和政策体系设计，为合作社再联合提供支持。2019 年，中共中央办公厅、国务院办公厅联合发布《关于促进小农户和现代农业发展有机衔接的意见》，明确了联合社在促进小农户和现代农业发展有机衔接方面的重要地位，强调了合作社走向再合作对提升小农户合作层次与规模的重要作用。截至 2020 年11 月，全国已经组建联合社 1.3 万余家，社均经营收入是单体合作社的近 4 倍。2019 年 9 月，农业农村部印发《关于开展 2019 年农民合作社质量提升整县推进试点工作的通知》。农民合作社质量整县提升行动能够将示范社效应扩大到县域范围内，形成由点到面的高质量发展路径，以解决合作社发展质量不均衡问题，实现农民合作社更高层次的发展。除经济功能以外，联合社还表现出突出的空间溢出效应。联合社通过资源要素市场化、社员生产经营行为规范化，以及发挥自身组织优势带动成员社发展，可以实现区域发展的整体提升（孔祥智和黄斌，2021）。

除此之外，由于农业生产的外部性，私人产权并不能很好地解决农业环境恶化的问题。然而，合作社的自愿结社和民主管理的原则能够将合作社的公共产权制度与合作社的可持续发展理念相结合，可以使外部性引起的农业环境恶化问题内部化，从而有助于解决这个问题。实践证明，农民合作社通过环境教育，使农民具备了农业可持续发展所要求的伦理意识和环保意识；通过推广环保技术，使农民合理地使用农药、化肥、农膜等化学物质。一些注重资源的合理利用与优化配置的合作社，通过发展循环经济，不仅提升了经济效益，还可以显著改善生态环境质量。

第四节　合作社发挥多维功能的典型案例分析

一、有效配置资源要素

近年来，农民合作社在乡村振兴中逐渐发挥出多维功能，但经济功能仍然是其最基础最重要的功能。以合作社为载体经营本地特色农业，能够有效配置资源要素，为乡村产业振兴打下坚实的基础。合作社通过整合技术、土地、资本、劳动力等资源要素，可以深度开发乡村价值，以其组织优势扩大农业规模优势，成为推动农村地区要素集聚、资源整合、产业发展的重要力量。

位于河南省周口市项城市的红旗农资专业合作社成立于 2013 年。合作社成立前是一家农药厂，该农药厂为了破解同类经营者数量多、竞争压力大的困境而转型牵头领办合作社。合作社先后投资建成标准厂房 6 000 平方米、仓库 14 500 平方米、农技培训中心 1 500 平方米，现有 2 条年生产能力 30 万吨的肥料生产线、1 条年产 1 000 吨的乳油生产线、1 条年产 200 吨的水剂生产线和 1 条年产 5 000 吨的颗粒剂生产线。同时，合作社还购置了 300 台（套）大型拖拉机、收割机、打捆机、抓捆机、播种机等设备。合作社成立后以土地托管为纽带，探索出了一条"土地入股，保底分红"的联农带农模式，先后被评为国家农民合作社示范社、国家科创星创天地、河南省"五有"农民专业合作社示范社。2021 年 11 月 15 日，合作社被农业农村部办公厅确定为全国农业社会化服务创新试点组织。

项城市红旗农资专业合作社采用土地托管等方式，探索形成"公司+合作社+基地+农户"的运行模式。土地托管主要分为服务型全托和服务型半托两种方式：服务型全托模式中村级社为入社农民提供"农资+农机+农技"等服务，涵盖了从种到收的生产全流程，服务费用根据服务菜单向农民收取；服务型半托模式是为入社农民提供统防统治服务，赠送土地深耕和秸秆还田服务，只收取农资费用和服务费用，种子、化肥、农药农资等由入社农民自己购买。目前，合作社在项城市一共建立了 100 多个村级社，入社农户达 3 万户，累计托管土地 30 余万亩，不仅提高了土地利用率，还减少了农户投资成本，增加了农户效益。

生产资料、劳动力的零散分布是阻碍农村经济进一步发展的重要因素。通过案例可以看出，合作社统一引进先进农机、投资建厂，既解决了小农户买不起农机的问题，也满足了大农户对高效农机的需求。合作社通过提供大规模的土地托管服务，不但降低了农民购买农资、施药的成本，还增加了合作社收入。实践表明，合作社通过适度规模经营带动分散的小农户，可以提高产业化水平，放大资源要素整合优势，提升市场竞争力。

二、助力实现生态宜居

良好生态环境是农村最大优势和宝贵财富。坚持人与自然和谐共生，走乡村绿色发展之路，是建设生态宜居美丽乡村的必然要求。农民合作社是发展循环经济的有效载体，并天然具有生态友好的独特优势，可以实现绿色生产与生态环保的良性互动。随着乡村振兴战略的不断推进，农民对美好环境的需求日益旺盛，合作社在生态宜居方面发挥的作用也逐渐显现。

位于陕西省平利县线河村的宏俊富硒种养殖专业合作社成立于2014年，共有成员68户。线河村漫山遍野的桑树为养蚕提供了便利条件，而合作社通过实行统一管理、扩大基地规模，逐步形成以栽桑养蚕循环开发的乡村特色产业。目前，合作社已拥有标准化立体蚕厂560平方米，全年养蚕300多张，桑树种植面积达1 000多亩，另有食用菌厂房1 100平方米，冷库一座，年加工食用菌50万袋，套种魔芋600多亩，蚕、菌、芋三大主导产品发展相得益彰。合作社年销售额达1 150万元，总盈余达260万元，为成员兑现分红收益28万元，实现了生态建设和经济发展互促共赢。

合作社高度重视集中处理农户养蚕产生的污染物，并同步改善蚕房卫生条件。合作社派技术员全面指导农户定期铲除蚕室四周杂草、清理阴沟、扫除垃圾、全面消毒，为产出高质量蚕茧提供良好的卫生环境。合作社鼓励蚕农通过土地入股、桑园返租倒包、集中蚕房养殖、合作社代管代养、个人出工出力等多种模式联合合作，不断提升养殖品质。合作社与江苏蚕沙枕厂商签订购销合同，统一销售经过筛选的五龄以上的蚕沙，提高了经济效益。蚕农和其他畜禽养殖户的畜禽类污染物，也由合作社统一收集，挖坑撒上石灰，用土封闭发酵，处理后的蚕沙变为优质有机肥施入桑田。2018年，合作社共处理畜禽类污染源20吨，产生价值4万元，其中生成有机肥35吨、节省肥料成本9.3万元，销售蚕沙枕原料收入10万元。合作社通过变废为宝，显著改善了养殖环境，村里也实现了山青园肥水绿。

建设生态宜居的现代农村，是实施乡村振兴战略的一项重要任务。农业低碳发展是生产方式绿色转型的题中应有之义。全面推进乡村振兴，必须以农业供给侧结构性改革为主线，以绿色发展为导向，以体制改革和机制创新为动力，走出一条产出高效、产品安全、资源节约、环境友好的农业农村现代化道路。农民合作社是实现乡村生态振兴的有效载体，可以开展统测统配、统供统施、统防统治等专业化服务，通过技术转型与模式创新，为农业绿色发展提供支撑。

三、有效参与乡村治理

人才资源是乡村发展最为宝贵的资源，没有坚实的人才基础，乡村振兴无从谈起。21世纪以来，在城镇拉力和农村推力的共同作用下，中国城镇化率高速增长，青壮年人口不断流失，农村空心化问题相当严重，逐渐打破了传统农村社会秩序，实施乡村振兴战略面临严重的人才瓶颈（蒲实和孙文营，2018）。当然，合作社内同样面临经营管理人才、专业技术人才和储运加工产业技术人才等不足问题（郭铁民，2021）。但从总体上看，农民合作社能够通过吸引人才回流农村的方式，缓解劳动力外流所引发的农村集体行动能力下降问题（苏毅清等，2020）。农民合作社的兴起还可以为农民参与公共事务提供机会和平台，并通过提供社区综合性服务，成为乡村治理的有效主体。

位于河北省内丘县金店镇的新农村综合发展合作协会（以下简称"新农协"）于2016年9月登记注册，是由供销社领办的综合性农民合作组织。合作社实行权能分立、选聘分开的组织方式，进行民主选举、管理以及监督，提升了农民公共事务参与意识。同时，新农协具有农村一二三产业交叉融合的经济功能和社会、文化服务功能，在参会农户和新农协组织之间构建基于服务规模化的利益共享机制，是兼具社会价值与经济价值的新型农民合作组织。

目前，新农协开展以推广现代农业技术为主要内容的经营性服务，组织会员参加农村实用技术培训班，引进农用飞机喷洒农药，不断提高农业效率。同时，新农协开展了包括农药化肥种子、日化用品在内的团购经营服务，如从省供销社农资公司团购化肥、从省农科院团购玉米优种后，直接以低于市场价15%~20%的价格供应给农户。除农业相关服务外，新农协在北京农禾之家咨询服务中心的帮助下，组织留守儿童参加寒假营和暑假营，关爱、帮助留守儿童健康成长。新农协在大垒东村成立老人"日间照料中心"，对不同层次的老人开展多种养老服务，解决独守老人的日常生活问题。新农协依托民事调解中心，对接石家庄专科医院在金店镇大辛庄养老院成立爱心医疗基地，定期为当地村民进行义诊。

实现乡村振兴，治理有效是基础。农民合作社作为农村重要组织资源，是乡村治理体系不可或缺的组成部分。合作社在发展农业经济的过程中，通过提供多种服务使农民在生产和生活之间建立了多重关联。因此，合作社可以通过整合村庄资源，重塑农村利益主体之间、村民之间的关系格局，破解乡村组织低效困境，有效推进乡村良性治理。

四、彰显反哺社区优势

农民合作社的成立、运行及发展根植于所处农村社区，合作社的发展也离不开农村社区的支持。同时，随着合作社的发展壮大，合作社也会在反哺农村社区方面体现特殊优势。合作社不仅能带动乡村经济发展，还可以发挥其在优秀文化传承、移风易俗等方面的功能，维持农村社区稳定。

位于河南兰考的胡寨哥哥合作社成立于2005年，经历十多年的发展，成员从当初的42户发展到160多户，并发起成立了由19家合作社组成的仪封乡农民生产合作联社。为了调动全村积极性，胡寨哥哥合作社除了为成员提供购销服务、生产合作和信用互助服务外，还利用合作社收入为成员提供更为广泛的生产生活服务。比如，2012 年合作社利用积累的公益金建立了合作社幼儿园，免费为成员的子女提供三年的学前教育；2014 年合作社采购净水设施，免费为成员提供安全的生活用水服务。近些年，该合作社进一步完善包括生产发展、教育、医疗、养老等在内的社区服务功能，不断满足群众生产生活需求。与此同时，合作社还将服务对象由成员拓展到村民，每个季度邀请各方面的专家来给村民开展免费讲座，内容涉及农业种植技术、农机保养维护、保健养生、家庭教育、返乡创业等各个方面。除此之外，合作社还组建了文艺队，利用农闲季节把村民集中起来，开展太极拳、广场舞、秧歌、腰鼓、盘鼓、青年健美操等丰富多彩的文化娱乐活动。

农民合作社既是一种市场主体，又是一种社会组织。合作社已经不再仅仅关注生产性功能，而是逐步向以生产为基础的多功能转型（李博和高强，2021）。合作社兼有发展经济和服务社会的双重属性以及奉行利益共享的价值原则，决定了其对所在社区发展具有促进作用。国内外发展实践表明，合作社可以发扬团结互助、合作共济、关心社区的精神，彰显立足乡村、联系农民、对接城市的独特优势，成为创新农村社会管理和推动乡村建设的有效载体。

第五节 国外合作社发展模式比较和经验借鉴

自 1844 年世界第一个真正意义上的合作社组织——罗虚代尔"公平先锋社"诞生后，合作社已经走过了 100 多年的历史。由于各国的实际情况和发展道路各不相同，合作社发展模式大致可以分为两类：一是以专业合作社为主的"欧美模式"，代表国家有美国、德国、荷兰、加拿大等；二是以综合性合作社为主的"东亚模式"，代表国家有日本、韩国、以色列等。近年来，中国农民合作社蓬勃发展，功能从单一化向多元化不断转变，涵盖了经济、文化、社会、生态等多方面的功能，但各个功能的发挥和实现程度差别较大。因此，分析国外合作社发展模式的相关经验，有助于我国加深对合作社多维功能的理解和认识。

一、欧美模式

（一）美国农业合作社的发展模式

美国是一个农业大国，农产品是美国重要的出口商品和外交武器。除了具有得天独厚的农业资源、自然条件外，美国依靠多种专项投入和政策支持，造就了一批极具竞争优势的家庭农场型经营主体。在家庭农场商业化、专业化趋势的推动下，美国农业合作社逐渐萌芽与发展。

1. 美国农业合作社类型

按照合作内容，美国农业合作社大致可以分为销售合作社、供应合作社、服务合作社以及信贷合作社等不同类型。销售合作社并不仅仅从事销售，还包括农产品的运输、储藏、初加工和深加工。供应合作社包括专业性合作社和综合性合作社两种类型，主要从事家庭农场所需生产资料的供应，同时也向家庭农场提供相关的技术指导和维修服务。服务合作社的业务范围很广，包含农场主和农村居民生产和生活的方方面面。美国农业信贷合作体系包括联邦土地银行、联邦中间信贷银行以及生产信贷协会、合作社银行等组成部分。这三大类金融机构都根据各自的分工，向农场主或合作社提供不同期限的贷款。

2. 美国农业合作社运作方式

美国农业合作社往往通过与成员签订合同的方式来提供服务，双方在合同中明确约定权利与义务。农民加入或退出合作社完全依靠个人意愿，由于后入社的要享受前人积累的利益，因此农民入社除了要缴纳股金，还要缴纳一定的"入门费"。倘若退社则股金返还，而"入门费"不退，在一定程度上抑制了投机行为的产生。美国农业合作社的利润分配主要有以下几种方式：一是惠顾返还方式，根据当年每个成员与合作社之间的交易额，以现金或者股权的形式将收益返还给成员；二是有限制比例按股分红方式，在州和联邦法律规定的标准之内，按照每个成员的股份比例进行分红；三是惠顾返还与按股分红相结合的利益分配机制，实现按劳分配和按资分配相衔接。

（二）美国农业合作社功能演变及发展趋势

美国农业合作社是在市场经济条件下，处于弱势地位的农民为了保护自身利益，自发组织起来的互助性合作经济组织。农业合作社最主要的目的在于增加收入、提高生产效率和竞争力。美国传统的农业合作社主要从事初级农产品收购和加工业务，一般通过延伸合作社内部加工链条来获得更多利润，然而随着传统农业向订单农业的转变，这种简单关系的产业链条已经无法满足农民对高附加值的需求。面对日益激烈的国际市场竞争，美国不断完善农业合作社的服务功能，目前已经形成了涵盖全产业链条业务的综合化、一体化合作社（李旭等，2018）。

1. 美国农业合作社功能演变

在合作社运动历史中，美国是一个后起之秀。独立战争结束之后，美国疆界不断西扩，农田面积、农场数量急剧增加，农业迅速发展。同时，工业革命的兴起为农产品的加工、运输和销售提供了多元化服务，但势单力薄的农场主面对这些服务毫无议价能力。为了抵制中间商的盘剥，农场主们开始尝试建立自我服务的生产者联合组织。19 世纪下半叶，美国农业经历了一场机械化革命，农业生产率大幅提高，农产品供过于求，而从事农产品加工和贸易的中间商趁机压价，出现了谷贱伤农的现象。这一阶段，美国出现了两个重要的农业合作社组织，一是"农业保护者协会"，其旨在鼓励农民合作互助，通过社会改革来摆脱经济困难、维护自身权益；二是农场主联盟，主要通过销售农产品、供应农用品来谋求经济利益，并扩大市场空间。

到 1920 年，美国农业合作社已经形成全国性的网络，为农场主提供了必要的生产经营服务，同时也极大提高了他们对农产品和农用品的议价权。此后，为了应对第一次世界大战带来的农业萧条，"美国农场局联盟"诞生了，其目标就是帮助农场主改善经营，实现有秩序的农产品销售。1933 年美国国会通过了"农场信贷法"，依据此法联邦政府在全国建立了一个中央银行和 12 个地区性合作社银行，并由这些银行向农场主组成的合作社提供贷款。自此，美国农业合作社的经营制度在此基础上不断完善。

第二次世界大战结束后，美国农业合作社朝重质量、重内涵的方向发展，通过与各种经济组织的合作来不断开拓国际市场。此外，为了适应新形势需要，合作社不断深化改革和调整发展战略，加大对教育、培训、科研、信贷以及服务等方面的投入。21 世纪以来，美国农业合作社功能更加丰富，不仅可以提供数以万计的就业机会，甚至有些州还成立了医疗保险合作社作为公共医疗的替代方案。

2. 美国农业合作社发展趋势

美国农业合作社在美国农村经济中占据重要地位，可以有效帮助农民提升生产效率、拓宽销售路径，从而提高农民收入。20 世纪 90 年代以来，美国农业合作社发展呈现出两种趋势，一是传统农业合作社为了适应财产方面的限制，进行退出、重组和转移；二是新一代合作社为了增加产品附加值，对农产品进行深加工。这两种类型的合作社已成为推动美国农业发展的主要力量，其发展趋势呈现为以下几个方面：一是完善经营机制，开放组织体系。为了应对激烈的市场竞争，美国农业合作社不断提高生存发展能力，推动自身逐步走向股份化、公司化。二是持续重组与并购，壮大规模经济。合作社重组与并购的主要目的在于提高效率水平、增加市场进入机会、获得范围经济和规模经济等。三是加强农业产业化纵向垂直联合。随着契约农业的兴起，在不同生产阶段的合作社开始纵向整合，开发多元化产品，以此来迎合消费者需求、稳固销售渠道和提高农产品附加值。

（三）德国农业合作社的发展模式

德国是欧洲人口最稠密的国家之一，自然资源较为贫乏，但是农业劳动力素质和农业机械化水平较高。长期以来，德国农业合作社在严格的法律制度、独特的管理运营方式、健全的合作金融体系和适度的政府支持等共同作用下，发展成一个综合性的社会服务网络，为德国农业发展做出了巨大的贡献。

1. 德国农业合作社类型

德国农业合作社是在农户自愿的基础上建立起来的，具有种类繁多、经营领域广泛、体系完善等特点。从合作规模来看，主要包括行业和地区性合作社、跨地区性合作社以及全国性的协会等不同类型。从经营业务来看，包括信贷合作社、农村商品和劳务合作社、工商业商品和劳务合作社、消费合作社、住房合作社五大类。从服务范围来看，又可以分为三类，一是加工和流通类，主要从事农产品加工流通等；二是配套服务类，如种子鉴定、饲料、化肥、农机设备和技术培训等；三是金融类，主要为合作社提供资金融通等服务。

2. 德国农业合作社运作方式

德国农户加入农业合作社一般要缴纳入社资金，且资金份额由拥有的土地面积决定，款项用于建厂房、购买农用机械等。在农产品收获季节，合作社派专人到农户家收集农产品，然后由合作社的销售人员按合同将农产品送到各大批发市场和超市。有条件的合作社还会将部分产品速冻或者加工成罐头，以便在淡季出售。在农闲季节，合作社有关人员会去各大超市、批发市场了解市场行情，并根据调查得到的信息帮助农民制订第二年的种植计划。此外，合作社还会在购买农资、播种、管理、销售等方面制定详细方案。合作社的人员工资、管理费、电费和其他支出均由成员共同分摊。同时，农产品加工、运输、销售各环节的利润也由入社农户共享，从而极大提高了成员积极性。

（四）德国农业合作社功能演变及发展趋势

1. 德国农业合作社功能演变

德国是世界合作社组织的发源地之一。19世纪中叶，在德国迈向农业资本主义的普鲁士农业改革中，为了应对出现的粮食危机，合作社运动不断兴起。在此期间，赖夫艾森合作社以农村为中心发展起来。该合作社首先致力于解决的是农民信贷问题，同时兼营销售、购买和其他服务业务。

19世纪80年代，德国谷物价格开始下降，并且在1893—1894年达到最低点，为了抵制中间贸易的商业欺诈和不经济现象，各种专门从事销售的合作社发展起来，在较大的市场领域中从事销售业务，并由此保持农产品价格稳定。1926 年，为了应对第一次世界大战给德国农业带来的危机，赖夫艾森合作社和哈斯农村合作经济组织开始合并，随后形成了世界上最大的合作社联盟——德国农业合作社赖夫艾森国家联盟。但由于第二次世界大战的波及，统一的农业合作社联盟解散。第二次世界大战结束后，合作社在不同地区开始恢复发展，涵盖了商品经营的各个领域，并在农产品加工、流通、信贷、服务等多个领域得到发展。

1949 年，德国赖夫艾森联盟获得了合作社的审计权，构建了多层次、分权式的合作社组织架构，并成立了地区中心银行，以解决合作社发展中面临的资金短缺问题。近些年，德国还通过长期发展和不断整合，形成了多层级的合作社联盟体系，帮助合作社争取相关利益，并向成员提供有关咨询服务。

2. 德国农业合作社发展趋势

近年来，农产品贸易自由化、技术变革加速化、消费者需求多样化不断凸显，农业合作社发展面临着较大的压力。为了提升合作社的竞争优势，德国农业合作社也在进行适应性的调整变革，其变革趋势主要有以下几点：一是变革组织结构，通过合并、联合等多种方式推动横向一体化，扩大自己的规模，并通过农工商之间的密切配合推动纵向一体化，解决农业效率低、商品率低的问题；二是变革资金筹集方式，相继推出外部成员投资、公开发行股票等融资方式，增强应对风险的能力；三是变革经营及相关机制，合作社发展逐步转向营利性企业，增加与非成员之间的交易，以减少成本、扩大规模及防止季节性变动。

二、日韩模式

（一）日本农业协同组合的发展模式

1. 日本农业协同组合类型

日本农业协同组合（以下简称"农协"）的组织结构可以在纵向上分为市町村级别的基层农协、都道府县地方级别的农协中央会和农协联合会，以及全国性的全国农协中央会和联合会；在横向上，日本农协可以分为综合农协和专业农协。其中综合农协即一般意义上的农协，以某一地区从事农业生产的组合员为基础，指导加入农协的组合员从事农业生产和日常生活；专业农协由特定农产品的生产者组成，针对特定的农产品生产进行指导和购销服务。相比于综合农协，专业农协的数量多但规模更小。此外，日本农协还可以按照筹资来源不同，分为组合员投入资金的投资农协和收取手续费运作的非投资农协，其中非投资农协不能办理储蓄存款等金融业务。

2. 日本农业协同组合运作方式

根据日本的《农业协同组合法》规定，日本农协属于自主性团体，是以农民为主体、由农民自愿成立，不以"营利"为目的的"中间法人"，目的是最大限度地为组合员服务。各级农协的最高决策机构是总会（成员大会或代表大会），由它选举产生理事会成员，再在理事会成员中选举产生会长、副会长、专务理事、常务理事，修改章程和每年度的业务计划等重大事项须经总会决定。农协的会长必须是农民，理事中的 2/3 以上需由农民组合员担任。经营管理层中的参事（相当于企业总经理）及以下职员都是聘用的专业人员。

日本政府为了保护小规模农业者的权益，规定加入农协的人员应是在该农协所在区域居住的"农业者"，但不包括大型企业（从业人员 300 人以上或资本金总额达 3 亿日元以上）。成员分为"正组合成员"和"准组合成员"两类，前者原则上要经营 1.5 亩以上的耕地，每年从事农业经营 90 天以上，或是从事农业经营的农事组合法人，拥有表决权、选举权和被选举权，同时负有出资和缴纳税款的义务。而后者是指在农协所在区域内有住所的个人以及其他利益相关的个人或法人。"准组合成员"没有决议权、选举权，可以享有请求决议、要求行政检查等权利，但是利用权力不能超过成员利用总额的 20%。

（二）日本农业协同组合功能演变及发展趋势

1. 日本农业协同组合功能演变

为了促进商品生产发展，保护小农利益，明治政府制定了《产业组合法》，鼓励发展产业组合，以改善农村流通。产业组合的功能主要是为农民提供肥料等生产资料和茶叶、生丝等农产品销售方面的服务。但当时的产业组合还不允许经营流通业务和金融业务。第一次世界大战后，为促进农村经济复兴，当时的政府鼓励并扶持产业组合的发展，并开始允许其同时经营流通业务和金融业务。此时产业组合已成为日本政府农业政策的实施载体之一，其主要功能是对流通和金融实行统制，以保护小农生产者利益，防止小农走向衰落。第二次世界大战日本战败后，为防止自耕农再次沦落为佃农，日本在全国范围内建立了农协组织。当时农协的主要任务有：一是围绕流通和金融领域，为农民提供发展生产所需要的肥料、农具等生产资料及资金调剂服务，以促进粮食增产；二是配合政府执行粮食统购政策，以确保粮食供应。因此，日本农协既是农业服务组织，又是政府粮食统购政策的实际执行者。

20 世纪 50 年代后，日本出现粮食供给的低水平相对过剩。与此同时，工业快速发展拉动城市居民收入的较快上升，工农、城乡差距出现扩大趋势。日本政府于 1961 年制定了《农业基本法》，希望通过提高农业劳动生产率，实现工农收入均衡。同时，在农协等农业团体的压力下，实行了农产品价格保护政策。由于大米大量过剩，70 年代以来，日本政府开始推出调减稻米种植面积的结构调整政策，农协则是结构调整政策的实际执行人。此时，农协充当了农民利益代表和政府职能代理人的双重角色。80 年代以来，大量国外农产品进入日本市场，日本农业受到贸易自由化的冲击，食物自给率逐年下降。同时，随着日本农民收入提高，农业生产资金短缺的现象减少。为了有效运用农户的闲散资金，日本农协开设了金融业务，为成员提供资产管理服务。此时，农协作为农户经营代理人在产前、产中、产后发挥了重要作用。

20 世纪 90 年代以来，随着泡沫经济崩溃，日本政府推出了放松金融管制政策，以往得到优惠待遇的农协金融开始与其他商业金融机构站到同一起跑线上平等竞争。1995 年，日本政府颁布了新的《粮食法》，终止了持续半个世纪的粮食统购制度，打破农协在粮食流通领域的垄断地位，农协流通业务赤字逐年增加。

2. 日本农业协同组合发展趋势

20 世纪 80 年代中期，日本实施金融自由化和低利率政策，导致农协信用业务减少。在大米销售和金融两个支柱型农协项目上，政府实施了缓解限制的自由化政策，松动了农协经营根基，为此农协系统开始重新确定基层农协规模、改组农协机构，促使日本农协发展呈以下趋势：一是加快基层农协合并，推动农协跨地区服务，整合互助项目与信用项目，实行"大型基层农协——农协全国联合会"的二阶段组织体制；二是终结"团体管制主义"，将整个农协系统彻底归属于政府，更加仰赖政府的财政援助；三是 JA 银行化，将农协系统转变为"一体化金融机构"，设立"JA 银行中央本部"，确保 JA 集团整体的"自我完结性"。

（三）韩国农业协同组合的发展情况

1. 韩国农业协同组合发展变迁

1958 年，韩国成立了"农业银行""农业协同组合"，其中农业银行专门提供金融服务，农业协同组合（以下简称"农协"）专门从事经济活动。这种二元化的模式导致了经营效率不高，且容易造成二者之间的矛盾。因此，1961 年韩国政府将原农协和农业银行合并，成立了一个多元复合结构的综合经济组织，即综合型农协。

韩国农协的组织结构分为位于上层的农协中央会和位于下层的基层农协两级体系。农协中央会以商业经营为主，是一个营利性组织，主要提供金融信贷业务；基层农协即成员组合，主要从事以指导事业和经济事业为主的业务（周忠丽和夏英，2014）。韩国政府负责监督管理农协的运营，并通过农协来管理农业。农协承担政府农业发展政策的落实工作，参与负责农业经营过程中的指导、协调、自律工作，并向成员提供服务，向政府反映民意（吴菊安，2016）。

2. 韩国农业协同组合主要业务

随着农协经营能力的不断增强以及政府支持力度的逐渐加大，韩国农协的业务不再单一，而是开始逐步扩大业务范围。目前来说，范围已经涉及农业产前、产中、产后的各个环节，主要包括以下几类业务：一是指导业务，主要通过指导农业生产经营、农业人才培养、农民生活方式、农村发展规划等，提高农民农业经营能力、改善农民的生产和生活条件；二是农业生产资料购买业务，主要将分散且缺乏信息的农民组合成一个团体，统一购买农业生产资料，改善谈判能力弱、交易成本高的弱势局面；三是生活用品购买业务，给农民提供品质好且价格低的生活用品，帮助农民享受合理化、便利化和多样化的生活；四是农产品销售业务，通过统一的销售来减少流通成本、增强市场谈判能力，将农产品储存、运输等过程中的风险转移到农协；五是农产品加工业务，推动农产品产业纵向一体化，提高农产品附加值，稳定农产品价格，向消费者提供更加多样化的商品；六是金融业务，由于农业生产周期长、风险大、收益率低，很多商业银行不愿意进入农村。因此，农协为成员等提供政策金融业务和互助金融业务，增强了农村地区的资金融通功能，缓解了农民资金短缺压力。

（四）韩国农业协同组合的功能演变及发展趋势

1. 韩国农业协同组合功能演变

1958 年，韩国依据《农协法》成立了从事供应与销售业务为主的全国农协中央会。1961 年，为了增加农业生产和改善农户的社会经济地位，全国农协中央会与农业银行合并成立韩国农协，转型为综合农协，实行三级管理体系，即全国单位的中央会—市郡单位的组合—里洞单位的组合。在成立之初，为了打破资金和规模等的限制，韩国农协以低廉价格向农民供应优质生活用品，重组基层农协并赋予其更多的责任，同时引入合作金融制度，抑制农村地区的高利贷，推动了农协快速发展。

随着"新村运动"的开展，1977 年韩国农协开展了综合收入增长计划和农机联合利用计划。同时，为了增强其市场竞争力，农协开始联合营销团体，加强零售业务方面的投入。1981 年，韩国农协调整其组织机构：一是分离畜协业务；二是将三级体系组织结构改为两级体系组织，即农协中央会—基层农协。1995 年，韩国农协开始独立运营其经济业务与信用业务，设立农协流通股份公司，建立拥有集散地、仓储间、冷库、包装厂和销售点的流通中心，使农协成为既有零售又有批发的"农业流通联合体"。

2000 年，韩国将独立经营的农业协同组合中央会、畜产业协同组合中央会及人参协同组合中央会等中央组织合并为农业协同组合中央会，采用一元化"综合农协体制"经营。2004 年，农协开展"新农村、新农协运动"，成立爱农村全民运动本部，建立起专业经营者责任经营体制。2011 年，韩国农协又实施了对农产品流通事业和金融事业进行相互分离的结构性调整，为新农协的转型发展奠定了基础。

2. 韩国农业协同组合发展趋势

近些年，韩国农协的发展趋势呈现出规模化、民主化和规范化等特点。第一，韩国早期的农协规模较小且较为分散，组织结构有待完善。为了推进规模经营，提高运行效率，农协对组织结构不断进行调整，将"里洞组合—市郡组合—中央会"三级组织结构体系改成"单位组合—中央会"二级体系。第二，在建立综合农业协同组合之前，韩国农协可以分为政府主导型、民间自发型两大类。为了让农协获得更多的自主权，韩国推行相关法律法规，推动农协逐渐实现民主化经营，并不断扩大自己的决策权力。第三，在加入 WTO 之后，韩国农业和农村面临巨大的挑战，为了增强农产品国际竞争力，农协更加注重规范化经营，对农民农产品生产的监管更加严格。

相对于欧美发达国家，中国农业发展水平普遍较低，农村相对缺乏合作传统，仍然处于合作经济组织发展的初级阶段。虽然中国与日本的农业资源禀赋条件、农业经营模式、乡村社会情境、稻作农耕文化等多有相似之处，但是"二战"后日本综合农协兴起的历史背景和发展条件具有特殊性。因此，中国不能简单地借鉴"欧美模式"和"日本模式"，而是要充分尊重广大农民群众的创造性，积极探索符合中国国情农情的农民合作社形态，走具有中国特色的农民合作社发展道路。

第六节　乡村振兴战略背景下合作社发展定位与建议

实施乡村振兴战略，不仅要求产业振兴，还包括组织振兴、人才振兴、文化振兴、生态振兴。合作社作为一种制度化的综合体，与乡村振兴战略具有高度契合性。因此，乡村振兴战略背景下合作社发展定位不应再局限于单一性功能发展，不仅要发挥其在促进产业发展方面的作用，更要关注合作社的社会、文化、生态等方面的功能，以更好地带动小农户发展。基于此，提出以下建议。

第一，注重合作社经济能力的培育，持续打造核心竞争优势。对于农民合作社而言，发展经济是前提和基础。当合作社具备一定的经济实力后，才有可能、有资本去实现社会、文化、生态等多个维度的功能。一方面，合作社可以积极整合线上线下资源，打通合作社生产、销售、服务渠道，提高经济效益。另一方面，合作社可以通过"引智"来提高人力资源优势，对合作社管理人员进行培训，积极和科研院所对接，推动产学研合作，扩大农产品市场竞争优势。

第二，保障合作社规范化运行。要充分发挥农民合作社负责人的带头作用，完善合作社管理制度，实现合作社规范化管理，增强合作社成员的凝聚力、向心力。首先，要因地制宜地制定合作社相关制度，强化章程管理，为合作社发展打下良好的制度基础。其次，要在自愿、民主、互利等基础上，保障合作社社员参与决策、管理、监督的权利，真正实现民办、民管、民受益。同时，要鼓励有条件的农民合作社引进职业经理人，健全内部法人治理结构。最后，鼓励有条件的地方推广使用农民合作社财务管理软件，加强合作社财务管理制度规范化建设，保障合作社资金的规范使用，加强内部监督和内部审计，使农民合作社财务资金公开化、透明化。

第三，促进农民合作社与不同类型组织的联合与合作。推动农村发展，促进农民增收，既要发挥好单体农民合作社的作用，更要加快推进农民合作社的联合发展。要切实加强组织领导，把联合社作为创新农业生产经营体制，稳步提高农民组织化程度的重要手段，加强对联合社的指导和帮扶，协助联合社建立利益联结机制。要坚持党的领导核心，鼓励村党支部领办农民合作社，把村党支部的政治优势、资源优势、组织优势等，转化为合作社的发展优势。要科学选择合作社与其他新型农业经营主体联合与协作模式，及时总结各地经验做法，引导经营主体通过兼并、合并、重组、收购、入股及联合经营等多种方式，进行组织重构和资源整合，促进农民合作社高质量发展。

第四，构建全面客观的农民合作社多维功能综合评价体系。面对小农户日益多元化的需求，需要在农户、组织和区域等更宽阔的视野中构建农民合作社多维功能的综合评价体系，并实现与乡村振兴战略中的"产业兴旺""生态宜居""乡风文明""治理有效""生活富裕"要求耦合。首先，合作社要向农户提供现代农业服务，并通过对农资质量和生产技术的把控，解决分散经营中存在的产品差异化和商品率低的问题，促进农业由粗放式经营向集约式经营的转化。其次，合作社应当吸纳精英，广泛参与村级事务，弥补乡村治理主体缺位，将留守群体及剩余劳动力组织化，聚合村庄的闲散力量，使其成为乡村治理的主体。最后，只有发展自己的合作社文化，才能确保持续稳定地发展。合作社可以通过提供儿童教育、居家养老等服务，帮助村集体营造尊老爱幼的社区文化氛围，提升乡村文明程度。

第五，强化对综合性农民合作社的政策支持。农民合作社的发展离不开政策的支持。政府部门应通过协助农民维持较低的交易费用来保障农户的议价能力，支持合作社拓展服务功能来扩大交易合作的规模。综合性农民合作社因其合作内容的广泛性、综合性，在政策支持方面一定程度上处于相对不利地位。因此，需要加强立法工作和政策支持，给予综合性农民合作社必要的法律和政策环境。在当前《农民专业合作社法》的基础上，可以适时修订完善相关法律，不再以专业性、单一性限制农民合作社发展。要鼓励有条件的地方积极探索农民合作社综合社，引导其从专业性、单一性走向综合性，并在政策上给予相应的扶持，为综合性农民合作组织发展创造良好的外部环境。

第六，强化典型合作社的示范引领作用。要加强典型合作社的宣传，让农民、村干部意识到农民合作社除了经济功能外，还有助于社会、文化、生态等多维功能的实现，提升合作社在乡村振兴中的影响力。要积极培育一大批制度健全、管理规范、带动能力强的合作社示范社。对典型合作社案例进行剖析，形成一系列可复制、可推广的模板，以帮助其他合作社自我改善、自我提升。同时，要鼓励农民合作社示范社发挥带头作用，引导其在发挥经济功能的基础上，积极反哺社区、提高社会效益，强化合作社文化建设，推动农业农村现代化进程。

第二章

中国合作社发展现状特征与基本路径

自《农民专业合作社法》颁布以来，中国农民合作社如同雨后春笋般蓬勃发展，数量不断增长，对农业农村发展的影响也越来越大。党中央、国务院高度重视农民合作社发展，出台了一系列政策举措。本章主要从数量与规模、成员与出资、产业与领办人、服务与生产、盈余分配及政策支持等多个维度阐述了中国农民合作社的发展状况，归纳出五大发展趋势，并结合当前中国农民合作社发展存在的问题与困境，提出相关发展思路与政策建议。

第一节　农民合作社现状与特点

一、合作社的发展状况

（一）合作社数量和规模不断增长

截至 2020 年 6 月底，全国依法登记的农民合作社达到 221.8 万家，与 2007 年相比增加了 85 倍，年均增长 16.85 万家。但从相对增长率看，农民合作社发展速度呈现出不断下降的趋势，2020 年增长率已降至 0.59%，远低于 2008—2009 年超过 100%的增长率。2007—2020 年全国农民合作社数量与增长率变化情况如图 2-1 所示。

（二）社均成员数量不断下降

随着农民合作社总量迅猛增长，合作社成员数量也随之快速增加。2009 年，全国入社农户为 391.7 万户，2019 年达到 6 682.8 万户，成员规模扩大近 17 倍，年均增长达 32.8%，总体看成员数量增速呈现出"先上升后下降"的驼峰状趋势。从每家合作社拥有的成员平均数量来看，驼峰状趋势同样明显。2009—2015 年合作社社均成员数量逐年增长；2015—2019 年社均成员由 65 户下降为 35 户。从现实情况来看，合作社社均成员数量的下降很可能是合作社在发展过程中不断自我调整以寻求最佳成员规模的结果。2009—2019 年中国合作社总体数量、成员总量以及社均成员数量的变动情况如表 2-1 所示。

图 2-1 2007—2020 年农民合作社数量与增长率情况

资料来源：根据国家工商总局（现国家市场监督管理总局）和农业农村部发布数据整理。鉴于数据的可获得性，2019 年与 2020 年数据分别为 2019 年 10 月底与 2020 年 6 月底农业农村部发布的数据。

表 2-1 合作社数量、成员数量及社均成员总数

年份	2009	2010	2011	2012	2015	2016	2017	2018	2019
合作社总量（万家）	24.6	37.9	52.2	68.9	153.1	179.4	196.9	217.3	220.3
成员总数（万户）	391.7	715.6	1 196.4	2 373.4	10 090	10 800	6 794.3	7 191.9	6 682.8
社均成员数（户）	15	18	22	34	65	60	38	38	35

资料来源：根据历年《中国农村经营管理统计年报》整理而成。另：2013 年与 2014 年数据缺失。

（三）成员出资呈现迅速增长趋势

成员出资是合作社健康和稳定发展的基础，也是合作社实力的重要体现，随着合作社数量的快速增长，合作社成员出资总额也随之增加，如图 2-2 所示。2007 年，全国合作社成员出资总额为 0.03 万亿元，2016 年达到 4.1 万亿元，年均增速达 72.70%，9 年间增长了 136.67 倍，明显超过合作社的年均增长速度。但是成员出资的增长率呈现出逐渐下降的趋势，由 2008 年的 200.00% 下降到 2016 年的 26.93%。尽管在 2013 年与 2016 年出现小幅度回升，但总体仍呈现出明显的下降趋势。

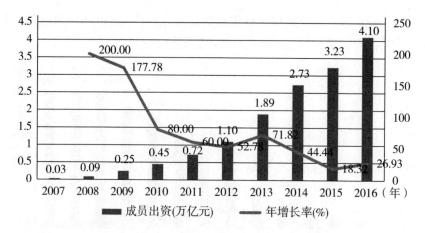

图2-2　2007—2016年中国合作社成员出资情况

资料来源：根据国家工商总局（现国家市场监督管理总局）公布的相关数据整理而成。

（四）合作社产业分布趋于稳定

中国合作社主要分布于种植业、畜牧业、服务业、林业和渔业等五大产业。五大产业中，种植业合作社占据主导地位，2011年全国有种植业合作社24.6万家，占当年合作社总数的48.3%。此后，种植业合作社的比重稳步提升。2019年全国种植业合作社达到105.6万家，占当年合作社总数的54.6%。畜牧业合作社在数量上位居第二，但2011—2019年畜牧业合作社的比重呈现出缓慢下降的趋势，由2011年的28.2%下降到2019年的21.1%。服务业合作社方面，其数量由2011年的4.6万家提高到2019年的15.4万家，这与农业产业升级、社会化服务需求增加有重要关系。林业合作社方面，其数量增长较快，由2011年的2.6万家增至2019年的11.7万家；但从占比看，林业合作社比重始终保持在5%~6%，表明林业合作社增长趋势与全国合作社总量增长趋势大致同步。渔业合作社方面，其数量呈现出稳步增长趋势，由2011年的2.0万家增至2019年的5.9万家，但占比由2011年的3.9%降至2019年的3.0%。2011—2019年合作社产业分布数量与比例情况如表2-2所示。

表2-2　农民专业合作社产业分布（单位：万家、%）

年份	种植业		畜牧业		服务业		林业		渔业	
	总量	占比	总量	占比	总量	占比	总量	占比	总量	占比
2011	24.6	48.3	14.4	28.2	4.6	9.0	2.6	5.1	2.0	3.9
2012	30.6	48.2	17.7	27.9	5.8	9.1	3.4	5.4	2.5	3.9
2013	44.8	50.6	22.7	25.7	7.7	8.7	5.1	5.8	3.3	3.7

年份	种植业		畜牧业		服务业		林业		渔业	
	总量	占比	总量	占比	总量	占比	总量	占比	总量	占比
2014	60.0	50.6	28.5	25	9.3	8.2	6.6	5.8	4.0	3.5
2015	71.0	53.2	32.4	24.3	10.9	8.1	7.9	5.9	4.5	3.4
2016	84.3	54.0	37.1	23.7	12.3	7.9	9.2	5.9	5.1	3.3
2017	95.4	54.4	40.4	23.1	13.9	7.9	10.4	5.9	5.7	3.0
2018	103.6	54.7	42.8	22.6	14.7	7.7	11.3	6.0	6.0	3.2
2019	105.6	54.6	40.9	21.1	15.4	8.0	11.7	6.0	5.9	3.0

资料来源：根据农业农村部公布的《农村经营管理统计年报》数据整理所得。

（五）能人领办型为主的发展格局形成

根据领办人身份进行划分，目前的合作社主要以乡村能人（包括村干部）领办型为主，数量由 2011 年的 45.8 万家增至 2019 年的 164.4 万家。2011—2019 年能人领办型合作社的比重始终维持在 85% 以上，是合作社发展的中坚力量。其中，由村干部领办的合作社由 2011 年的 9.2 万家增至 2019 年的 23 万家，但比重下降明显，从 2011 年的 20.1% 降至 2019 年的 11.9%。另外，企业领办型与基层农技组织领办型合作社占比均较低。其中，企业领办型合作社所占比重始终未超过 3%，尽管数量由 2011 年的 1.5 万家增至 2019 年的 4.1 万家，但占比却由 2011 年的 2.9% 降至 2019 年的 2.1%；基层农技组织领办型合作社所占比重始终未超过 2.0%，数量由 2011 年的 1 万家增至 2019 年的 2.8 万家，比重也由 2011 年的 2.0% 降至 2019 年的 1.4%。按领办人身份划分的合作社数量与比重情况如表 2-3 所示。

表 2-3 按领办人身份划分的合作社情况（单位：万家、%）

年份	乡村能人		村干部		企业		基层农技组织		其他	
	总量	比重	总量	比重	总量	比重	总量	比重	总量	比重
2011	45.8	89.9	9.2	20.1	1.5	2.9	1.0	2.0	2.6	5.2
2012	57.2	90.3	10.8	18.9	1.8	2.9	1.2	1.9	3.1	4.9
2013	80.2	90.7	13.6	16.9	2.4	2.7	1.5	1.7	4.3	4.8
2014	103.5	91.0	15.6	15.1	3.0	2.6	1.9	1.6	5.4	4.8
2015	121.6	91.0	17.3	12.9	3.4	2.5	2.1	1.6	6.5	4.9
2016	142.4	91.2	19.1	13.4	3.8	2.5	2.4	1.6	7.5	4.8
2017	160.0	91.2	21.2	12.0	4.2	2.4	2.6	1.5	8.6	5.0

年份	乡村能人		村干部		企业		基层农技组织		其他	
	总量	比重	总量	比重	总量	比重	总量	比重	总量	比重
2018	172.6	91.2	23.0	12.1	4.4	2.3	2.8	1.5	9.4	4.9
2019	164.4	85.0	23.0	11.9	4.1	2.1	2.8	1.4	9.4	4.9

资料来源：根据农业农村部历年《农村经营管理统计年报》数据整理而成。乡村能人包括村干部。

乡村能人成为领办合作社的主导力量，这一现象既可能源于中国农村特有的乡土文化，也有可能与《农民专业合作社法》的相关规定有关。一方面，相对于其他身份的牵头人，农民身份的专业大户、农村经纪人、村干部等更加熟悉农村情况，将农民组织起来的成本相对较低；另一方面，《农民专业合作社法》对非农民身份者牵头领办合作社设有明确限制，例如该法律中对企业成员数量的规定：成员总数 20 人以下的合作社，可以有一个企业、事业单位或者社会组织成员；成员总数超过 20 人的合作社，企业、事业单位和社会组织成员不得超过成员总数的 5%。

（六）合作社以产加销一体化服务为主

从合作社提供的服务内容来看（表 2-4），中国合作社主要以产加销一体化类型的合作社为主。截至 2018 年底，提供产加销一体化服务的合作社共 101.1 万家，占比 53.4%；提供生产服务的合作社 54.6 万家，占比 28.8%；提供购买服务的合作社 6.0 万家，占比 3.1%；提供仓储服务的合作社 1.6 万家，占比 0.9%；提供运销服务的合作社 3.9 万家，占比 2.0%；提供加工服务的合作社 3.8 万家，占比 2%；另外提供其他服务的合作社 18.3 万家，占比 9.7%。

总体上看，中国合作社提供的服务以产加销一体化服务为主，比重由 2011 年的 52.3% 增至 2018 年的 53.4%。其次是提供生产服务的合作社，2011 年这一类型的合作社占比为 26.9%，2012 年下降为 22.7%，以后逐年上升，2018 年达到 28.8%。由此反映出，现阶段农户参加合作社的主要目的是解决农产品过剩背景下的产品销售问题，以及想要通过合作社提供的产前、产中和产后服务来节约成本、增加收益。

表 2-4 农民专业合作社服务内容（单位：万家、%）

年份	产加销一体化		生产		购买		仓储		运销		加工		其他	
	总量	比重	总量	比重	总量	比重	总量	比重	总量	比重	总量	比重	总量	比重
2011	26.6	52.3	13.7	26.9	1.8	3.5	4.1	0.8	1.7	3.3	1.1	2.2	5.5	10.9
2012	33.1	52.2	16.9	22.7	2.5	3.9	5.7	0.9	2.0	3.1	1.5	2.3	6.9	10.9
2013	46.3	52.4	24.6	27.8	3.5	4.0	7.1	0.8	2.6	2.9	1.9	2.2	8.7	9.9
2014	60.6	53.3	31.8	28.0	4.2	3.7	1.0	0.9	3.1	2.7	2.3	2.0	10.7	9.4
2015	70.7	52.9	38.1	28.5	4.7	3.5	1.2	0.9	3.4	2.5	2.7	2.0	13.1	9.8
2016	83.0	53.1	44.8	28.7	6.1	3.4	1.6	0.9	4.3	2.4	3.6	2.0	17.0	9.5
2017	93.1	53.1	50.9	29.0	5.8	3.3	1.6	0.9	3.8	2.1	3.5	2.0	16.7	9.5
2018	101.1	53.4	54.6	28.8	6.0	3.1	1.6	0.9	3.9	2.0	3.8	2.0	18.3	9.7

资料来源：根据农业农村部历年《农村经营管理统计年报》整理而成。由于2019年部分数据缺失，本书仅分析2011—2018年发展情况。

合作社的经营服务状况也在一定程度上反映了合作社的市场竞争力。2019年中国合作社统一销售农产品总值达6 945.0亿元，但其中统一销售农产品达80%以上的只有514 923家，仅占总体的38.36%；统一组织购买农业生产投入品总值2 656.7亿元，但其中统一购买农业生产投入品达80%以上的只有329 852家，仅占总体的18.51%。全国合作社共培训成员4 213万人次，平均每家合作社仅为31人次。不难看出，虽然现阶段合作社提供的服务内容日趋多元，但总体而言服务水平还比较低，服务能力还比较弱。

（七）生产规范化程度有待加强

从规范化程度看（表2-5），中国合作社规范化建设仍有待提高。注册商标与通过产品质量认证的合作社数量有所增长，但比重却呈现出不断下降的趋势。2011年，全国拥有注册商标的合作社有4万家，占合作社总体的比重为7.8%；全国通过农产品质量认证的合作社有2.1万家，占合作社总体的比重为4.0%；全国拥有示范社6.5万家，占合作社总体的比重为12.5%。2011—2019年，前述三类合作社所占的比重都存在不同程度的下降，其中拥有注册商标的合作社比重下降到5.5%；通过农产品质量认证的合作社比重下降到2.6%；示范社比重下降到8.1%。事实证明，标准化生产、注册商标、农产品质量认证是实现合作社价值增值、提升市场竞争力的重要手段，但上述分析表明，中国合作社尚处于粗放型发展期，合作社规范化生产的意识不强、产品附加值较低、市场竞争力较差。

表2-5　农民专业合作社规范化生产情况

年份	注册商标的合作社		通过产品质量认证的合作社		示范社	
	总量(万家)	比重(%)	总量(万家)	比重(%)	总量(万家)	比重(%)
2011	4.0	7.8	2.1	4.0	6.5	12.5
2012	4.7	6.8	2.8	4.1	7.0	10.2
2013	6.0	6.1	3.2	3.3	9.1	9.3
2014	7.0	5.4	3.7	2.9	10.7	8.3
2015	7.5	4.9	4.0	2.6	12.7	8.3
2016	8.1	4.5	4.3	2.4	14.0	7.8
2017	8.5	4.9	4.7	2.7	14.9	8.5
2018	8.7	4.6	4.6	2.4	16.0	8.5
2019	10.6	5.5	5.0	2.6	15.7	8.1

资料来源：根据农业农村部公布的历年《农村经营管理统计年报》数据整理而成。

据《农民日报》"三农"发展研究中心的数据显示，2017年，从合作社标准化生产来看，有26.1%的合作社能够执行国家标准；执行农业行业标准的合作社占比最大，为32.7%；执行地方标准的合作社占比为16.0%；执行企业标准、自有标准和其他标准的合作社占比依次递减，分别为9.7%、7.5%和1.8%；全国仍有6.3%的合作社未执行任何农业标准。

（八）可分配盈余呈现波动上升趋势

可分配盈余（divisible surplus）是衡量合作社盈利能力和规范化程度的重要指标（表2-6）。2011年全国合作社可分配盈余为419.6亿元，社均9.7万元；2019年全国合作社可分配盈余达1 123.4亿元，社均5.8万元。如果平均到每个成员身上，2011—2019年每个成员年平均盈余总体上呈波动上升趋势。合作社社均可分配盈余的减少并未带来成员人均可分配盈余的降低，这主要是因为合作社的数量虽然在不断增多，但成员规模却在不断缩小。

盈余分配方式是反映合作社组织运行规范程度的重要指标。《农民专业合作社法》要求农民合作社盈余进行相应的扣除后，剩余部分按交易额返还给成员的比例应不低于可分配盈余总额的60%。从农民合作社盈余分配的实际情况来看，2011年全国采用按交易额返还盈余的合作社为11.5万家，占当年合作社总量的22.04%，其中按交易额返还给成员超过60%可分配盈余总额的合作社为8.3万家，占比15.91%。2019年按交易额返还盈余的合作社为36.9万家，占比

19.07%，其中返还超过 60% 可分配盈余总额的合作社为 28.4 万家，占比 14.68%。实践中，合作社盈余分配方式与法律要求差距很大，合作社的规范化程度有待提高。

表 2-6　中国合作社盈余分配情况

年份	合作社可分配盈余（亿元）	社均可分配盈余（万元）	每个成员可分配盈余（元）	按交易额返还盈余的合作社（万家）	按交易额分配超过60%的合作社（万家）
2011	419.6	9.7	1 426	11.5	8.3
2012	575.3	9.1	1 300	14.9	10.8
2013	767.4	8.7	1 611	21.1	16.0
2014	907.0	8.0	1 600	26.7	20.6
2015	945.1	7.1	1 689	29.4	22.7
2016	999.5	6.4	1 559	33.7	25.9
2017	1 116.9	6.4	1 644	36.8	27.7
2018	1 008.7	5.3	1 403	38.0	29.4
2019	1 123.4	5.8	1 681	36.9	28.4

资料来源：根据农业农村部公布的历年《农村经营管理统计年报》数据整理而成。

（九）合作社扶持力度"先降后增"

合作社的可持续发展离不开国家的政策扶持。首先，获得财政扶持资金的合作社数量由 2013 年的 3.4 万家降至 2016 年的 3.3 万家，2019 年又增至 3.8 万家；各级财政专项扶持资金总额由 2013 年的 55.0 亿元降至 2016 年的 48.3 亿元，2019 年又增至 68.2 亿元；社均获得国家扶持总额由 2013 年的 16.0 万元，降至 2016 年的 14.7 万元，2019 年又增至 17.9 万元。2013—2019 年中国政府对合作社的扶持情况如表 2-7 所示：

表 2-7　中国政府对合作社的扶持情况

指标名称	2013	2014	2015	2016	2017	2018	2019
获得财政扶持资金的合作社数量（万家）	3.4	3.5	3.3	3.3	3.6	3.8	3.8
各级财政专项扶持资金总额（亿元）	55.0	54.7	46.0	48.3	65.1	68.1	68.2
社均获得国家扶持总额（万元）	16.0	15.5	13.94	14.7	18.2	18.1	17.9
当年贷款余额（亿元）	56.3	106.0	113.0	75.9	90.6	79.3	84.5

资料来源：根据农业农村部公布的历年《农村经营管理统计年报》数据整理而成。

二、合作社的发展特点

（一）发展模式趋于综合化

近年来，中国农民合作社的发展趋势逐渐由过去的专业化转向综合化，其产业领域和经营范围不断拓展，体现出综合化的典型特征。从现实情况看，综合合作社大致可分为两类：一类是产业链不同主体间的纵向综合，另一类是农业龙头企业、合作社、家庭农场等不同主体间的横向综合，也存在交叉综合的类型，例如安徽省的农业产业化联合体，浙江省供销社改革中出现的农民合作社经济组织联合会等。从产业领域和经营范围看，农民合作社在立足农业的基础上，不断向二、三产业拓展。根据《农民日报》"三农"发展研究中心的数据显示，2018年的样本中生产农产品的合作社仍然占比较大，从事种植、养殖、种植养殖兼营的合作社比例分别为45%、24%、10%；从事休闲农业、乡村旅游的合作社比例达6%；已有接近50%的合作社利用信息技术进行交易。

（二）益贫性功能进一步凸显

加入合作社对提高农民收入、助力脱贫攻坚具有重要意义。合作社通过整合贫困户的土地、资金、劳动力等资源，帮助他们逐步走上现代农业道路，解决"小农户"与"大市场"衔接难的问题，实现市场"弱者"向"强者"的转化，从而夯实贫困户脱贫致富的基础支撑。《农民日报》"三农"发展研究中心的数据显示，2018年样本农民合作社给入社农户的盈余返还额户均达2.19万元，凸显出大型合作社对助农增收的带动作用。中国合作经济学会的数据显示，2020年全国90%以上的贫困村都成立了扶贫合作社，其中832个贫困县共成立了68万家合作社，帮助近2 200万贫困人口脱贫，并带动贫困人口增收致富。另外，在助农增收方面，发展状况较好的合作社大多能够通过分红、二次返利等方式带农增收。参与调查的样本合作社中，2017年有61.6%的合作社进行过分红，有41.5%的合作社对社员农户实施过二次利润返还。

（三）合作社带动能力持续增长

在农民合作社数量不断增长的同时，农民合作社资产与营业收入规模也不断扩大。《农民日报》"三农"发展研究中心的调查数据显示，在555家有效样本中，2017年合作社营业收入社均约为2 329.07万元，可分配盈余为338.48万元，社均盈余返还额为213.91万元，社均期末贷款余额为138.33万元。其中，合作社社均农民（出资、入股）成员数约263户，社均服务农户数约2 618户。合作社带动能力也不断增强，实有入社农户超过1亿户，辐射带动全国近半的农户（孔祥智，2018）。而且农民合作社表现出较强的带农增收能力。在接受调查的合作社中，能够带动入社农户户均增收 2 000～4 000 元的合作社占比 40.2%，2 000 元以下的占比 21.8%，6 000 元以上的占比 19.4%，4 000～6 000 元的占比 18.6%。

（四）合作社的社会责任意识不断加强

随着农民合作社规范化水平不断提高，越来越多的合作社主动承担社会责任。农民合作社在农民增收、农村稳定、农业增效方面肩负了重要责任，充分发挥了"领头雁"的作用。在农产品标准化工作和质量安全方面，农民合作社普遍建立了相关的质量安全控制措施。统计分析发现，仅有 3.5% 的合作社未做过任何农业标准化工作，83.0% 的合作社做过两项及两项以上的农业标准化工作。具体来看：80% 以上的合作社均对农业投入品的使用进行了规范，建立农产品生产记录、宣传培训标准化生产、检测农产品质量安全状况的合作社占比分别为 68.3%、67.5%、65.5% 和 65.0%。完善产品标准体系、农产品追溯体系和其他标准化工作的比重分别为 53.75%、40.0% 和 6.0%。在提供农村社区公共服务方面，农民合作社积极参与基础设施建设、文化建设以及扶危济困。参与调查的样本合作社中，有 53.5% 的合作社提供过农村社区基础设施建设，有 28.9% 的合作社为农村社区文化建设做出过贡献，有 66.3% 的合作社为社区内的困难群众提供过帮助。但是也应当看到，有 6.3% 的合作社在农村社区公共服务方面投入不足。

（五）合作社之间强强联合势头明显

以本地主导产业、特色产业为纽带发展联合社，是农民合作社做大做强的重要途径。联合社通过合作社之间的强强联合，实现规模经营、优势互补、品牌共享、纵向一体化和横向一体化等，最终提升市场竞争力。近年来，全国各地已注册联合社数量迅速增加，在一些农民合作社较为发达的地区，联合社的发展势头尤为突出，许多联合社突破合作社对成员的限定，吸纳产业链上的相关群体加入，有效促进了全产业链发展。截至 2019 年底，农民合作社联合社达 10 273 个，比 2018 年底增长了 60.3%。联合社成员社 12.6 万个，平均每个联合社拥有 12 个成员社。农民合作社联合社经营收入 116 亿元，平均每个联合社 13 万元，是单个合作社的 3.7 倍，可分配盈余 16.1 亿元，平均每个联合社 15.7 万元，平均为每个成员社二次返还盈余 1.3 万元。据初步统计，中国已成立农民合作社联合会 2 260 个，比 2018 年增长 9.39%；成立基层党组织的合作社达 23 万个，比 2018 年底增长 109.4%，合作社党员成员数量 55.9 万。

第二节 农民合作社发展存在的问题

近年来，中国农民合作社迅速发展，农民合作社产业类型日趋多样，合作内容不断丰富，服务能力持续增强，已成为组织服务农民群众、激活乡村资源要素、引领乡村产业发展和维护农民权益的重要组织载体，在助力脱贫攻坚、推动乡村振兴、引领小农户步入现代农业发展轨道等方面发挥了重要作用。同时也要看到，中国农民合作社发展起步晚、时间短，发展基础仍然薄弱，与广大农民的期盼还有差距，面临质量有待提升、自身能力偏低、市场竞争力不足、发展体制机制不完善、办社目的存在偏差等问题，需要进一步加强指导扶持，引导农民合作社规范发展。

一、合作社质量有待提升

农民合作社在带动农民增收、促进农业生产经营方式变革等方面发挥了巨大作用，但快速发展背后所隐含的小、弱、假、散等问题不容忽视。部分合作社成为"只搭台、不唱戏"的"空壳社"，还有的成为理事长、老板说了算的"一人社"。"空壳社""一人社"等现象成因复杂：一是合作社注册登记不验资、不收费、不年检等低门槛政策措施，催生了大量不合规的合作社，不少成立之后无法正常运转；二是部分合作社成立动机不纯，想借此获取国家补贴或支持；三是合作社普遍缺乏专业人才、成员整体素质偏低。有些合作社虽然从研究机构聘请了专业技术人员，但仅限于技术指导，真正懂技术、会管理的高素质复合型人才很少。很多农户加入合作社就是为了分红、挣钱，对掏钱的事很少同意，对民主管理等问题也很少关心。四是合作社发展初期，管理和业务指导部门重数量轻质量、重发展轻规范、重建设轻指导、重扶持轻监管等思想严重。

二、合作社自生能力不足

合作社往往位于农村地区，经营管理人才引进等存在工作条件和待遇等方面的天然劣势，难以吸引人才到合作社就职。同时，合作社发展普遍缺乏运作资金，融资难、融资贵等问题十分突出，瓶颈多、可及性差，融资靠运气、发展靠"救济"。笔者调研了解到，许多合作社的土地流转成本和延伸产业链投资额较大，而合作社的成员大多是资金实力较弱的小农户，他们的出资额较少，这也就放大了合作社资金链断裂的风险。此外，不少合作社是通过自上而下的政策推动成立的，一些农户合作化意识不足、主体地位不突出，制约了合作社的整体效能。

三、核心市场竞争力不足

现代农业发展日益强调产业链的整合，农民合作社往往只在原料生产环节具有一定优势，而在产业链最为关键的加工流通等环节普遍存在"短板"。首先，合作社普遍缺乏需求分析、营销策划等市场开拓能力。多数合作社依靠企业的营销渠道，客户、品牌等资源都来源于企业，合作社实质上只是农民的组织者，并不参与产业经营的核心业务。其次，合作社在深加工、仓储、运输、配送、技术服务等关键环节先天不足，自身缺乏延长产业链条的能力，难以分享二、三产业附加值。一项针对216家合作社的研究表明，有独立经营业务的合作社仅占总样本的1.3%；大多数由企业领办的合作社仅作为中间组织存在，只负责协调企业与农民的购销关系。

四、发展体制机制不完善

首先，政策实施机制不完善。虽然各地区对农民专业合作社发展设立了一些扶持政策，但总量小、要求多，难以满足合作社发展需要。在政策执行过程中为了公平性，通常同一个项目不进行连续扶持，导致因为投入不足造成发展后劲不足的问题。同时，合作社往往一家注册登记、多家服务管理，注册登记部门只管登记，税务部门只管报税，多家指导服务部门缺乏信息共享和共同监督管理措施，也导致了政策扶持难以持续。其次，绩效考核机制待优化。由于部分基层政府将绩效指标与干部考核挂钩，从而产生为获取政策资金和项目支持而成立合作社以达到提高政府绩效的现象。再次，一些地方要求每个村成立精准扶贫合作社，加大了合作社空壳化的风险。目前合作社到市场监督管理部门注册成立时并不需要实际出资，这也为办社目的不正当的农民提供了便利。复次，合作社市场退出程序不畅。笔者在调研中发现，一些合作社成员并不知道如何注销合作社，即使清楚如何注销，也由于程序烦琐而一直未注销。不少合作社法人代表和成员法律意识淡薄，存在观望、拖延、抵触心理，不配合不愿意清理。最后，合作社财务管理不规范。目前，大部分合作社缺少专门的财务会计人员，财务管理问题十分突出。即便是合作社示范社，有的也没有严格按照合作社会计制度规范建账和核算，存在会计核算不规范、不编制会计报表、不设置成员账户等现象。

五、办社目的存在偏差

一方面，过去成立的合作社中一些地区存在为套取国家项目资金而成立合作社的现象。有的省份为完成任务指标，实行"只要成立合作社就补贴"的政策。这类合作社成立的方式相当简单，即农村地区的亲戚朋友相互借用身份证到原工商局注册成立合作社，补贴资金通过协商分掉。这类合作社自成立以来就没有任何实际经营活动。另一方面，为享受税收优惠而成立的合作社也不在少数，这种类型的合作社一般由农业企业牵头成立。农业公司想要通过合作社的税收优惠政策来增加自己的收益。实际的农业经营仍在原来的公司，合作社并没有进行实际的经营。总之，办社目的存在偏差的根源在于合作社的发起人想要获得政府的优惠政策，这偏离了政府想要扶持合作社更好地带动农户参与市场经营的初衷。

第三节　促进农民合作社发展的总体思路

农民合作社的快速发展，对促进农民增收、加快农业农村现代化、全面推进乡村振兴等发挥了重要作用。当前和今后一段时期，应当将促进农民专业合作社发展摆在"三农"工作的突出位置，立足创新做文章，围绕务实下功夫，坚定信心、明确思路、突出重点，采取切实有效措施，推进合作社高质量发展。

一、坚定发展方向，促进目标提升

坚定发展方向，首先是要坚定信心、认清大势、把握规律，坚持把培育合作社、发展合作社作为工作主旋律，毫不动摇走新型合作经济发展道路，不断提升农民组织化程度。培育合作社是手段不是目的，促进合作社规范提升也是手段不是目的。要站在实施乡村振兴战略有效承载主体的高度，推动农民合作社高质量发展，充分发挥其在服务农民、帮助农民、提高农民、富裕农民等方面的功能作用。

二、坚守合作本质，促进质量提升

合作社坚持"民主管理、一人一票"，是拥有"姓农属农为农"本质属性的社会化经济组织。促进合作社质量提升，要以坚守合作本质为前提，把农民合作社带动服务农户能力作为政策支持的主要依据。评判合作社发展好坏，要看是否符合公共政策导向，是否真正能发挥农民主体作用，是否有利于增加成员收入，而不仅仅纠结于"一节一章"的制度规定。同样，对待"空壳社"，也要按照"清理、激活、提升"的发展思路，进行综合分析，实行分类处置。

三、坚持市场导向，促进功能提升

合作社法施行以来，农民合作社发展成效显著，不断引领农民参与国内外市场竞争，促进小农户和现代农业发展有机衔接，逐步成为农业农村现代化的重要载体。合作社取得这些成绩正是坚持市场导向的直接结果，是尊重农民主体地位和首创精神的生动体现。在现阶段，合作社的经济功能是第一位的功能、具有本源属性，而其他功能处于从属地位、属于派生功能。提升合作社功能要把握这一阶段性特点和发展规律，既不能人为扩大也不能人为缩小。要以市场需求为导向，以要素资源市场化配置为基础，促进合作社功能自然分化，推进合作社高质量发展。

四、聚焦乡村发展，推进功能转型

随着农村改革的不断深化，农民合作社越来越成为新型农业经营主体的重要组成部分。在全面推进乡村振兴的新阶段，要进一步推动农民合作社功能转型。首先是推进农民合作社从服务型组织向经营性组织转型，将农民联合起来，破解小农户分散经营的困境，提高农民组织化程度，适应农业规模化、专业化的要求。其次是推进农民合作社从单一型服务向专业化综合型服务转型，改变粗放、生产效率低下的传统经营方式，提高农业经营效益，降低农户经营成本，促进小农户增收。最后是推进农民合作社从经济合作向利益联合体转型，促进龙头企业和小农户的有机联结，稳固各方的长期合作关系，形成"风险共担、利益共享"的联合体。

五、强化社社联合，提升发展能力

农民合作社联合社是实现小农户与现代农业发展有机衔接的重要组织载体。

自 2019 年党中央明确联合社在促进小农户和现代农业发展有机衔接方面的重要地位以来，中国合作社联合社迅速发展。总的来看，合作社联合社并非合作社之间的简单规模加总，而是深层次的要素、产品、产业等多维度的再合作。合作社联合社能够更好地适应大市场，解决了单个合作社发展能力不足的问题。因此，未来要进一步发展壮大合作社联合社，政府要以鼓励农民合作社之间的联合为政策的出发点和落脚点，依法施策、加强制度、鼓励创新、严格监管，为联合社的培育与发展创造一个高效的政策环境。

第四节　促进农民合作社发展的对策建议

综合考虑试点工作进展、成效与问题，对照试点目标任务，下一阶段的试点开展要继续以农民合作社规范化建设为抓手，注重示范带动，按期保质全面完成试点工作。

一、推进合作社质量提升工程

首先，加强示范引领，深入推进示范社创建，开展国家、省、市、县级示范社四级联创，扎实开展农民合作社质量提升整县推进试点，认真总结成功做法和典型经验，打造一批农民合作社高质量发展县域样板。其次，推进规范化建设，聚焦规范管理、利益联结、服务能力、联合与合作、产业扶贫等主题，总结推介农民合作社发展典型案例。再次，促进联合与合作，鼓励发展规范、实力较强的农民合作社通过兼并、合并等方式，带动"小、弱、散"的农民合作社发展壮大。最后，规范行业管理。建立健全基层辅导员队伍，大力开展农民合作社辅导员培训。加快培养农民合作社带头人，开展集中培训和普法宣传，支持农民合作社聘用职业经理人，引导农民合作社加强行业自律。推动健全完善农民合作社登记管理、财务会计等基础性制度，开展农民合作社普法宣传和政策宣讲，为农民合作社高质量发展营造良好环境。

二、培育合作社内生发展动力

首先，要做好"成员"文章。积极引导家庭农场、专业大户加入合作社，将发展壮大单体合作社与家庭农场培育、发展农业社会化服务等工作相结合，促进合作社与其他新型经营主体融合发展。其次，要加强合作社人才队伍建设，建立健全合作社辅导员队伍体系，创新引才方式，鼓励合作社依托现有资源条件，积极吸引大学生、返乡农民工、退伍军人等各类人才加盟创业，实行合伙人制等方式，探索人才与合作社"陪伴式"共同成长路径。再次，要完善支农扶农金融体系，加大涉农金融机构对合作社贷款融资等方面的支持力度。再次，对于自我发展能力欠缺的合作社，有关部门要采取定向帮扶的措施，一社一策，切实解决合作社发展过程中遇到的困难，引导其参与市场经营。要通过培训教育等方式让农户由被动的接受者转变为主动的承担者。最后，因地制宜探索农民合作社多种发展模式。在创新内部合作机制、拓展合作要素、选择产业业态、丰富联合合作方式等方面，鼓励农民合作社探索符合本地实际、符合发展需要、反映农民需求的发展模式和路径。

三、提高合作社市场竞争能力

首先，坚持发展与规范并举、数量与质量并重，加快推进农民合作社规范化建设和提质增效，不断增强其带动能力、经济实力、发展活力和服务效应。其次，鼓励农民合作社拓展合作领域和服务内容，积极发展生产、供销、信用"三位一体"的综合合作。再次，引导农民合作社多向拓展、延伸农业产业链，发展农产品产地产销、农产品产地初加工与精深加工、休闲农业和乡村旅游，综合开发农业的多元功能与多重价值。支持农民专业合作社组建生产型、营销型、产业链型、综合型等多种类型的联合社，提高合作层次，增强竞争力。最后，增强服务带动能力。鼓励农民合作社壮大优势特色产业，推行绿色生产方式，延伸产业链条，发展新产业新业态，培育自有品牌，强化服务功能。

四、完善合作社制度建设

首先，要健全财务管理制度。将合作社财务管理规范摆在各类试点或示范创建的突出位置，指导农民合作社执行财务会计制度，适时开展财务管理提升专项行动。加强合作社财务信息管理平台建设与管理，完善平台功能，解决合作社会计操作过程中遇到的税务对接难等问题。推行财务集中委托代理、定期抽查检查等制度，推进盈余科学分配，完善财政支持项目资产管理，提升财务规范化水平。其次，要改进现有的政府考核机制，优化考核方式，增加农户满意度等方面的评价，将合作社发展考核指标纳入政府考核体系。再次，市场监督管理部门应当加强合作社创建监管，严守"第一道关"，并加大对合作社的年度抽查力度、增加抽查比例，使"空壳社"无处隐匿。复次，应健全不规范合作社注销退出机制。对领取营业执照后长期未开展经营活动的合作社采用简易注销方式办理注销。最后，要建立健全合作社动态监管机制，加强对合作社财务状况和经营成果等方面的管理，建立合作社外部审计制度，对合作社进行审计和动态监管。总之，对于外部管理不善的合作社，应当不断完善管理制度，引导合作社规范有序参与市场竞争，避免委托代理问题，回归本源，带动农户致富。

五、加强合作社要素保障

推进合作社高质量发展，离不开政策、项目和资金支持。要加大政府的财政支持力度与项目资金整合力度。逐年适度增加财政预算资金，充分整合支农项目，支持符合条件的合作社承担相关项目。强化合作社的公益属性，从用地、用水、用电、用房等方面加强保障，对服务能力强、公益性强、带动发展明显的农民专业合作社建设项目，适当加大财政补助比例。探索创新金融和保险支持服务，加大基础设施建设、营销市场拓展、人才培养引进、农业科技服务、土地流转管理服务等政策落实。积极协调中央、省、市已下达资金与试点项目的对接工作。扶持资金首先满足完成规范化改造合作社、新组建的以家庭农场为主要成员的专业合作社、规范化达标合作社生产服务能力建设需要，真正发挥示范引领作用。积极拓展社会多元化融资渠道，加大金融机构、资本市场对农民专业合作社的支持力度，根据合作社的资金需求精准提供相应金融产品。

六、分类推进空壳社清理

对于空壳社清理整顿问题，切不可"一刀切"，应采取分类施策的方式，树立能帮扶先扶持、不能帮扶再退出的整治理念。首先，对于为了套取国家补贴而成立的合作社应该采取集中清退的措施。其次，公司为了获得稳定的原材料供应而成立的合作社，有关部门应积极引导其相关经营活动转移到合作社，增强对农户的带动作用。最后，有关部门要采取因地制宜的方式，规范引导合作社的发展。总之，对于那些有能力的合作社，要通过对其规制管理等措施，使其走上合作规范发展之路；对那些不存在经营目的，仅仅是为套取补贴资金且没有经营能力的合作社，要进行集中清退。

第三章

农民合作社规范发展：路径与政策

自 2007 年《农民专业合作社法》实施以来，中国农民合作社进入了发展的黄金时期，突出表现在合作社数量实现快速增长，截至 2020 年 6 月底，全国依法登记的农民合作社达到 221.8 万家，与 2007 年相比增加了 85 倍。农民合作社的产业类型、合作内容、服务能力也在市场和政策的双重作用下逐渐得到丰富和提升。然而，快速发展背后面临的是合作社发展质量不高、运行不规范、与成员联系不紧密等问题。近年来，学界对农民合作社是否规范的质疑较多（邓衡山，2016；潘劲，2011），社会各界关于合作社规范问题的讨论也越来越广泛（王惠健，2019；田艳丽和赵益平，2018），规范发展逐渐成为合作社相关政策的主基调。2019 年初，中央农办联合 11 部门开展了农民专业合作社"空壳社"专项清理工作，这是自农民专业合作社法实施 12 年来首次对合作社进行清理整顿，传递出中央优化合作社发展环境、规范合作社发展、提升合作社质量的坚定决心。

第一节　农民合作社不规范的标准及其表现

研究农民合作社是否规范，首先要搞清楚的一个基本问题是规范的标准是什么。这个判断标准是一成不变的，还是有条件的，然后再分析合作社不规范在现阶段的主要表现及其原因。

一、农民合作社不规范的含义及标准

关于农民合作社的规范之争由来已久（杜吟棠和潘劲，2000；苑鹏，2001；应瑞瑶，2002；潘劲，2011），争论的焦点在于如何看待中国现实中农民合作社与合作社原则的相悖之处，有的学者认为中国的农民合作社发生了异化（苑鹏，2001），有的认为中国现实中不存在真正意义上的合作社（邓衡山和王文烂，

2014），有的则认为现实中合作社出现与经典合作社原则不符之处只是规范层面的问题，只要能给农民带来好处，就不必深究是不是规范的合作社（刘老石，2010）。

从上述争论可知，关于中国农民合作社是真是假，抑或是否规范的问题，关键在于判断标准及其尺度把握，笔者较为认同"所有者与惠顾者同一"的判断标准。即如果合作社在成员构成、产权安排、盈余分配等方面符合"所有者与惠顾者同一"的标准或是以此标准为理念进行运营管理，且所有者和惠顾者的主体是农民，则证明合作社是农民所有、为农民所用，应该属于合作社的概念范畴，在此前提下，没有完全达到"所有者与惠顾者同一"要求的合作社，可以通过规范化建设逐步完善，使之成为真正意义上的合作社；如果合作社没有体现出"所有者与惠顾者同一"的原则，也没有以此理念为准则进行经营管理，则不属于合作社的概念范畴，也就谈不上规范。

二、农民合作社不规范的主要表现及原因

结合文献材料和笔者对农民合作社的调查研究，当前中国农民合作社发展不规范的表现主要有以下几种类型。

（一）表现一：民主管理流于形式

民主管理是反映农民合作社运行是否规范的重要指标之一。2017 年底修订通过的合作社法第四条明确指出"成员地位平等，实行民主管理"，并将其作为农民合作社应当遵循的原则之一。从理论上讲，合作社产权安排是否合理是合作社能否实现民主管理的重要制度安排，如果合作社的产权集中在少数几个成员手中，要实现合作社内部的民主管理和民主决策，就容易流于形式。只有如经典合作社所描述的那样，成员实行一人一票，或者成员均等出资，或者成员股份权重均分，才能让合作社实现真正的民主管理。中国农民专业合作社在成立和发展过程中，由于资源缺乏，出现了少数拥有关键资源（资金、技术、渠道等）的成员控制合作社的现象，体现在产权上就是一股或者多股独大，其他合作社成员只能形成依附状态。这种合作社内部形成的"中心—外围"结构有其形成的必然逻辑，但离规范意义上的合作社尚有距离，目前学界对这样的合作社持商榷态度，有些学者将其归为中国农民合作社的异质性加以研究。

（二）表现二：财务制度缺乏规范

农民专业合作社法规定："农民专业合作社应当按照国务院财政部门制定的财务会计制度进行财务管理和会计核算。"作为独立的市场法人主体，农民专业合作社财务制度的规范与否直接决定了合作社的行为能否得到市场认可。据了

解，当前农民专业合作社财务不规范的情况较为普遍，主要表现在以下几个方面：一是合作社财务制度缺乏或流于形式。由于很多合作社业务范围单一、民主管理缺乏，合作社实际上属于理事长或者几个合伙人所有，这些人大多是来自本土的乡村精英，缺乏专业的财务知识，法治观念淡薄，加上合作社工作条件较为艰苦、薪酬待遇较低，很难吸引和留住人才。二是合作社财务制度不规范。农民专业合作社区别于企业，财务制度也应适应合作社特点有所调整，农民专业合作社法对合作社财务管理做出了明确规定，但在会计细则上则需要合作社财务人员根据法律要求进行具体操作，当前很多地方对合作社会计知识及实务方面的培训较少，即使有也难以覆盖到所有合作社，从而导致合作社财务制度难以适应合作社的发展要求。

（三）表现三：盈余分配机制不健全

农民合作社盈余分配是合作社对组织剩余的制度安排，反映了合作社社员的剩余索取权如何实现。为体现农民合作社的基本原则，新修订的农民专业合作社法明确规定："盈余主要按照成员与农民专业合作社的交易量（额）比例返还""可分配盈余按成员与本社的交易量（额）比例返还的返还总额不得低于可分配盈余的60%"。然而，在中国农民合作社发展实践中，真正按照法律规定进行盈余分配的合作社并不多，有的合作社仅对核心社员实行盈余分配，有的主要按照社员入股的资金量进行分配，有的则根本不实行盈余分配，出现上述现象与合作社的产权结构有很大关系，同时也体现了合作社理事长对合作社原则是否坚守。值得注意的是，由于当前法律放宽了农民合作社的业务范围，农民合作社不仅是"农产品的生产经营者"，而且"农业生产经营服务的提供者、利用者"都可以在自愿联合、民主管理的基础上成立合作社，这就出现了以农业要素联合而成的合作社，例如资金互助合作社、土地股份合作社、劳务输出合作社等，这些合作社实行按要素比例进行盈余分配。笔者认为，此类按照要素分配盈余的方式是符合市场经济规则的，只要合作社属于农民所有，为农民服务，分配过程中体现公平公正，就可以成为合作社分配方式的有益补充。

（四）表现四：假合作社、空壳社问题突出

自2007年7月农民专业合作社法实施以来，在法律和政策的双重推动下，中国农民合作社迎来了发展的黄金时期，突出表现在合作社数量的快速增长。由于合作社的进入门槛低、退出机制缺乏，导致出现了很多假合作社和空壳社，严重影响了农民合作社的社会声誉。假合作社的主要表现为非农成员成立并主导合作社运营。农民专业合作社法明确指出，合作社成员要以农民为主体、以服务成员为宗旨，但现实中较多的合作社是由非农成员主导成立，其中以企业主导成立的合作社居多,农民成员在合作社中仅作为企业原料的供应者,没有参与合作社的民主管理,在盈余分配上也没有体现按照惠顾返还原则。空壳社的主要表现为合作社没有开展实质运营,例如,有的合作社注册成立就是为了套取政府扶持资金;有的成立合作社是政策导向需要,调研中发现,有的地方为了完成政府下达的发展农民合作社指标,行政推动成立合作社后无人管理,自然演变为空壳社;有的成立合作社后经营不善,导致合作社最终成为空壳社无人问津。

第二节　推动农民合作社规范发展的主要举措

自农民专业合作社法实施以来,有关部门认真贯彻落实农民专业合作社法,采取有力举措,强化指导扶持服务,从法律法规、政策指导、示范建设、规范化行动等方面,为农民合作社规范发展提供了有力支撑。

一、法律法规体系逐步形成

按照农民专业合作社法的有关规定,国务院制定了农民专业合作社登记管理条例,原农业部、财政部、原工商总局等有关部门制订了农民合作社示范章程、财务会计、登记办法等规章制度,20个省份出台了地方性法规,15个省份制定了推动农民合作社规范发展的具体意见,逐步形成以农民专业合作社法为核心、地方性法规为支撑、规章制度相配套的法律法规体系。2018年7月1日,新修订的农民专业合作社法正式施行,把规范农民合作社的组织和行为调整为立法首要目标,丰富了合作领域和业务范围,确立了联合社的法人地位,要求县级以上建立综合协调机制,强化了扶持措施。新修订的农民专业合作社法是农民合作社规范运行、创新发展的根本遵循,也是开展农民合作社规范提升行动的法治基础。

二、扶持政策体系日益完善

全国农民合作社发展部际联席会议成员单位联合出台意见,引导农民合作社规范发展、示范创建。农业农村部、市场监管总局、税务总局等部门,依法为农民合作社的组织建设、登记注册、税务管理提供指导服务。改革委、财政部、税务总局、银保监会等部门充分发挥职能作用,在项目支持、财政扶持、税收优惠、金融信贷等方面专门制订了支持政策。为明确农民合作社规范提升的方向、内容和路径，农业农村部还研究起草了开展农民合作社规范提升行动的专门意见，从提升规范化水平、增强服务带动能力、开展"空壳社"专项清理、加强试点示范引领、加大政策支持和强化指导服务等七个方面，对推进农民合作社规范提升作出全面部署。2007—2019年关于农民合作社规范发展的主要政策法规如表3-1所示。

表3-1　关于农民合作社规范发展的主要政策法规

时间	部门	名称	主要内容
2007年5月28日	国务院第498号令	《农民专业合作社登记管理条例》	规范农民专业合作社登记行为
2007年12月20日	财政部	《农民专业合作社财务会计制度（试行）》	规范农民专业合作社的财务会计制度
2008年6月24日	财政部、国家税务总局	《关于农民专业合作社有关税收政策的通知》	规范农民专业合作社的税收制度
2009年8月31日	原农业部等11部门	《关于开展农民专业合作社示范社建设行动的意见》	从国家层面在全国推进农民专业合作社示范社建设
2010年5月4日	原农业部等7部门	《关于支持有条件的农民专业合作社承担国家有关涉农项目的意见》	明确了支持农民专业合作社承担国家项目的总体要求、基本原则、范围、条件及方式
2010年9月30日	自然资源部、原农业部	《关于完善设施农用地管理有关问题的通知》	规范农民专业合作社使用设施农用地的行为
2014年	原农业部等9部委	《关于引导和促进农民合作社规范发展的意见》	明确了引导和促进农民合作社规范发展的主要任务
2019年2月19日	中央农办、农业农村部、市场监管局、发展改革委等11部门	《开展农民专业合作社"空壳社"专项清理工作方案》	集中清理"空壳社"，加强合作社规范管理，提升发展质量
2019年9月5日	中央农办、农业农村部、发展改革委、财政部等11部门	《关于开展农民合作社规范提升行动的若干意见》	从完善章程制度、健全组织机构、规范财务管理、合理分配收益、加强登记管理等5个方面明确了如何对农民合作社进行规范
2019年9月10日	农业农村部办公厅	《关于开展2019年农民合作社质量提升整县推进试点工作的通知》	以促进农民合作社规范提升为目标，整县推进试点

三、多层级指导服务体系初步建立

2013 年 7 月，经国务院批准，原农业部会同发改、财政、水利、税务、工商、林业、银监、供销等部门和单位建立了全国农民合作社发展部际联席会议制度，形成了依法推进农民合作社规范发展的强大合力。大多数地方陆续建立了领导小组、联席会议制度，加强对农民合作社的指导。各地打造农民合作社辅导员队伍，开展多种形式的结对帮扶，为农民合作社规范发展提供了全方位服务。例如甘肃省农业农村厅专门下发加强农民合作社辅导员队伍建设的指导意见，要求按 3∶3∶5 的比例配备建立市、县、乡三级农民合作社辅导员，每季度对农民合作社上门指导服务不少于 3 次。

四、深入推进农民合作社示范社创建

深入开展农民合作社示范社创建成为当前政府部门推进合作社规范化的重要手段。通过国家、省、市、县级示范社四级联创，扩大示范社评定规模，培育了一大批制度健全、管理规范、带动力强的示范社，把示范社作为政策支持的重点。此外，健全了示范社动态监测制度，综合评价示范社运行情况，及时淘汰不合格的农民合作社。当前，农业农村部正在深入开展全国农民合作社质量提升整县推进试点。首批实现了 30 个县的试点，在此基础上，试点范围逐步扩大，截至 2021 年，连续启动三批全国农民合作社质量提升整县推进试点，共确定 406 个试点县（市、区）。农民合作社示范社创建和质量提升试点工作，为发展壮大单体农民合作社、培育发展农民合作社联合社、提升县域指导扶持服务水平，引领农民合作社整体提升规范发展水平，起到了重要作用。

五、开展"空壳社"专项清理行动

2019 年 2 月，由中央农办牵头，农业农村部、市场监管总局等 11 个部门和单位联合印发了开展农民合作社"空壳社"专项清理工作方案，对清理范围、工作步骤、责任分工等作了详细规定。在此基础上，相关部门按照农民合作社登记注册地压实属地管理责任，充分利用商事登记社会公示结果，在对农民合作社发展情况摸底排查基础上，将"空壳社"范围划定在被列入经营异常名录、在抽查抽检中发现异常情形、群众反映和举报存在问题的农民合作社，实行精准甄别和分类处置。同时，加强政策宣传引导，使广大农民和农民合作社经营者认识到发展不规范可能导致的失信等严重后果，思想上认同、行动上支持，

避免矛盾纠纷。

第三节　农民合作社规范化困境及其破解路径

农民合作社的规范问题并非简单的加强管理、注重引导就能得以解决，其发生和发展有其自身的背景和逻辑。本研究试图从合作社采取规范行动的意愿、能力以及外部制度环境等方面来认识中国农民合作社当前的规范化困境及其破解路径。

一、农民合作社规范化困境

农民合作社是否规范只是其外在表现，深入剖析合作社采取不规范行为的动因及其影响因素才是破解合作社规范化困境的重要途径。

（一）规范发展的意愿不足

农民合作社规范化发展的动力必须源于合作社内部，如果内部动力不足，仅凭外部引导或者规制，难以达到长远效果。从中国农民专业合作社发展所处的阶段与环境来看，合作社发展缺乏规范有其客观原因。首先，精英治社的必然性导致合作社缺乏规范的主观动机。农业在中国尚属于弱势产业，普通农民在面对市场时还处于弱势地位，农民合作社的建立与发展必须有一个具有企业家精神与能力，同时对农民具有奉献精神的牵头人，来进行组织与经营管理，所以这个合作社牵头人的主观意愿与合作社原则、合作社成员需求之间的耦合性决定了合作社是否具有规范上的意义。其次，农民合作社属于独立的市场法人主体，追求经济利益最大化是其首要目标，这就决定了合作社和企业一样，逐利是其在市场上得以生存的首要目标，这就需要合作社牵头人具备商业企业家的素质，像商业企业家一样思考；同时，合作社的基本原则决定了合作社的本质属性中包含着"人和"的因素，这种"人和"因素在不同的内外部环境以及合作社发展不同阶段所体现出的对合作社发展的意义具有本质区别。例如，1844年罗虚代尔公平先锋社成立时，其成员都是受到资本家剥削、社会地位较为平等的产业工人，成员对于追求民主、改善生活的需求非常强烈，在这一背景下成立的合作社能够将"一人一票"、民主管理的原则完完全全地贯彻实施到合作社日常管理中，体现了成员需求与合作社原则的高度统一。然而，在当前中国社会经济环境下成立合作社时，产业发展需要土地、资金、技术、劳动力、市场渠道等多方面资源要素，所以稀缺程度决定了拥有上述资源要素的成员在合作社中的定位与定价，如果合作社成立与运营的核心资源集中在少数人手中，那么少数人治社也是可以理解的市场行为，虽然与合作社原则不符，但只要合作社是农民所有、为农民所用，都可以列入规范的范畴。

（二）规范发展的能力不足

具备促进农民合作社规范发展的能力是实现其规范发展的必要条件。据了解，当前中国注册登记的农民专业合作社中，很多合作社理事长及其社员还缺乏农民合作社的专业知识，例如合作社理事长不了解合作社的本质和功能，很多合作社成员都是随大流加入了合作社，对于合作社法律法规、基本原则、民主管理等都不甚了解，绝大多数社员对合作社产权制度、治理结构和盈余分配制度等知识的认知度较低，这就导致合作社理事长及成员不知道如何对合作社进行规范。此外，农民合作社大多地处农村，农业产业经营规模较小，吸引不到懂经营善管理的合作社人才，很多合作社连持续经营的能力都堪忧，更不用提规范。合作社会计和财务是较为专业的领域，也是合作社规范发展必须完善的内容，但合作社财务人员却是目前中国农民合作社内部最为缺乏的人才之一，尽管政府通过培训等形式对合作社财务人员进行培训，但也只是针对发展规模较大的合作社或者示范社，难以全部覆盖到所有需要培训的农民合作社，从而导致合作社财务规范成为当前最为紧迫的内容之一。

（三）规范发展的政策环境诱导

农民合作社作为独立的市场法人主体，其市场经济行为受相关政策、制度、法治环境影响。从农民合作社规范发展的情况，就可以得知合作社外部制度供给的导向与效果。当前，由外部政策环境影响合作社规范行为的类型主要有以下几种。

一是合作社的市场准入政策过于宽松。合作社法规定5名以上符合条件的成员就可以成立合作社，有些地方的工商部门为减少工作量也不愿意为人数太多的合作社办理注册登记业务，所以较低的入社门槛自然催生出众多小规模合作社。

二是合作社的扶持优惠政策起到了负面诱导作用。为支持合作社事业的发展，从中央到地方政府层面都出台政策，例如项目扶持、财政补贴、税收优惠、金融支持等，这些带有倾斜性的制度安排，导致一些动机不纯、出于套取财政资金目的的合作社应运而生，有些合作社宁愿花费大量时间、人力、物力去依附地方政府或相关部门，也不愿独立地面对市场，有些企业出于获得财税政策优惠的目的纷纷成立合作社，使得合作社在成立初衷上就偏离了合作社的本质要求。

二、农民合作社规范发展的路径选择

从上文分析可知，中国农民合作社发展不规范的实质是：在市场经济环境下，处于不同发展阶段的合作社在平衡自身经济目标、社会目标以及外部政策目标时，所表现出的适应目标的实际行为。这种行为的本质是符合规律的、历史的、客观的。针对当前中国农民合作社所表现出的不规范现象，要加强甄别、区别对待。有些不规范行为可以通过合作社内部认知的提高，或是外部强制性规制得以解决，比如合作社内部管理、财务、营销等人才的缺乏，可以通过加强培训等方式加以解决，对于一些扶不起来的"空壳社"则可以通过外部的强制性淘汰机制予以消除，这些都是属于使用短期政策工具可以达到的效果。

但是，从中国合作社以及世界合作社发展历程看，有些不规范现象的消除必须立足于合作社发展规律，并结合中国合作社发展所处的历史阶段和面临的经济社会环境来加以解决。例如当前的农村能人治社问题、企业和合作社的关系问题、要素合作社的定位问题等。因此，针对上述与合作社基本原则相背离的不规范现象，要本着尊重市场规律、立足制度引导的原则，体现足够的历史耐心，实现在发展中逐步解决。

（一）以包容发展为导向惠及普通农户

针对处于发展初期的农民合作社，要正确认识当前农村精英或涉农企业在合作社发展过程中的重要作用，可以说如果没有这些农村精英或农业企业家，仅仅依靠普通农民是难以将合作社发展起来的。世界范围内的合作社也大都经历了"先发展，再规范"的道路，包容发展对于成立初期的合作社是有益的，对于形成农民合作社发展大势是必要的。此时，针对农民合作社的规范政策要着眼于合作社中的普通农户：一是通过实施奖励、补贴或示范等方式，鼓励合作社更多地带动周边普通农户实现共同发展，使普通农户融入现代农业发展轨道；二是强化政府扶持资金的使用用途和对财政资金收益分配的监管，保障政府扶持资金能够更加公平地惠及合作社所有成员；三是政策导向要鼓励合作社内部完善利益连接机制，让普通农民更多分享合作社的增值收益。

（二）以鼓励持股为导向促进收益分享

针对发展势头较好，处于扩张阶段的农民合作社，要借鉴欧美发达国家合作社的发展经验，鼓励普通农户在合作社内部较为平等地持有股份，只有实现合作社成员的均等持股，普通农户才能更多地获得合作社的资产所有权、决策控制权和剩余索取权，合作社民主管理才有可实现的产权基础。此时，针对农民合作社的规范政策应着眼于推动合作社民主管理机制的形成，例如在合作社向上、下游产业链拓展延伸时，鼓励通过入股、扩股或者成立企业（合作社）等方式，让原合作社成员成为合作社新拓展主体（企业、合作社等）的所有者（股东），这样原合作社成员就能够分享到来自合作社上、下游产业的增值收益，体现所有者和惠顾者的身份同一。通过此路径，可以改变原合作社中存在的少数人控制或者一股独大的局面，逐渐从产权基础上为未来合作社发展提供支撑，这也是发展现代农业、提高农民收益的重要路径选择。

（三）以坚持底线为原则推动组织转型

针对企业领办型合作社，在发展初期应持包容态度，通过政策导向鼓励其吸纳更多的普通农户加入合作社，为普通农户提供服务。但要清醒地看到，如果合作社始终属于企业所有，农户在合作社中难以实现民主管理的权利，组织盈余分配也仅有很少部分或者没有惠及普通合作社社员，那么此类型组织属于"公司+农户"的产业化模式，而不是真正意义上的合作社。对于此类型合作社，推动其规范的政策导向应守住合作社底线，积极推动组织转型。转型的方向，一是如上文所述，让普通农民入股或者增持合作社股份，最终实现农民股份占据多数，实现企业所有向农民所有的转变；二是加强监督监管，停止对此类型合作社的政策扶持，必要时采取强制措施，推动合作社在工商部门变更登记类型，将合作社法人改为企业法人。

第四节　促进农民合作社规范化的对策建议

当前中国农民合作社发展不规范的问题并非中国独有，欧美等发达国家在农业合作社发展过程中，同样经历了类似的情况。在政策导向上，应该适时调整，通过培育农业社会化服务组织增强服务合作社的能力、促进合作社内部形成自我约束的自律组织、完善法律法规营造公平竞争环境、推动合作社自身能力建设、加强针对合作社的监督监管等措施来提升中国农民合作社的规范化水平。

一、培育农业社会化服务组织

当前，中国农民合作社发展数量较多，产业涵盖粮棉油、肉蛋奶、果蔬茶等主要产品生产，并由种养业向农产品加工、休闲观光旅游农业、民间工艺制作和服务业延伸。在发展过程中，不仅需要政府提供税收、项目等政策支持，而且在专业领域也需要相应的产业作为支撑，比如有些粮食种植合作社就需要租赁专业的农业机械来进行生产。其中，很多市场化的服务领域政府不宜介入，则需要通过发育市场化的农业社会化服务组织来弥补政府指导服务覆盖面的不足，而且随着合作社经营规模的扩大，专业化、集约化的生产必然对专业化的服务有着越来越高的需求，这就需要支持农业专业化服务组织发展，为合作社提供经营管理、品牌建设、市场营销、政策信息、金融法律等服务，增强合作社规范发展能力。

二、自下而上成立合作社联合会

针对农民合作社规范发展意愿不足的困境，要以加强行业自律为目标，以县域为单位，自下而上地组建合作社联合会或者行业协会，对合作社进行业务指导和服务，同时强化行业组织的监督管理。此外，合作社作为独立的市场法人主体，政府对其干预程度有限，特别是作为民办自助型经济组织的特点限制了政府的强制规制，比如在合作社内部治理的规范性方面，政府只能示范引导，而不能强行代替。所以，应借鉴企业自律的一些做法，在相应领域成立行业协会，通过协会的作用实现行业自律的功能。从中国农民合作社发展的地域规模看，主要还是以县域为主，建议以县域为单位自下而上成立县级的农民合作社联合会，一是可以扩大合作社的"朋友圈"，为合作社发展提供更多的社会化服务。二是可以通过联合会的作用，加强县域内合作社之间监督和竞争，这种提高合作社自组织化水平来强化自律的方式将对纠正合作社"不愿"规范的行为起到积极作用。

三、调整政府扶持政策导向

根据合作社发展阶段适时调整合作社扶持政策导向。对处于发展初级阶段的农民合作社，要以扶持发展为主，通过政策支持，增强农民群众的互助意识与合作理念。采取示范创建的办法，通过总结推广成熟的运营模式和发展经验，引导广大合作社比着学、照着干，逐步提升合作社规范发展水平。在合作社发展壮大之后，随着发展环境和合作社需求的变化，政府扶持政策导向要逐步由政策扶持为主转变为规范合作社的治理机制，为合作社创造公平竞争的市场环境。此时，要减少对农民专业合作社的财政补贴和项目支持，转而强化税收、信贷、保险服务，扶持的原则要始终坚持合作社法人地位的独立性，要确保扶持政策的针对性、精准性和有效性，要始终注重政策的普惠性，解决合作社面临的共性问题，体现政策的公平。在新修订的农民专业合作社法施行之后，要发挥法律法规的规范约束和引导扶持作用，围绕农民专业合作社法修订的重点内容，结合农民合作社发展面临的实际情况和现实需要，抓紧修订登记条例、财会制度，研究制定国家财政直接补助形成财产处置办法等相关配套法规和制度，建立健全农民合作社法律法规体系，为农民合作社规范发展提供有力的法治保障。

四、加大各项培训力度

中国农民合作社有完整的法律和制度安排，但由于合作社理事长或社员的知识水平普遍不高，在组建和发展合作社的过程中，为其规范化发展提供事前辅导和事中服务是必要的。要通过组织专项培训，提升农民专业合作社的民主管理意识、诚信经营意识、遵纪守法意识等。深化农民专业合作社对合作社本质的理解和认识，使之自觉践行合作社基本原则。培训农民专业合作社财务制度和会计准则，使合作社知晓相关财务规范，深化合作社对年报制度、报税制度等重要意义的认识，特别是针对政府财政扶持资金的管理与使用，强化监管监督。对于成员规模较大的合作社，可借鉴发达国家农民合作社发展经验，引入民主管理与公司化运营相结合的治理框架，正确处理好合作社和公司的关系：一方面，推动合作社健全成员（代表）大会、理事会和监事会制度，真正实行"一人一票"，让成员真正参与管理，确保农民成员对合作社的控制权，坚持为成员服务的宗旨；另一方面，引导规模较大的合作社引入职业经理人，由后者依照现代公司制度设立职能部门、聘用经营管理层、实行公司化运营，增强合作社的市场竞争力。

五、强化审计和监督

农民合作社的规范问题，除了提升合作社自身规范发展的意愿、能力之外，强化外部监督也非常必要。一是牢固树立法治意识。农民专业合作社法赋予了农民合作社独立的市场法人主体地位，同时也从法律层面对农民合作社的行为进行了约束与规制。不论是合作社内部日常管理，还是对合作社进行市场监管，都要在法治轨道上积极推进，努力形成依法治社的良好法治环境。二是重点把好资金和项目审计关。针对有财政资金或项目扶持的农民合作社，要加强审计，从外部监督的角度促进和规范项目资金的使用，特别是把好登记关，例如要求合作社成员提供资金转存账户的回执和项目进展过程中的各项记录，必要时进行实地查验。建立项目审批部门之间的联系机制，避免重复立项和便于及时跟进。三是充分发挥合作社内部监事会作用。针对农民合作社内部管理不规范问题，要从合作社内部建立监事会制度，要求监事会每年对合作社财务、管理、分配等内容进行监督和公示，发现不规范问题及时纠正。四是加大综合检查力度。农业农村、发展改革、财政、水利、工商等部门要加强对农民合作社财务资金、扶持项目、人才培训等的检查监督力度，对于示范社实行每年必检一次，非示范社实行抽检，检查结果实现依法办理和公示公开。五是加大执法力度。加强针对农民合作社违规违法行为的执法力度，强化合作社业务主管部门和登记机关的执法权，提高合作社违规违法成本。

第四章

农民合作社质量提升的机制探索与效果评价

中国农民合作社起步晚，发展速度快，在改革开放初期主要呈现出自我发展态势，后来因国家承认其合法性而逐步放开对合作社的发展限制。21世纪以来，中央和地方政府越来越重视合作社在"三农"方面发挥的重要作用，学界对合作社和政府的关系也进行了广泛的探讨。从原因看，合作社制度安排的特殊性以及合作社制度作为国家发展经济和稳定社会的政策工具（孔祥智和陈丹梅，2007；夏英，2004），对政府产生了依赖性（徐旭初，2014）。从扶持机制看，政府作为关键赋权主体通过各种政策工具或行政手段对合作社进行知识性的、关系性的、体制性的赋权实践（徐旭初，2014）。从扶持效果看，在现有法律体系中，政府扶持农民合作社的准入标准（王梦颖等，2022）、农民合作社的登记管理制度（王梦颖等，2022）以及对政府扶持行为的监督（胡明霞等，2015）等方面的规定不足，制约了农民合作社政府扶持制度功能的有效发挥。

进入新发展阶段，中国政府扶持合作社的发展目标从促进农民合作社数量扩张向质量提升转变，关于合作社高质量发展的研究不断丰富。从研究内容看，多数学者关注合作社高质量发展的现实意义（汪恭礼和崔宝玉，2022）、内涵以及机制（廖小静等，2021），但局限于单个合作社的发展，忽略了合作社发展不均衡问题。从研究视角看，既有研究虽已涉及省域、市域、村域等多个尺度，但县域尺度的探讨仍是缺环，而县一级正是当前政策实践的重点。从研究方法看，已有研究重点关注合作社高质量发展的理论研究，缺少对合作社高质量发展的机制探索和实践分析。从实践层面看，树立先进典型，发挥示范引领作用是中国政府推动合作事业健康发展的重要手段。为进一步深入推进示范合作社建设，2019年9月农业农村部印发《关于开展2019年农民合作社质量提升整县推进试点工作的通知》，将通过示范社推广合作社组织模式的做法扩大到了县域范围。值得注意的是，整县提升行动的核心内涵是什么？已有做法取得了怎样的成效？基于此，本章拟立足农民合作社质量提升的大背景，以农民合作社质量提升整县推进行动为研究对象，通过整理分析政府促进合作社发展的相关文件并结合实际调研，探析合作社质量提升机制及现实困境，给出相应政策建议。与已有研究相比，本章可能的优势在于：第一，农民合作社质量提升整县推进机制将研究范围扩大到县域，拓宽了农民合作社高质量发展的内涵。第二，本章从制度经济学视角对农民合作社的发展导向如何从"数量扩张"转变为"质量提升"做出了解释。

第一节　政府扶持合作社发展的政策变迁

促进合作社高质量发展是适应当前经济形势的必然要求，也是合作社发展阶段的历史演进。在不同发展阶段，合作社面临的约束条件不同，所需完成的目标和任务也不同。2007 年《农民专业合作社法》的生效与施行，为合作社的发展提供了法律遵循，也标志着国家关于农民合作社发展政策的重大转型。在这一法律框架下，中国农民合作社发展政策日益趋向具体化、系统化和集成化，并展现出多方面的政策创新。随着中国农业现代化水平不断提高，政府扶持农民合作社发展的政策目标逐步由数量扩张阶段向质量提升阶段转变。

一、1978—2007 年：自主探索阶段

这一阶段国家是尊重、支持农民自我创新，发展多种合作经济组织。改革开放初期，各地开始推进农业经营体制改革，逐步确立家庭联产承包责任制的主体地位，伴随着农产品市场需求的不断扩张，农民专业化生产积极性高涨（陶冶等，2021），涌现出一大批农民专业技术协会。对于农民组织的创新，中央不仅明确了对发展农民合作组织的支持态度，并及时加以引导。一是打破计划经济体制的禁锢，鼓励"发展多种多样的合作经济"。1983 年中央一号文件强调：要打破合作社的条条框框，允许保留一定范围的家庭经营，允许有股金分红，允许有跨地区的、多层次的联合。二是积极发展和完善农村合作制。1991 年，国务院发布《关于加强农业社会化服务体系建设的通知》强调"积极支持农民自办、联办服务组织"，将农民合作社纳入社会化服务体系的建设中。1994 年，农业农村部和中国科协联合发文《关于加强对农民专业协会指导和扶持工作的通知》，强调"引导专业农协稳步发展"，使其成为"民办、民管、民受"的新型经济组织。

这一时期，合作社处于起步的状态，农民的自发性较强，大多数组织松散，

运行不规范，合作社数量增长缓慢。据农业农村部统计，到 20 世纪 90 年代中期，全国共有农民专业技术协会 16.7 万个，其中，超过万个的省份有四川、山东和黑龙江①。

二、2007—2012 年：迅速发展阶段

进入 21 世纪以来，中国对农民合作社功能认识有了新的扩展和深化，提出要把农民合作社打造成一个能在产前、产中、产后等农业生产诸环节向农民提供系列化服务的现代农业经营组织，而不局限于仅在产前和产后环节向农民提供购销服务的市场中介组织。2007 年 7 月 1 日，《中华人民共和国农民专业合作社法》正式施行，为合作社的发展提供了法律依据。这一阶段政府扶持合作社发展的显著特点是：一是通过立法支持合作社的发展。《农民专业合作社法》的出台确立了合作社的法人地位，明确了市场交易的主体地位。同一时期，国务院颁布了《农民专业合作社登记管理条例》《农民专业合作社示范章程》，完善了相关配套政策。二是发展定位更加明确。2007 年中央一号文件提出，"积极发展种养专业大户、农民专业合作组织、龙头企业和集体经济组织等各类适应现代农业发展要求的经营主体"。2008 年党的十七届三中全会通过的《关于推进农村改革发展若干重大问题的决定》则明确提出，要"扶持农民专业合作社加快发展，使之成为引领农民参与国内外市场竞争的现代农业经营组织"。2008 年之后的历年中央一号文件，多次明确农民合作社作为"现代农业经营组织"的功能定位。2010 年中央一号文件在要求"着力提高农业生产经营组织化程度"时，特别强调发展农民合作社的重要性。2012 年中央一号文件则提出，要"扶持农民专业合作社、供销合作社、专业技术协会、农民用水合作组织、涉农企业等社会力量广泛参与农业产前、产中、产后服务"。三是加强对合作社的扶持力度，开展示范社建设行动。政府通过资金补贴、税收优惠、信贷支持等多种政策工具支持合作社发展，2008 年 6 月财政部与国家税务总局联合发布《关于农民专业合作社有关税收政策的通知》，对合作社的税收优惠进行了具体的规定，2009 年 2 月中国银保监会、农业农村部联合印发《关于做好农民专业合作社金融服务工作的意见》。为了推动农民专业合作社规范快速发展，2009 年 10 月，农业农村部印发《关于开展农民专业合作社示范社建设行动的意见》，对示范社建设提出了明确的要求。

---

① 数据来源：《中国农村改革 30 年研究》。

这一阶段，农民合作社如雨后春笋般蓬勃发展。据统计，截至 2012 年 9 月，全国依法登记的合作社达到 64.7 万家，实有入社农户 4 900 万户左右，约占全国农户总数的 19.6%①。2008—2012 年的年均增长率始终保持在 30% 以上，且呈现出强劲的发展势头。与此同时，各级政府对合作社发展寄予厚望，并给予了大量政策支持。然而，由于发展合作社的政策宽松、注册手续简便，也出现不少不规范现象，部分企业以组建农民合作社为由，为企业套取税收优惠，导致农民利益受损。

三、2013—2017 年：多元化拓展阶段

自 2013 年开始，合作社呈现出多样化的发展趋势。这一阶段，从农民合作社的内部结构来看，其合作要素已由简单的劳动合作、土地合作日益转向技术、资金、信息、市场、土地经营权等多要素合作，其合作形式也涵盖了专业合作、股份合作、综合合作等多方面，土地股份合作社、社区股份合作社以及资金互助社、农机合作社、旅游合作社、劳务合作社等大量新型农民合作社形态纷纷涌现。这些新的实践都得到了中央的认可和肯定。例如，2013 年中央一号文件就明确表示"鼓励农民兴办专业合作和股份合作等多元化、多类型合作社"，2014 年中央一号文件再次强调"鼓励发展专业合作、股份合作等多种形式的农民合作社"。这也表明，中央希冀把农民合作社打造成一个内涵丰富、形式多样、涵盖农村经济社会各领域的综合性服务组织。此外，为克服单一合作社势单力薄的困境，不少合作社还通过成立联合社实现"抱团取暖"。

在合作社功能拓展方面，2013 年中央一号文件中又赋予合作社参与农村社会治理的新功能。该文件明确强调农民合作社"是创新农村社会管理的有效载体"。2014—2016 年的中央一号文件在关于"创新和完善乡村治理机制"的论述中，都强调要重视发挥农民合作社的积极作用。例如，2014 年中央一号文件强调"充分发挥其他社会组织在乡村治理中的积极功能"，此处的"其他社会组织"就包括了农民合作社。这样一来，就把农民合作社的功能由农业生产领域扩展到社会管理领域，这无疑是对农民合作社功能的新定位、新期待。事实证明，农民合作社作为扎根于农村经济社会中的服务性、互助性组织，近年来已逐步嵌入乡村治理结构之中，深刻改变着乡村治理生态系统，愈来愈多地以"组织"形态来重塑乡村社会秩序，并逐步发展成为乡村治理的重要载体和农民

---

① 数据来源：赵铁桥. 凝聚共识促发展——农民专业合作社 2012 年回眸与 2013 年展望[J]. 中国农民合作社，2013，44（01）：6-7.

参与乡村事务管理的重要通道。

随着人们消费水平的提高和消费的多元化、个性化、生态化，势必要求开发农业多种功能，实现农业产业链整合和价值链提升。因此，2016 年中央一号文件不仅提出了"深度挖掘农业的多种功能，培育壮大农村新产业新业态"的新要求，还提到"积极扶持农民发展休闲旅游业合作社"。"休闲旅游业合作社"的提法，既回应了"培育壮大农村新产业新业态"的现实需求，又创新了农民合作社的组织形态，实现了农民合作社的服务领域由"生产经营服务"和"金融服务"到"社会服务"的再次跃迁。2017 年中央一号文件进一步提出，"鼓励农村集体经济组织创办乡村旅游合作社""支持有条件的乡村建设以农民合作社为主要载体、让农民充分参与和受益，集循环农业、创意农业、农事体验于一体的田园综合体"。田园综合体作为以田园景观和农业生产为基础、以观光休闲功能为主题的乡村发展平台，融合了农业生产交易、田园休闲体验、乡村生态居住等多种功能。它的建设与发展，为休闲旅游型合作社的创立及其业务拓展提供了重要机遇和动力。

这一阶段农民合作社快速发展，但仍存在大量空壳社、套牌社，合作社名实不符等问题，规范化水平亟待提升。2014 年 8 月底，农业农村部、国家发改委以及财政部等九大部门联合印发了《关于引导和促进农民合作社规范发展的意见》。具体看，各地和各级农业主管部门以示范社创建为抓手，大力推动规范化建设，逐步形成了国家、省、市、县四级合作社示范社队伍体系，成为带动合作社发展的引领力量，也成为政策支持的重点对象。截至 2017 年 11 月底，工商部门登记的农民合作社总数达 199.9 万家，比 2016 年底增加 20.5 万家[①]，增速逐步趋缓。合作社规范化发展水平逐步提高，但各地在清理合作社时也存在一些误区，部分地区重视程度不够，部分地区对规范化建设存在一些误区，过度注重规范，认为规范就是搞清理、搞关闭，忽视了合作社的发展。

四、2018 年至今：提质增效阶段

2018 年 11 月 29 日，《半月谈》发布《80% 以上的合作社沦为空壳？乡村振兴莫让形式主义带歪》一文，引发学界的广泛讨论。2019 年 4 月，农业农村部联合 11 部委开展农民专业合作社"空壳社"专项清理工作，这一举措标志着中国农民专业合作社的发展由增量转向了提质阶段。这一阶段，农民合作社相关

---

① 数据来源：夏英 . 2017 年我国农民合作社发展现状、导向及态势［J］. 中国农民合作社，2018，104（01）：10-11.

政策的主题词是提质增效，主要表现在以下几方面。

一是加强制度建设。2019 年中央一号文件明确指出，开展农民合作社规范提升行动，深入推进示范合作社建设，建立健全支持家庭农场、农民合作社发展的政策体系和管理制度。2021 年中央一号文件则指出，推进农民合作社质量提升，加大对运行规范的农民合作社扶持力度。根据修订后的《农民专业合作社法》精神，农业农村部会同有关部门制定完善配套制度，修订了《农民专业合作社示范章程》和《农民专业合作社联合社示范章程》，与有关部门共同印发了《国家农民合作社示范社评定及监测办法》等相关制度，为增强农民合作社民主管理能力、保障成员权利提供制度遵循。

二是加强试点示范引领。农业农村部会同全国农民合作社发展部际联席会议成员单位深入推进国家级、省级、市级、县级示范社四级联创，县级以上示范社近 16 万家，国家示范社超过 9 000 家。目前，中国连续启动三批全国农民合作社质量提升整县推进试点，聚焦发展壮大单体合作社、促进联合合作、提升县域指导服务水平等试点任务，打造农民合作社高质量发展的县域样板。

三是开展规范登记行动。为进一步规范农民专业合作社登记行为，根据新修订的农民专业合作社法，国家市场监督管理总局启动了《农民专业合作社登记管理条例》修订工作。此外，国家统计局将进一步修订和完善相关统计制度，拟在《村社会经济基本情况（试行）》统计制度中，增加有实际生产经营活动的农民专业合作社，以反映各地开展生产经营活动的农民合作社情况。

四是开展"空壳社"专项清理。为加强农民合作社规范管理、提升发展质量，2019 年，中央农办、农业农村部等 11 个部门和单位联合印发了《关于开展农民合作社规范提升行动的若干意见》，将开展"空壳社"专项清理作为农民合作社规范提升行动的一项重要内容。该文件明确了合理界定清理范围、实行分类处置、畅通退出机制等重点任务，把农民合作社发展质量作为绩效评价的首要标准，强调不得对新建农民合作社的数量下指标、定任务、开展绩效考核，还要求各地结合本地情况，制定具体工作方案，针对"空壳社"不同成因，采取指导规范、引导注销、依法依规处置等办法进行分类处置，进一步净化农民合作社队伍，激发合作社规范发展的内在活力。这一阶段，以县为单位推进合作社提质增效，实行清理与扶持并重，农民合作社质量不断提升。这一阶段，中央多个文件提出促进合作社规范化发展，农民合作社的规范化建设取得了成效。

五是加大合作社从业人员素质提升力度。从总体上看，合作社发展质量还不高，与农民的利益联结不紧密。党的十九大报告首次提出"高质量发展"的新表述，表明中国经济由高速增长阶段转向高质量发展阶段。在高质量发展阶段，中央明确提出当前阶段合作社的发展方向是"质量提升"，质量提升即在规范化发展的基础上，保证一定的数量，更加突出质量，注重提升合作社的市场竞争能力。国家有关部门高度重视农民合作社从业人员的培养，围绕助力农民合作社高质量发展，每年举办农民合作社带头人能力提升研修班，帮助其提高市场营销、品牌建设、合作社管理等能力。同时，各地还探索创建农民合作社服务中心，加强农民合作社辅导员队伍建设，面向乡土专家、大学生村官、返乡创业人员、农民合作社带头人等人才培养发展辅导员，对农民合作社运行管理给予指导。各级农业农村部门注重加强对农民合作社相关从业人员的培训，重点提升其生产技能和经营管理水平。2019 年 9 月，农业农村部印发《关于开展 2019 年农民合作社质量提升整县推进试点工作的通知》，探索整县提升农民合作社发展质量的路径方法。2022 年农业农村部印发《关于实施新型农业经营主体提升行动的通知》，提出突出抓好农民合作社和家庭农场两类农业经营主体发展，着力完善基础制度、加强能力建设、深化对接服务、健全指导体系，推动由数量增长向量质并举转变，为全面推进乡村振兴、加快农业农村现代化提供有力支撑。

第二节　合作社质量整县提升机制的核心内涵与效果评价

一、农民合作社质量整县提升机制的核心内涵

（一）以高质量发展为核心目标

推动农民合作社高质量发展是新发展阶段的核心目标。一方面，当前中国合作社已经由"增量"阶段转向"提质"阶段，对合作社高质量发展提出了新的要求；另一方面，《农民专业合作社法》的修订以及相关配套政策的完善，为合作社高质量发展营造了有利条件。要处理好数量与质量的关系，切忌单纯追求组织数量增加，不能下指标、定任务；同时，畅通农民合作社退出机制，持续开展"空壳社"专项清理，简化注销程序，依法清退连续两年未从事经营活动的农民合作社。

从实践层面看，合作社的规范发展行动与质量提升行动是相辅相成、相互促进的过程。过去促进合作社的规范发展重在为农民合作组织的发展创造良好的制度环境（任大鹏和陈彦翀，2007）。相比之下，合作社质量整县提升工作是

在现有法律和政策体系下，完善农民合作社运行机制和经营模式，强化指导监督。具体而言，通过完善章程制度、规范财务管理、探索建立农民合作社信息管理平台、加强登记管理等方式，促进合作社规范化发展。

（二）以示范县建设为重点任务

打造合作社高质量发展的县域样本，发挥示范引领作用是新发展阶段提升合作社质量的重点任务。让先进典型引路，发挥先进典型的示范作用，历来是中国共产党重要的工作方法。农民合作社质量整县提升行动能够将示范社效应扩大到县域范围内，形成由点到面的高质量发展路径，以期解决合作社发展质量不均衡问题，实现农民合作社更高层次的发展。一方面，县域是经济社会发展的基本单元，示范县能够建立符合当地农民合作社发展需要的支持政策，增强政策精准性。另一方面，示范县的创建能够获得更多政策及资金支持，提升县域指导服务能力。因此，实现合作社高质量发展不局限于只抓一批示范社创建，而是搞示范县创建，由点到面、整县推进，推动合作社转型升级。

创建示范县是深入推进示范合作社建设的重要举措。示范社建设侧重评定和监测，而示范县创建更强调提升县域指导服务能力。示范县创建要以示范社建设为重要抓手，通过制定完善县级示范社评定监测指标体系，持续开展示范社评定，建立示范社名录，把示范社作为政策支持重点。此外，通过加强县乡农民合作社辅导员队伍建设，采取定期巡查走访等多种方式，对农民合作社登记注册、民主管理、市场营销等给予指导。

（三）以联合合作为发展导向

农民专业合作社再联合的联合社形式是实现农民专业合作社走向规范高效发展的内在要求和基本形态（徐旭初和金建东，2021）。近年来，尽管农民专业合作社快速发展，但总体上合作社的单体规模还比较小，平均每家合作社入社农户60户左右，很难真正发挥作用（孔祥智，2018）。合作社没有形成更高层面的联合，分散的合作社与分散的农户一样对农业风险无能为力。农民合作社联合社通过农民合作社的组织再合作和资源再协同能够缓解农民合作社的资源禀赋约束，实现生产要素共同使用，降低组织异质性程度，建构规范化治理机制，从而成为提高农民合作规模效益的重要突破口和破解农民合作社失范性发展的重要路径（崔宝玉和孙迪，2019）。2017年新修订的《中华人民共和国农民专业合作社法》将农民专业合作社联合社单列一章进行陈述，引导和规范农民合作社之间的联合合作，为农民合作社通过组建联合社实现做大做强提供了法律依据（王梦颖等，2022）。

合作社质量整县提升工作中的"联合与合作"的内涵更丰富，不仅包括合作社之间的联合，还包括如家庭农场、农民合作社、社会化服务公司之间等多主体的融合，个别地区由镇党委领办合作社。与行业性联合所不同的是，这一类联合社的综合性更强，以区域性联合为起点，重点发展业务产业链，推进纵向一体化。此外，异质性更强，一方面联合合作的主体类型不同，另一方面各主体的发展水平参差不齐；从区域经济发展的角度来看，通过联合合作协调分配相关涉农资源，有利于提高县域农业整体性发展水平。总的来看，合作社质量整县提升工作从推进区域性联合、行业性联合以及多主体融合三个方面，促进单体合作社的联合与合作，提高其市场地位及抵御风险的能力。

（四）以社会力量为服务支撑

社企对接是推动合作社高质量发展的有效途径。农民合作社广泛分布在农村地区，普遍能力比较弱，迫切需要解决市场营销、品牌培育、融资保险、技术集成等方面难题，促进质量提升。社会组织具有相对完善的组织体系和较强的支撑力量，既能为合作社提供服务，也能扩大市场范围，形成优势互补的关系。以往的社企对接局限于当地的农业龙头企业，相比之下，中国邮政、中国中化及中粮集团等大型企业实力强，服务覆盖范围广，能够形成区域性综合服务平台，进一步推进区域经济发展。

政府积极引导社会力量为合作社提供相关服务。2018年以来，农业农村部先后与中国邮政、中国中化等大型企业联合制定《共同促进农民专业合作社质量提升实施方案》，明确了合作内容。"十四五"时期将深化农民合作社等新型经营主体与企业对接，不断扩大社企对接覆盖面，在重点支持农民合作社的基础上，把服务对象延伸到家庭农场、联合社等各类主体，力促新型农业经营主体高质量发展。随着社会力量与合作社的对接程度加深，合作过程存在诸多契约风险，政府部门作为监管方，应及时有效识别和控制潜在风险，维护农民合作社利益。

二、农民合作社质量整县提升机制的效果评价

全国农民合作社质量提升整县推进试点工作取得阶段性成果。质量提升即在规范化发展的基础上，保证一定的数量，更加突出质量，注重提升合作社的市场竞争能力。在数量层面，试点县合作社（联合社）及其成员数量保持增长态势。近两年，尽管各试点县清退了一大批"空壳社"，但总体上看农民合作社数量仍然保持了增长态势。2018年试点县登记注册的农民合作社平均数量为1

165 个，到 2020 年增加到 1 217 个，增幅为 4.5%。与此同时，成员总数出现增加趋势。2018 年试点县农民合作社成员数平均为 41 673 个，而 2020 年增加为 42 710 个，增幅为 2.5%。从联合社发展情况看，联合社及其成员数量快速增加。与 2018 年相比，2020 年 5 月底试点县农民合作社联合社及其成员数均有大幅增加。2018 年每个试点县约有 5 家农民合作社联合社，而 2020 年 5 月提升到了 8 家。与此同时，联合社成员平均数也从 2018 年的 52 家提高为 2020 年的 75 家，增幅为 44.2%。

在质量层面，合作社的规范化程度不断提高。试点县中接受国家财政直接补助的农民合作社数量比例并不高，但多数获得财政补助的合作社都将补助形成财产依法量化到成员。试点县中仅有 7.7% 的农民合作社接受过国家财政直接补助，而其中有高达 81.4% 的农民合作社将财政补助形成财产依法量化到成员。服务带动能力不断增强。18 个（28.1%）试点单位在为单体合作社提供综合服务、多元融资、互助保险等方面取得了一定进展。例如，贵州省毕节市威宁县拓宽农民合作社融资渠道，增加信贷支持合作社发展，满足农民合作社的资金需求，解决农民合作社融资担保难等问题。试点县农民合作社带动建档立卡贫困户数量稳步增加。2018 年试点县农民合作社带动建档立卡贫困户平均为 3 327 户，而截至 2020 年 5 月底，带动贫困户数量增长到 4 158 户，增幅约 25.0%。

在县域层面，政策与经费支持力度加大。在构建扶持政策方面，试点县中出台县域农民合作社高质量发展实施意见的地区有 55 个，安排专门经费的试点县比例为 56.4%；在安排专门经费的试点县中，平均经费额度为 165.83 万元。分省来看，海南省试点县平均支持经费最高，为 1 000 万元（海南仅 1 个试点县）。其次是山东，县均 402 万元。再次是青海，县均 350 万元。湖南和广东的经费支持力度也较大，县均达 333 万元和 300 万元。但全国仍有天津、辽宁、广西、重庆、贵州 5 省试点县没有安排专门的经费支持合作社试点。辅导员队伍逐步健全。2018 年试点县选聘数量平均为 41 人，2020 年 5 月底增加到 60 人，增幅达 46%。分省来看，与 2018 年相比，2020 年除上海、海南、西藏三省份数量没有变化外，其余省份农民合作社辅导员数量均有增加，特别是甘肃、辽宁、新疆三个省份数量增加较快。整体来看，试点县农民合作社辅导员队伍正逐年壮大。

第三节　农民合作社质量提升试点典型做法

2018 年，农业农村部在全国范围内选择 8 个省份的 30 个县作为试点单位开展农民专业合作社质量提升整县推进试点，探索推进农民合作社高质量发展。30 个试点单位坚持"量质并举、以质为先"，狠抓规范化、制度化建设，试点取得积极进展。近两年来，全国各地在育单体、强联合、塑品牌、促增收等方面全面发力，农民专业合作社发展质量明显提升。

一、以"育单体"为基础

各试点单位围绕发展壮大单体合作社，在强化规范建设的基础上不断丰富出资方式，引导农民以土地经营权、林权、知识产权等多种资源要素作价出资办社入社，形成多元交叉型利益联结机制，激活了农业农村资源价值。例如，广东省连州市积极引导合作社丰富入股方式，创新合作模式。连州市西岸镇冲口蔬菜生产农民专业合作社采取了股东资金入股、扶贫资金入股、土地入股、技术入股、劳动力入股等多种方式，强化了成员之间利益联结。浙江省瑞安市探索合作社互助金融，鼓励社员通过股金形式将闲置资金投入合作社，并支持规模较大、运行规范的合作社依法开展互助保险，成立兴民农村保险互助社。该合作社作为全国首家农村财险试点，既缓解了小农户产业融资需求，又探索了多渠道风险化解方式。

从单一业务向产加销多种业务拓展是合作社发展壮大的重要标志。试点推进过程中，一些合作社不断拓宽经营范围，将产品和服务沿着产业链条延伸覆盖，推动平面农业向立体农业转变。例如，江苏省吴中区深入挖掘农村民间工艺优质资源，引导玉雕、核雕、缂丝、红木小件等民间手工艺人自愿联合成立合作社，探索"农产品+文创+科技"发展模式，既提高了农产品品牌辨识度，又提升了农产品附加值。该区的临湖农业专业合作联社成功与文创、科技企业合作，推出了量身定制的"喜米""二十四节气米""有声读物米"等系列产品，深受市场青睐。河北省昌黎县的昌佳、宏辉皮毛合作社以貂皮产业为依托，借助中国毛皮动物产业发展大会契机，成功引进 3 个皮毛深加工项目，实现了链条延伸和产业升级。

二、以"强联合"为纽带

联合与合作可以在更高层次上实现规模经济、范围经济，是合作社抱团发展的重要形式，也是合作社质量提升的重要标志。试点单位通过引导合作社以产品和产业为纽带开展合作与联合，组建多种形式的联合社或联合会，以增强合作社在市场竞争中的主动权。一方面，以农民合作社为成员，依托当地主导产业，通过资源整合而实现区域性联合。例如，浙江省瑞安市坚持"联优培强"双措并举，鼓励"低、小、散"合作社以区域为单位进行合并重组，打造高标准区域合作联盟，提升市场竞争力。另一方面，试点单位还以产业链协作为手段，鼓励合作社自愿组建若干家行业性合作社联合社，开展纵向一体化合作。比如，安徽省天长市结合本地粮食生产、畜禽水产等特色产业，引导合作社采取产业链协作等方式扩大经营服务规模，培育发展了一批起点高、规模大、竞争力和带动力强的农民专业合作社联合社、联合体和产业联盟。目前天长市有合作社联合社9家、农业产业化联合体28个、产业联盟1个。江苏省泗洪县成立县农民专业合作社联合会，发挥联合会"组织引领、示范带动、协调服务、监督保障"职能，提升农民抱团闯市场和协作防风险能力。

试点单位在提升合作社发展质量的同时，也注重促进各类新型农业经营主体融合发展，带动农户发展规模经营。目前，江苏泰兴市已组建以家庭农场为主要成员的农民合作社60多家，共吸纳600多家家庭农场和专业大户入社。浙江省秀洲区围绕家庭农场和专业大户的真实需求，组建扩容以家庭农场为主要成员的合作社。在组建扩容过程中，开展法律法规的前置辅导，全面系统讲解合作社的原则、权利及义务，民主选举合作社管理人员，引导成员出资入社，从源头上为合作社注入规范基因、合作基因。截至目前，已完成稻鳖共生、莲藕、葡萄、蜜梨4家合作社组建扩容，成员142户均为适度规模经营的家庭农场，覆盖经营面积3万亩。

三、以"塑品牌"为核心

品牌化建设是合作社应对市场挑战、增强市场竞争力、提高经营效益的重要途径。试点单位围绕当地主导产业，采取多元方式扶持合作社创建品牌，提高市场竞争力。浙江省莲都区鼓励合作社与"丽水山耕"深度融合，创建高效能的品牌支持体系。目前，该区已累计建成海拔600米以上绿色有机农林产品基地8.83万亩，"丽水山耕"合作主体126个，培育"丽水山耕"背书产品 156 个，2019 年度"丽水山耕"农产品销售额达 7.91 亿元。山东省临朐县在开展试点过程中，积极引导合作社实施品牌战略，加强品牌培育、宣传推广，不断提高品牌的内涵和知名度，并充分利用电子商务、微信营销、短视频营销等互联网手段，集中推介合作社品牌产品，为合作社发展打通了一条"快车道"。

试点单位还将合作社培育与主导产业发展紧密结合起来，使合作社成为乡村产业振兴的带动力量。山东省新泰市通过实施"千社培育"工程，筛选出 1 007 家合作社进行重点培育，突出合作社生产标准化建设，加强质量认证和管理，对开展"三品一标"认证的合作社进行财政补助，为合作社提供信息、技术和营销等多种服务。江苏省泗洪县在全县范围内开展"支书领头调结构、支部领办合作社"活动，充分发挥合作社引领产业发展的主体作用，逐步形成了"优质稻米、绿色蔬果、高效水产、生态畜禽"四大主导产业。截至目前，全县累计农业结构调整面积突破 70 万亩，新增农业结构调整面积 23.3 万亩。

四、以"促增收"为根本

完善公平合理的收益分配机制，促进成员持续增收，是合作社发展的根基。一些试点单位不断创新利益联结机制，强化合作社助农增收功能，取得积极成效。比如，陕西省岐山县探索了"园区+合作社+农户"发展模式、"社会化服务+农户"托管模式、"电商+合作社"销售模式、"村股份经济合作社+专业合作社+农户"合作模式以及"直销店+合作社+基地"产销模式等多种路径，在联农带农等方面进行了有益尝试，把合作社、村集体和农户等各方利益捆绑起来，形成紧密的"利益共同体"。

在试点推进过程中，一些县市还充分发挥合作社对贫困户的组织和带动作用，走出一条合作社发展与脱贫攻坚有机结合的新路子。例如，河北省昌黎县 2018 年利用上级财政资金 466 万元，物化投入嘉诚、恒丰、旺生和昌佳 4 家省级以上农民合作社示范社。合作社按照资产总额的 10% 向财政专户拨付资产租赁费，每年支付资产租赁费 46.6 万元对建档立卡户实施资产收益扶持。同时，全县还有 60 多名具有劳动能力的贫困群众到合作社打工，促进了就业扶贫。这些做法表明，合作社发展壮大的同时，也同步提高了扶贫质量和效益，夯实了防止返贫的基础。

第四节　合作社整县提升的现实困境

当前，农民合作社质量提升整县推进试点工作取得了一定进展，但同时也存在农民合作社按交易量（额）比例返还占比较低、制度建设不规范，业务范围过窄，服务功能和出资方式单一等问题，需要通过试点不断完善农民合作社经营模式、运行机制和监管方式，推进农民合作社组织创新与制度创新。

一、制度建设依然不尽规范

提升农民合作社规范化发展水平，是维护成员合法权益、增强农民合作社内生发展动力的客观要求。合作社按交易量返还盈余是实现"所有者与惠顾者同一"的重要体现。一个好的分配制度是农民专业合作社的灵魂，是农民专业合作社吸引非社员加入的关键制度安排，是农民专业合作社稳定、发展、壮大的关键（郑丹，2011）。数据显示，试点县农民合作社可分配盈余按交易量（额）比例返还成员的数量不足一半，其中可分配盈余的60%以上按交易量（额）比例返还给农民的农民合作社不足总体的1/4。这与现阶段农民合作社的发展阶段有很大的关系，其中，部分农民合作社由于成立时间相对较短，处于初步发展阶段，前期投入成本较多，没有太多的盈余可供返还。

建立组织机构是合作社规范运行的基础。成员（代表）大会是合作社的权力机构，理事会主要负责合作社的经营管理事务，监事会则代表全体成员对理事会、财务人员、经济实体负责人予以监督。调研显示，有65.6%的农民合作社依法建立了成员（代表）大会、理事会、监事会。农民合作社制度建设规范化程度越低意味着需要承担越高的交易成本，也可能影响成员加入农民合作社的决心和信心，不利于农民合作社长期健康发展。在试点后期，需要进一步加大工作力度，提升农民合作社制度建设规范化程度。

出资是成员入社手续中最为重要的要素之一，出资不仅是出资人取得成员身份、获取合作社服务的前提条件，也是其参与合作社盈余分配的依据之一。部分学者认为，针对没有传统交易量的要素参与型合作社，可以从要素合作的角度扩大传统交易量的认定范围，将包括入社土地在内的要素直接当作成员与合作社的交易量，以促使合作社遵守惠顾返还原则（曲承乐和任大鹏，2019）。然而，数据显示，当前试点县农民合作社出资方式仍然比较单一，试点县平均仅有8.55%的农民合作社采用土地经营权、林权等作价出资；仅有2.38%的农民合作社将财政资金量化到村集体和农户后再出资入社。

档案管理的本质是通过记录信息促进合作社的规范化发展。试点县仅有39.6%的农民合作社建有规范档案、基础台账。主要原因是是否进行档案管理不影响合作社的日常经营活动，因此多数合作社的重视度不够。未来合作社的档案管理应朝着数字化的方向发展，提高档案管理的信息化水平。通过加强会计档案建设，能够规范合作社的财务管理和会计核算行为（王勇，2010）。2021年，财政部印发了关于《农民专业合作社会计制度》的通知，旨在规范农民专业合作社会计工作、保护合作社及其成员的合法权益。虽然制定了制度，然而，实践中却执行不到位。调研显示，仅有42.3%的农民合作社设置了会计账簿、建立了会计档案。

二、业务范围依旧过窄、服务功能单一

业务范围是合作社功能最直接的一个代表，合作社本质是一个服务的组织，业务范围规定了服务的内容和方向。调研发现，试点县农民合作社仍以传统业务为主，业务范围有待拓展，发展质量和水平需要进一步提升。目前试点县中平均仅有4.20%的合作社开展了休闲农业、乡村旅游、民间工艺等业务；仅有5.15%的合作社开展了信息服务和电子商务等业务；拥有注册商标的农民合作社占比仅为6.13%。服务性是农民专业合作社区别于其他新型农业经营主体的最根本特性。

为成员服务是合作社的宗旨，是合作社组织功能的核心，也是农民专业合作社的本质性规定之一。调研发现，产加销一体化服务的农民合作社已占一定比例，但开展内部信用合作和依法开展互助保险服务的合作社数量仍然较少。试点县开展产加销一体化服务的农民合作社占到合作社总数的33.3%，但开展内部信用合作和依法开展互助保险服务的农民合作社平均占比仅为3.0%和2.04%。

三、联合与合作范围有待扩展

促进联合与合作是提高农民合作社市场地位及抗风险能力的内在要求。近年来，合作社的联合与合作有明显进展，普遍呈现同业、区域内的联合特征，在跨业、跨区域方面还有很大发展潜力。抽取的64个试点单位中，有38个（59.4%）在促进合作社联合与合作的工作任务中取得了进展，但主要以产品和产业为纽带开展合作与联合。数据表明，28个（43.8%）试点单位建立了集水

产、粮食、果蔬、苗木、畜禽等行业的联合社，6 个（9.4%）试点单位建立了以当地主导产业为依托、以农民专业合作社为成员的区域性联合社。联合社有排斥小规模合作社和兼业农户的倾向。大多数联合社设立准入门槛，主要原因在于：在初期发展阶段，为提高市场竞争力，实力强的合作社更愿意开展联合与合作，进一步获得范围经济。联合社是合作社的高级形态，其发展不能偏离联合小农户这一根本目的。联合社应加强对小规模合作社的联合，使农民的合法权益得到公平保护，进一步促进合作社的均衡发展。

四、县域指导扶持能力有待加强

提升县域指导扶持能力是合作社质量提升的重要保障。合作社信用信息库尚处于初步建立阶段。县级政府通过部门协作统一信用信息收集、整理标准，有利于加强农村信用信息的有效性和准确性，进一步完善农村信用体系。然而，调研数据显示，当前仅有 18.75% 的试点县建立了农民合作社信用档案，仅有 55.47% 建立了部门信息共享和通报工作机制。农民合作社辅导员队伍逐步充实，但素质有待提高。随着合作社的竞争加剧，指导合作社发展急需科技、市场营销、产品流通等方面的人才，而很多合作社辅导员缺乏实践经验，难以满足合作社质量提升的发展要求。

当前，信息化发展是提升县域治理能力的重要内容，统一合作社信息化管理方式有助于提高县域信息化水平。总体上看，大多数农民合作社尚未推广统一的农民合作社财务管理软件和信息管理软件。数据显示，仅有 25.78% 的试点县表示使用推广统一的农民合作社财务管理软件，仅有 14.06% 的试点县表示推广了统一的合作社信息管理软件。分省来看，各省试点县农民合作社信息化发展水平差异较大，天津、内蒙古、辽宁、吉林、江西、河南、广西、海南、重庆、贵州、西藏、陕西等省份试点县仍没有推广统一的农民合作社财务软件。上海所有试点县都推广了信息管理软件，北京、宁夏有 50% 的试点县推广了信息管理软件，其他省份推广信息管理软件的试点县都低于 50%。其主要原因是部分地区经济发达，原有信息化基础设施条件好；对于经济发展水平不高的地区，如果基层政府部门注重对基础设施的建设，会加大资金投入解决硬件设施薄弱与信息技术落后等问题。信息化水平整体较弱将会影响合作社的经营效率，亟待解决。

五、社会力量参与不充分

引导合作社与社会力量建立稳定有效的利益联结机制，对于实现社会力量的服务功能至关重要。一方面，试点县与大型企业的合作处于初步阶段，利益联结关系松散。由于政府主导推动的社企对接，大型企业获得了相关优惠政策，但企业与合作社的市场地位不对等，多利用优惠政策促进企业自身发展，社企对接异化为企业拓展业务范围的利益点。另一方面，企业的前期宣传很足，通过召开各项工作会扩大影响力，但相关对接任务落实不到位，主要体现在以下两方面：一是社企对接覆盖面有待扩大。仅有 4 个试点县与中化集团开展合作，有 3 个试点县与中粮集团开展合作，还有 35 个试点县与中国邮政开展合作。二是服务推广力度不够，试点县目前对阿里集团的相关平台服务尚不了解，只有12.50%的试点县有利用阿里集团"县域普惠金融服务"，仅有 8.59%的试点县有利用阿里集团"钉钉平台"推进农民合作社数字化管理服务需求。社企对接应以合作社为主体，以加强合作社内源式发展能力为路径，提高合作社可持续发展能力。

第五节　推进合作社质量提升的政策建议

试点工作既是整体提升合作社发展质量的重要契机，也是转变农民合作社指导服务方式的一个关键节点。总的来看，通过第一批试点的先行探索和第二批试点一段时期的整县推进，各试点县相关工作取得了一定成效。"十四五"时期，要把质量提升整县推进作为加快培育农民合作社的重点任务，以推动农民合作社高质量发展为主线，坚持不懈抓好试点工作，及时总结经验做法，不断增强、完善和创新农民合作社服务能力，优化合作社支持政策、扶持手段和发展模式，加强对试点工作的跟踪调度，推动农民合作社质量整县提升。

一、创新和完善农民合作社质量提升整县推进机制

一是深化农民合作社质量提升整县推进试点。国际经验和国内实践表明，只有得到政府强有力的支持，农民合作社才能稳定发展。因此，扶持农民合作社发展，促进农民合作社质量整县提升，应当成为政府在今后一个较长的时期坚持不变的政策目标。农业农村、市场监管、金融、财政、税务等部门要加强合作，通过财政、信贷、税收、人才、科技以及产业政策等多种手段助力农民合作社质量整县提升。二是要调整和优化农民合作社质量提升推动方式。根据合作社发展阶段及试点推进情况，及时调整优化质量提升整县推进方式。换句话说，进入新发展阶段，合作社质量提升既可以以行政区划予以推进，也可以

以产业结构为边界推进，实行跨区域的整体提升。同时，在促进合作社联合与合作的同时，也要推进试点县之间、试点县与非试点县之间的合作机制，促进区域范围内合作社质量整体提升。三是要促进试点中的微观扶持政策系统化体系化。农民合作社质量整县提升旨在探索财政、金融、保险、用地等方面的统筹支持方式，以及促进现有合作社支持政策的系统化、体系化，形成整体推进合力。要逐步引导合作社支持手段从行政主导向市场和技术推动转变，逐步向为其发展营造良好的外部环境、建立公共服务平台和引入信息化技术管理等方面过渡。特别是当前试点过程中采取的以典型示范项目为主要扶持方式的做法，它只能是政府引导合作社发展、质量提升的一种短期的、过渡性的和辅助性的政策手段，而不应作为政府持续性的和主要的政策。

二、继续拓展农民合作社业务范围、出资方式与服务功能

一是拓展农民合作社业务范围。鼓励农民合作社利用自有资源禀赋，带动成员连片种植、规模饲养。引导农民合作社推行绿色生产方式，发展循环农业。鼓励农民合作发展初精深加工、休闲农业、乡村旅游、民间工艺制造、信息服务和电子商务等新产业新业态。二是丰富农民合作社出资方式。挖掘农村要素价值，激活农村资产潜力，全面盘活农村土地、房屋、资金、手工艺等要素资源，支持农户以土地经营权作价出资入股创办土地股份合作社，农机经营者以农机等实物作价出资入社，探索发展农户以闲置农房等资源要素出资办社，推进实现由传统的货币、实物折资出资向货币、实物、资源要素、股权等多要素出资的转变。三是增强农民合作社服务功能。出台相关政策，助力有条件的合作社与联合社开展互助保险，提升小农户防范化解各种风险的能力。选择经济实力强、发展前景优和信用记录好的合作社与联合社，积极试点开展内部信用合作，解决小农户发展的资金需求。鼓励农民合作社和联合社开展生产、供销、信用"三位一体"合作。

三、进一步提升政府对农民合作社的综合服务能力

一是进一步加强辅导员队伍建设。通过就地培育、选聘和职能强化等手段，建成一支政策熟、业务精、有责任、爱"三农"的"区县—乡镇（街道）街—村（社区）"三级合作社辅导员队伍。发挥好农村能人辐射带动农民的作用，把优秀的农民合作社带头人纳入辅导员选聘范围。二是建立和完善合作社综合服务平台。通过整合政府各部门资源，搭建财务委托代理平台、金融保险服务

平台、公用品牌营销平台、农资购销平台和人才培训平台，并为合作社提供注册登记便利、基础设施建设服务、改善资金供给、经营和管理人才培养等服务。三是依托社会组织创建农民合作社指导服务中心。依托社会力量建立专门机构，全程指导合作社的业务开展及综合日常工作。比如，政府可以与电商物流企业、保险金融机构、科研院所等社会力量加强合作，建立农民合作社服务中心、农民合作社之家等，为合作社提供各类支持，不断提升农民合作社综合服务能力。

四、以合作社为纽带促进各类经营主体共同发展

一是引导各类新型经营主体横向和纵向联合。在持续培育壮大合作社发展的基础上，引导各类经营主体开展横向联合合作，采用"公司+合作社+农户""合作社+家庭农场+服务主体"等多种组织形式，提高农业生产经营的组织化程度。引导新型农业经营主体围绕同一产业开展纵向联合合作，组建区域性的合作社联合社、家庭农场联盟、农业产业化联合体等。二是促进主体间联合合作与兼并重组。鼓励新型农业经营主体之间通过建立紧密的利益联结和分配机制，开展主体间联合合作，取长补短、优势互补，增强产业竞争力和抗风险能力。引导有实力、有条件的经营主体通过兼并、合并、重组、收购等方式，进行组织重构和资源整合，增强单体发展实力和竞争能力。三是促进各类主体融合发展。积极发挥农民合作社的牵引纽带作用，促进各主体多元互动、功能互补、融合发展。既要鼓励有发展潜力的合作社成员兴办家庭农场，又要鼓励家庭农场领办或加入合作社，夯实合作社发展基础。允许公司领办农民合作社，支持农民合作社办公司，引导合作社围绕同一产业或同一产品的生产，以资金、技术、服务等要素为纽带，与家庭农场、涉农企业、社会化服务组织等通过共同出资、股份合作等方式，建立紧密的利益联结和分享机制，增强市场竞争力和抗风险能力。

五、鼓励社会力量赋能农民合作社发展

一是加强组织领导。农业农村部门要积极与有能力、有意愿、有担当的社会企业加强沟通联系，建立健全服务对接机制，共同研究合作方式，发挥在政策指导、信息交流和示范社推荐等方面的行业优势，把社企对接引向深入。试点县要将社企对接作为推进试点工作的重要内容，先行一步，加大工作力度，实化对接服务举措，务求实效。二是进一步优化社企对接。协调加大对社企合作的支持力度。要强化政策支持，在农村电商发展、建设用地指标等方面加大

支持力度。要建立更加完善的政策机制，鼓励各类企业在促进农民合作社发展方面发挥更大作用。采取先试点后推广、先局部后整体的模式，总结提炼经验做法，加大推广力度。三是广泛开展社企合作。按照优势互补、合作共赢的思路，与物流、电信、金融、保险等更多的各种类型的社会企业形成战略合作，充分利用这些企业的特长，解决农民合作社资源流通、产品销售、融资贷款等各方面难题。四是深化拓展合作内容。各地农民合作社的产业门类、经营规模、发展水平各有差异，对服务的需求也多种多样。社企对接要因地制宜、因社因客户施策，提高对接服务的精准度和针对性，切实帮助新型农业经营主体补短板、强能力。

第五章

合作社在乡村治理体系中的功能定位

　　乡村振兴，治理有效是基础。构建德治、法治与自治相结合，有中国特色的乡村治理体系是乡村振兴战略的重要内容。农民合作社作为农村重要组织资源，是乡村治理体系不可或缺的组成部分。2013 年中央一号文件明确指出：农民合作社是创新农村社会管理的有效载体。当前中国农民合作社数量超过 200 万家，成为农村数量规模最大的乡村组织。如何充分发挥数量庞大的农民合作社在乡村治理体系中的作用，是乡村治理体系建设所面临的重要课题。因此，讨论农民合作社在农村中的社会属性，探究其在乡村治理中所承担的具体功能，分析当前合作社状况与困境所带来的制约，对于构建乡村治理体系具有重要的现实意义和价值。

第一节　中国乡村治理体系内涵及历史演变

　　建设有中国特色的乡村治理体系是促进农村和谐发展的内在要求，也是国家推进社会治理现代化的重要一环。在不同时期，受国家经济社会体制的影响，中国乡村治理体系也呈现不同的特征和组织架构。

一、乡村治理体系的内涵与特征

　　从公共行政学角度看，治理理论强调一种多元、民主、合作的公共行政（public administration）（朱余斌，2017）。乡村治理的本质是乡村社会公共资源的配置。公共资源包括社会文化习俗、政治经济制度、自然资源及财富、政府及各类公共机构的财政及服务能力等。保障经济高效运行、社会权利平等以及社会关系和谐，是社会治理的基本目标（党国英，2017）。具体到乡村治理体系，则主要指农村以多元主体参与、民主协商、共同决策的农村社区公共事务管理系统。

综合现有研究，乡村治理体系具有三个特征。

一是乡村治理体系是农村社区多元主体参与的自治模式。与传统的乡村管理模式相比，乡村治理强调多种组织的参与，通过各类农村组织的协商协同，共同决定农村的各类公共事务。在中国封建朝代，乡村治理体系往往由村公所、宗族组织、宗教组织等各类组织和乡贤共同参与，协商决策农村各类公共事务。在当前，乡村治理体系则是在党组织的全面领导下，以村民委员会为基础，农村各类协会、理事会等社会组织和经济组织及部分农村权威和精英共同参与的协商协作体系。

二是乡村治理体系是一套正式规则与非正式规则相结合的系统。由于各地社会组织、经济组织的发育程度不同，加上各地习俗差异，因此乡村治理体系的运行机制也有较大差异。因此，乡村治理体系要遵守国家的法律法规，同时，各地乡村社会还存在大量的村规民约，成为乡村治理体系中的非正式规则。就各类主体承担的角色和功能来看，党组织、村委会等基层行政组织具有明确的职能定位和职责分工；合作组织、农村精英等社会组织及个人在乡村治理中的作用则因各地习俗、组织发育、区域特点而有不同。

三是乡村治理机制是一个动态过程。乡村治理体系作为一个多组织参与的协作协同体系，无论是参与主体，还是运行模式，实际上都随着外部政策环境、社区人口结构、组织形态因素的变化而不断地调整。从农村公共事务决策机制看，实际上也是各类主体的一个沟通协商，反映不同群体的利益诉求，并最终达成一致的互动过程。尤其是当前中国农村处在多重变革相叠加时期，乡村治理体系不是一个静态的系统，而是在不断调整和变化，与农村社区发展变化相适应。

二、中国农村治理体系的演变

尽管中国国家治理概念是 2013 年提出来的，但作为农村公共事务管理的体系，一直是存在的，只不过在不同时期受制度环境的影响，呈现不同的特征。自改革开放以来，中国农村治理体系大体可以划分为基层组织重建、强化民主管理和监督、完善公共服务职能、健全治理体系四个阶段。

第一个时期是农村基层自治组织重建。20 世纪 70 年代末至 90 年代初期，随着人民公社的逐步解体，乡村组织开始重建，1982 年 12 月第五届全国人民代表大会第五次会议通过的《中华人民共和国宪法》明确规定：农村按居民居住地区设立的居民委员会或者村民委员会是基层群众性自治组织。1998 年第九届全国人民代表大会常务委员会第五次会议通过《中华人民共和国村民委员会组织法》，明确村级组织是村民自我管理、自我教育、自我服务的基层群众性自治组织，实行民主选举、民主决策、民主管理、民主监督。村民委员会办理本村的公共事务和公益事业，调解民间纠纷，协助维护社会治安，向人民政府反映村民的意见、要求和提出建议。按照法律框架，各地陆续建立了村级组织，与党组织共同成为农村社会管理的主要组织载体。

第二个时期是强化农村组织民主管理。20世纪90年代中期到21世纪初，随着村级组织的逐步健全，如何完善村级组织的监督管理，真正实现乡村组织村民自治成为乡村社会治理的主要矛盾。在这个时期，政府积极推动农民对村级组织的参与和监督。在各地农村推动村委会选举，推动村社账务公开、社务公开。强化乡镇政府对村级组织的监管，如村财乡管等。

第三个时期是完善乡村组织服务功能。2004—2012年，在"以工补农、以城带乡"基本方针指导下，国家免除农业税，对村级组织实行转移支付，村级组织和农民的关系大幅改善，乡村组织征粮征税和计划生育职能大幅度弱化，更多转向农村基础设施建设和公共服务。

第四个时期是乡村治理体系构建时期。党的十八届三中全会提出国家治理能力现代化，标志着中国对于社会治理的理念发生转变，更多强调社会组织的参与。农村社会治理模式也由此发生转变，开始推动构建有中国特色的乡村治理体系。2014年中央一号文件明确提出："完善乡村治理机制。"2017年党的十九大提出的乡村振兴战略，进一步明确提出了要构建德治、法治与自治相结合的善治体系，实现治理有效的目标。由此，乡村治理体系进入一个新时期。

三、乡村治理体系的组织架构

受法律法规和政策因素的影响，中国乡村治理体系的组织架构在不同时期是不同的。在党的十八大之前，乡村治理的重点是完善农村党支部和村委会的职能，强化基层民主和监督。党的十八大以来，如何发挥多元主体的作用，成为乡村治理体系构建的重要课题。由此，乡村治理体系的组织架构也由以往的村"两委"为主转变为更加开放和多元化。2015年"中央一号"文件提出，创新和完善乡村治理机制，激发农村社会组织活力，重点培育和优先发展农村专业协会类、公益慈善类、社区服务类等社会组织。2018年"中央一号"文件提出，建立健全党委领导、政府负责、社会协同、公众参与、法治保障的现代乡村社会治理体制。明确要求要依托村民会议、村民代表会议、村民议事会、村民理事会、村民监事会等，形成民事民议、民事民办、民事民管的多层次基层协商格局。积极发挥新乡贤作用。要大力培育服务性、公益性、互助性农村社会组织，积极发展农村社会工作和志愿服务。这些文件初步勾勒了未来乡村治理体系的大体组织架构。

一是党组织。村党支部作为基层党组织，是党在农村的战斗堡垒，把握着农村发展大局和发展方向，是乡村治理体系的核心。坚持党的全面领导，是中国特色社会主义体制的主要特征。构建有中国特色的乡村治理体系，首先要坚持农村党组织的领导地位，强化农村党组织建设。

二是基层自治组织。中国在农村实行村民自治，基层自治组织是农民实现自治的基本组织形式，是由村民选举出来的，代表村民承担各种农村公共事务，是乡村治理体系的主要承载主体。目前，基层自治组织包括村民委员会、村民小组、村民（代表）会议、村民理事会、村务监督委员会等组织形态。

三是各类社会组织。目前中国农村社会组织主要包括农村红白理事会、各类专业协会和互助性组织。社会组织在不同领域发挥着各自独特的作用，是乡村治理体系中不可或缺的组成部分。受多种因素的影响，中国农村社会组织发育相对比较滞后，这是中国乡村治理体系构建的一个重要制约因素。

四是各类经济组织，主要包括农民专业合作社、农业企业等。尽管各类经济组织主要是从事经济活动，但由于这些经济组织的生产经营活动与农业农村和农民都有密切关系，必然也会不同程度参与农村公共事务，成为乡村治理体系中的一个重要组成部分。

五是农村精英。改革开放以来，农村涌现一批专业技术人才，有的成为企业家，有的则成为各个行业的技术精英。同时，一些出身农村的政府官员及技术人员在退休后也返回家乡，贡献余热。这些人由于视野开阔，社会联系广泛，在当地农村具有较大的影响力，成为农村的新"乡贤"。构建乡村治理体系，就需要充分发挥这些新"乡贤"的作用，这对于完善乡村治理机制也具有重要作用。

第二节　农民合作社在乡村治理体系中的功能与作用

推动合作社参与乡村社会治理体系，既是乡村治理体系建设的现实选择，更是推动农民合作社提升发展质量的内在需要。合作社在乡村治理体系中具有多重功能和价值，但其作用的发挥与乡村治理体系架构、合作社自身的特性有密切关系。

一、合作社是乡村治理的有效载体

构建乡村治理体系，是中国农村社会治理模式的转型，即由过去以党支部、村委会为主体的管理模式向以党支部为核心、村委会为基础，多元主体共同参与的农村社会治理模式转变。但长期以来中国农村实际上施行的是自上而下的管理模式，特别是人民公社时期，农村各项事务都纳入了人民公社体系内。改革开放后，农村社会管理的重心主要是完善乡村组织的职能，并根据农村发展的需要在村组织主导下成立各类组织，承担相应的社会职能。在这种背景下，农村组织既没有发育环境和条件，也没有发挥作用的空间，由此带来农村的社会组织发育严重不足。而构建乡村治理体系，恰恰需要各种社会组织，尤其是自发组织起来的社会组织的参与。由此，社会组织发育不足成为制约乡村治理体系构建的重要难题，数量庞大的农民合作社组织成为乡村治理体系构建的现实选择。

自2007年以来，随着《农民专业合作社法》的颁布实施，农民合作社进入高速发展时期。由此，农民合作社成为农村社会中重要的组织资源，超过包括农村基层行政组织内在的其他各类组织的数量（不包括普通农户）。尽管农民合作社是经济组织，但农村社区是农民专业合作社的母体和摇篮（胡平波，2013），合作社对农村社区有很强的依附性（高强，2017）。合作社成立与运行都根植于所在的农村社区和地域农业环境之中，其成长和发展既有赖于与环境之间的资源交换与支撑，又同时被区域环境所制约与建构。农民合作社社员基本上来自农村社区，要服从社区自治组织的管理；合作社发展所需要的水电路气等基础设施，很多也要村里来协调和管理。另外，作为农民自发组织起来的互助组织，农民合作社在为其成员提供生产性服务的同时，也必然会代表其成员参与农村社区各种公共事务的协商和讨论，成为乡村治理体系中的重要主体。因此，推动合作社参与乡村治理，可以破解乡村治理体系构建面临的社会组织发育不足的难题。

二、合作社在乡村治理中具有多重功能和价值

农民合作社在乡村治理体系中的功能，受到诸多因素的影响。首先，农村社区治理体系的架构特点是影响合作社作用发挥的首要因素。一般来说，农村社区治理体系越开放，合作社发挥作用空间也就越大；相反，若农村治理体系相对封闭，则合作社也就难以发挥作用。其次，合作社与社区的互动关系对其在乡村治理体系中的作用有很大影响。合作社与社区关系越密切，则参与农村

社区公共事务的积极性就越高。如那些为小农户提供综合性服务的合作社，对社区依附程度比较高，必然会深度参与农村社区的公共事务；那些专业化程度比较高的合作社，尤其是面向规模化经营主体的专业性合作社，与社区联系较少，参与农村社区公共事务的积极性就相对较弱。具体来说，农民合作社在乡村治理体系中的功能主要体现在以下四个方面。

一是重要农村公共事务的协商决策主体。随着农民分工分业，农村社区成员也不断分层分化。不同类型的农民由于就业收入、自身观念的不同，对农村公共事务的认知和利益诉求必然会有较大差别。农民合作社作为农民的组织，能够代表其成员尤其是代表纯农户，在农村各项公共事务决策中发表意见和建议，反映成员在农村社区事务中的利益诉求，为成员争取合法权益。

二是乡村公共事务的重要承载主体。乡村基础设施建设、公共服务，都是乡村治理体系所涵盖的重要内容。这些具体事务的执行，都需要具体的组织载体来承担。而农民合作社作为经济组织，具有承担设施建设、公共服务提供的能力和条件。随着乡村振兴战略的实施，农村公共设施和公益性服务的任务必然大量增加，传统的村委会难以负荷，这也是当前农村基层组织面临的重要难题。让合作社作为承载主体，承担部分社区公共资源管理、基础设施建设和公共服务，既可以大幅度减少党支部和村委会的工作压力，同时也可以拓宽合作社的业务范围，增加合作社收入，促进其持续发展，同时增强合作社与社区之间的关联度。

三是调解农民矛盾和纠纷的重要力量。农村社区内部，农民成员之间、农民和社区组织之间必然会遇到经济、社会等方面纠纷和矛盾，特别是由于农民分层分化，带来农民之间的观念、行为的差异，加剧了纠纷和冲突，成为影响农村和谐稳定的重要因素。特别是在推进产业发展、基础设施建设、人居环境整治等方面，社区自治组织与个别村民之间的冲突成为影响农村稳定的重要因素，需要更多组织参与，调节农民成员之间、农户与社区自治组织之间的纠纷和矛盾，实现农村社区的和谐有序。

四是教育农民的重要渠道。乡风文明是乡村振兴的重要内容。要实现乡风文明，就需要对农民进行教育和培训。农民个体素质的提高，由传统农民转变为具有一定科学素养和理性的现代农民，是中国农村现代化的基础和根本保障。20世纪初，梁漱溟的乡村建设运动，对农民教育和培训是重要内容，其目的也在于推动农民素质的提高。尽管各级政府对部分农村家庭农场、专业大户、合作社理事长开展培训，但还没有建立起对农民进行培训的体系。而合作社作为农民的自治组织，一方面可以唤醒农民的互助合作意识。另一方面还可以利用产业的联系，对农民开展现代理念培训，提高农民的科学素养。目前合作社覆盖农户数量超过50%，为开展教育和培训提供了非常有利的条件。

三、参与乡村治理是促进合作社持续发展的有效方式

积极参与乡村治理，对于当前合作社发展具有多重价值。第一，可以为众多中小合作社拓展生存空间。大多数中小型合作社自身实力比较弱，难以向成员收取更多的服务费。承担乡村的公共事务，并由此获取政府或者村组织给予的一定补贴，可以增加合作社的收入来源，支付合作社骨干的劳务，从而为中小型合作社生存与发展创造条件。第二，有助于增强合作社的凝聚力。当前，由于多数小农户生产经营规模很小，家庭收入主要依靠非农就业收入，对于合作社提供的农业服务不够重视。合作社参与村社区公共事务决策，可以代表农户成员反映利益诉求，可以增加合作社对于农户的吸引力，从而增强合作社自身的凝聚力和向心力。第三，有助于增强合作社与社区之间良性互动。通过把合作社引入乡村治理体系，参与乡村公共事务决策体系，既可以反映合作社自身发展的诉求，也可以增强合作社与农村社区之间的联系，真正让合作社更多扎根农村社区。特别是让合作社的带头人更多关心社区事务，并在乡村治理中充分发挥自身作为农村骨干的作用，实现社区与合作社的协同发展。此外，参与乡村治理也将提升合作社发展的规范性。目前不少合作社管理不够规范，民主化管理不够、透明度不够。通过参与乡村公共事务，可以让农民成员更多参与讨论，进而推动合作社的事务公开，推动民主管理，提高规范办社的水平。

第三节　合作社参与乡村治理面临的障碍和挑战

合作社参与农村社区公共事务是乡村治理模式的深刻转型，在现实中必然会面临意识观念、法律法规、现行乡村管理制度以及各类组织自身特性等多方面的挑战。

一、存在自上而下的管理理念和意识

首先是乡村干部的观念和认识。尽管历史上中国农村是一个乡绅自治的体制，但新中国成立后对农村管理的不断强化形成了乡村干部自上而下的管理意

识和观念。20 世纪 60 年代至 80 年代初，农村都处于人民公社组织体制下，把农村的人、财、物都纳入了大一统的人民公社管理之下，由此大大强化了这种自上而下的管理意识。20 世纪 80 年代初的改革，虽然推动了乡村基层政权组织的重建，但自上而下的管理意识改变并不大。进入 21 世纪以来，随着以工补农、以城带乡政策的推行，乡村组织在政府的各类补贴和补助项目下推动农村各项公共服务的建设和完善，又强化了这种意识和理念。其次是合作社管理人员的参与意识。由于农民专业合作社成立之初就定位为经济组织，侧重开展规模经营，为农民成员提供农业生产服务，也客观上导致大多数合作社理事长和骨干成员更关注发展产业，对于农村社区公共服务参与度不高。推动相关人员的观念转变，尤其是乡村干部能够接受各类社会组织参与乡村公共事务，是一个相对比较缓慢的过程。

二、合作社自身发展不规范

合作社参与乡村治理，要求合作社自身的确是农民成员的代表，能够反映农户的利益诉求。但从合作社自身发展看，由于发展速度过快，良莠不齐，相当数量的合作社很不规范。一方面，有些合作社实质就是家庭农场或者农业企业，通过租赁农民土地开展规模经营，并不为其他农户提供服务，即使为其他农户提供服务或者农产品购销，也属于市场化服务，并没有与农户成员建立真正的利益联结机制。另一方面，有些合作社尽管是真正的农民互助组织，带领农户发展生产，开展服务，但也多属于理事长"一言堂"，农民成员参与度不高。这就导致合作社难以代表农民参与乡村事务协商，难以真正反映多数农民成员的利益诉求。即使让这些合作社理事长参与到乡村事务决策中，很多时候也主要是反映理事长自身的利益诉求。

三、现行乡村管理体制不适应

德治、法治和自治相结合的农村善治体系，本质上是农村各类组织的相互协作协同的自治体系，这就需要县乡政府充分放权，由代表不同利益的各类组织民主协商民主决策，管理社区内的公共事务。但现行的乡村管理体制，由于仍然带有较强的计划经济色彩，与社会主义市场经济体制的要求不相适应，与农村村级自治的发展要求不相适应。一方面县乡政府，尤其是乡镇政府仍然较多参与农村各项公共事务，甚至直接干预村级两委的人事安排。特别是近年来，在各项补贴补助政策的带动下，乡镇政府为了完成各项任务和发展指标，往往倾向于下指标、定任务，对农村社区的生产发展、基础设施和公共服务建设等方面，进行穿透式管理，甚至是直接指挥。这不仅造成农村社区组织在很多公共事务中没有发言权，也使村"两委"的发言权大大削弱。

当前乡村振兴战略大举推进，县乡政府对于农村土地规划、人居环境建设、产业体系构建等方面将提出更多目标和任务，并通过一系列工程项目进行推动。在这种背景下，县乡政府对于农村公共事务的参与程度进一步增强。如何发挥农村社区各类组织的作用，提高农民发展的内生动力成为一个重大挑战。

四、法律法规有待完善

乡村治理体系作为一个农村自治性管理模式，需要相关法律法规予以保障。尽管中国根据宪法颁布实施了《中华人民共和国村民自治法》（以下简称《自治法》）和《中华人民共和国村民委员会组织法》，明确了村级组织自治的地位，但对于村级自治的内容，《自治法》规定：村民委员会办理本村的公共事务和公益事业，调解民间纠纷，协助维护社会治安，依照法律规定管理本村属于村农民集体所有的土地和其他财产，引导村民合理利用自然资源，保护和改善生态环境。对于村民自治组织与县乡政府之间的职能界限，并没有给予明确的界定，仅仅是提出一个原则性说法：乡、民族乡、镇的人民政府干预依法属于村民自治范围事项的，由上一级人民政府责令改正。

对于合作社参与乡村治理，无论是《农民专业合作社法》，还是现行的《自治法》，都没有明确说法。《农民专业合作社法》规定：农民专业合作社，是指在农村家庭承包经营基础上，农产品的生产经营者或者农业生产经营服务的提供者、利用者，自愿联合、民主管理的互助性经济组织。对于合作社的业务范围，也主要限于农业生产资料的购买使用、农产品的生产加工销售、农村民间工艺及制品、休闲农业和乡村旅游资源的开发经营、与农业生产经营有关的技术信息和设施建设运营服务等经济职能，并没有对合作社参与乡村社会事务的功能予以明确，制约了合作社在乡村治理体系中作用的发挥。

第四节　推进合作社参与乡村治理的思路和建议

合作社参与乡村治理体系，是构建德治、法治和自治相结合的农村善治体系的现实需要，对于激发农民参与乡村发展的内生动力，实现以农民为中心的乡村振兴战略具有重要意义。因此，要从转变观念、完善体制、创新方式、完善法律等方面，加快推动合作社参与乡村公共事务的协商决策，承担更多公共服务，促进乡村治理体系的完善。

一、转变观念和意识

一是重视农村社会建设和组织建设。社会建设是中国特色社会主义事业"五位一体"总体布局中的重要组成部分，组织振兴是乡村振兴战略的五大重点任务之一。因此应强调各地要重视农村各类社会组织的培育，重视乡村治理体系建设，把推动各类组织协同参与农村社区公共事务治理作为农村社会建设和组织振兴的重要抓手。二是要高度重视农民专业合作社在农村社区公共事务治理中的作用。要转变对农民合作社的认识，既要看到合作社的经济属性，也要重视合作社在农村社区中的社会属性，尤其是自治性组织的特性，充分发挥合作社反映农民成员利益诉求、教育引导农民的作用，推动农村社区公共事务民主管理、民主决策的水平，实现德治、法治与自治的有机结合。

二、完善乡村管理体制

一是推进县乡行政管理体制改革，细化基层政府的职能，明确政府与农村社区组织的边界。借鉴负面清单制度，对农村社区自治划定边界，也为乡镇政府指导农村社区事务提供行为规范，减少行政干预，为乡村治理体系构建创造发展的制度空间。尤其是在当前乡村振兴战略实施的大背景下，要对农业农村发展和建设的各项事务进行分类，哪些事项由村民社区自主决策、民主管理，哪些工作需要县乡政府进行指导，真正体现农民的主体地位，体现农民的意愿。二是推动基层村组织的改革，把经济职能从村民委员会中剥离出来，实行政社分开。一方面，通过成立专门的集体经济组织，盘活农村集体的资源要素；另一方面，为农民合作社发展创造空间，让农民合作社能够平等参与农村社区管理决策，承担社区公共服务。

三、推动合作社规范发展

合作社自身的民主管理民主决策，既是合作社自身健康发展的关键，也是合作社参与乡村治理体系的前提和基础。要进一步加大推进力度，促进合作社规范发展。一方面，要完善现有合作社支持政策，调整支持的环节和条件，重点支持规范化水平高，真正为农民服务的合作社；另一方面，加快整县提升行动，分区分片，逐步提升合作社规范化水平。此外，要对现有合作社进行普查和清理，把一些空壳社、休眠社，以及为套取补贴政策的合作社清理出去，从而提升合作社发展的整体水平。

四、大力推动购买服务方式

改革农村社区基础设施、公益服务的供给方式，在农村社区实施购买服务方式。借助财政补贴经费或者农民自筹经费，村自治组织制定标准，实施过程和事后监督验收，由合作社作为建设主体或者管护运营主体，承担农村基础设施、人居环境、公益服务等方面的工作和服务，从而推动合作社不断增强与农村社区的联系，逐步提高乡村治理的参与水平。

五、完善法律法规

一方面修改完善《自治法》，明确规定合作社等各类社会组织和农村经济组织参与农村社区自治的权力和责任，让合作社参与农村社区事务有法可依；另一方面，在《合作社法》解释中，或者各省在制定合作社实施细则中，提出合作社的农村社区属性，明确合作社可以参与乡村公共事务，承接乡村社会建设的相关工作，从而明确合作社在农村经济和社会事务中的角色定位。

第六章

乡村振兴背景下牧区合作社的功能演化

　　乡村振兴战略的提出为农业新型经营主体的发展提供了坚实的基础，国家《乡村振兴战略规划（2018—2022 年）》对壮大新型农业经营主体也进行了专门部署。作为一种由农民自发组织形成的合作组织，农民合作社的发展、转型及其结构的优化不但对其自身的壮大和规范化运行发挥着重要作用，而且所产生的正外部性（positive externality）对于乡村治理、生态文明建设以及乡村发展软实力的提升均发挥着重要功效。实践表明，发展合作社已经成为解决"三农"问题的重要方式。在乡村振兴背景下重新审视合作社的定位和所承担的功能是合作社在转型中所面临的重大课题。

　　中国在历史潮流中逐渐形成了农区、牧区、半农半牧区和城市郊区四种不同的地区。笔者所调研的内蒙古属于经济欠发达地区，近年来随着草原畜牧业发展，合作社在牧区经济发展中发挥了至关重要的作用。以合作社为代表的农业新型经营主体已经成为繁荣牧区经济和实现牧区对外交流的重要媒介。随着国家乡村振兴战略的实施，合作社的功能也在发生变化，《农民专业合作社法》中将合作社的功能定位为提供农业生产资料的购买，农产品的销售、加工、运输、贮藏以及与农业生产经营有关的技术、信息等服务。这种定位主要是从农业生产的角度来划分合作社的功能，从而着重强调了合作社在农业生产以及流通等方面的作用。随着国家一系列关于合作社的法律、法规和政策的相继出台，合作社的发展逐渐走上了一条规范化的道路。笔者团队近年来在很多地区调研发现，随着国家乡村振兴战略的实施，合作社的功能已经发生了显著的变化，除了在农业生产过程中保留已有的功能之外，在诸如农村产业发展、乡村治理、文化传播、生态文明教育等方面也发挥了相应的作用，逐渐成为引领乡村振兴的重要载体。

　　目前学术界对于合作社的研究主要集中在以下几个方面。

　　一是合作社的信用机制建设。在此方面，赵晓峰（2017）认为农民合作社信用合作的生长过程，就是不断累积政治合法性、社会合法性、行政合法性和法律合法性的过程。针对合作过程，有学者总结了当前中国农民合作社开展信用合作的典型模式、问题和建议，对合作社信用合作的类型从微观层面进行了详细的阐述（黄迈等，2019）。还有学者对农民合作社内部信用合作参与意愿进行了分析，认为农民专业合作社开展内部信用合作是化解农村融资难，发展合作金融的有效途径（杨立社和杨彤，2018）。除此之外，也有学者探析了关系信任、制度信任对合作社绩效的作用（邵慧敏和秦德智，2018）。合作社的信用机制的发展也相应促进了整个农村社会的信用体系建设，有学者发现农民合作社具有增进民主、提升社会信任的作用（赵昶和董翀，2019），所以要大力支持农民合作社的发展，从而促进整个农村信用体系建设。

二是合作社对于农业、农村发展作用研究。在此方面，黄佳民和张照新（2019）阐述了农民专业合作社在乡村治理体系中的定位与实践角色，发现农民专业合作社在提高农民组织化水平、进行农村公共事务协商决策、乡村社会建设、调解农民之间的冲突发挥着重要的作用。刘凤（2018）分析了合作社在贫困治理中发挥的作用，认为农民合作社的反脆弱性，为其参与贫困治理提供了可能性。还有学者认为农民合作社不但对于农技推广实践发挥着一定的作用，而且促进了农业经营体系的变革（范凯文和赵晓峰，2019）。在当前乡村振兴中合作社也成为助推乡村振兴的一大主体，针对于此，有的研究人员在分析乡村振兴与合作社互动机制的基础上探讨了合作社促进乡村振兴的困境与出路（白德全和王梦媛，2019）。

三是从合作社的法治保障和运行方面进行研究。在此方面，任大鹏（2017）对《农民专业合作社法》的基本理论问题进行了反思，并对相关学理问题进行了阐述。苑鹏（2017）则对《农民专业合作社法》在修订中存在的若干问题进行了再思考，认为法律的修订既要满足农户的需求，又要以促进农业的发展为目标。另外，高海（2017）对《农民专业合作社法》修改的思路与制度设计进行了讨论，认为修法应坚持合作社本质规定性、相机抉择法律文本结构体例两条思路。除此之外，张晓山（2017）认为在合作社法的修订中要在理想和现实之间寻找平衡点，在守住底线的前提下既要保持和增强《农民专业合作社法》的灵活性和包容性，又要给予基层合作社更大的弹性活动空间。

从当前学术界对于合作社的研究来看，其主要是分析信用建设，合作社对于农村发展的作用以及合作社的法治保障等。其定位大多是从宏观方面来探析其发展的路径，这些研究从不同视角对合作社发展进行了分析，对于全面、客观认识合作社的发展起到了有效的作用。在已有研究的基础上，本研究以功能主义（functionalism）为切入点来探析牧区合作社在乡村振兴中所承担的功能，从而重新来审视和探讨合作社的功能定位，并且对合作社转型背后的驱动逻辑进行探析，以期在乡村振兴背景下对合作社的发展提供新的政策建议。

第一节　结构功能主义视角下的农民合作社发展

结构功能主义（structural functionalism）是美国社会学家帕森斯提出的经典社会学理论，该理论认为社会与生物有机体一样具有结构，与生物有机体一样，一个社会或者组织要想发展必须满足其基本需求，社会和组织的各个系统需要有效的协调才能维持其良性运行（塔尔科特·帕森斯，2000）。结构功能主义强调了社会是一个有机体，其各个部分的需求可以满足其整体的需求（埃米尔·涂尔干，2000）。结构功能主义理论中关于社会系统的阐述对于我们探讨合作社的功能提供了一个很好的借鉴和理论分析框架。在乡村振兴过程中，农民合作社的内部元素以及结构是为体现其功能而存在的，功能的发挥是由合作社自身组织的结构和特性所决定的，这一理论特性对于当前合作社的功能考察提供了很好的参考。下面笔者将从结构功能主义的视角，从合作社的元素构成与乡村振兴的需求以及合作社内部的协调来分析牧区合作社功能的演化（图6-1），进而将理论与实践相结合，为合作社的研究提供新的思路。

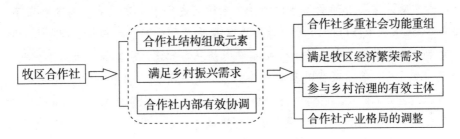

图6-1　合作社功能分析的框架图示

位于内蒙古自治区的锡林郭勒盟属于中国重要的草原牧区，区内牧民的生计以放牧和畜牧产品加工为主。据相关数据统计，锡林郭勒盟拥有农牧民专业合作社共1 311个，其中牧民合作社712个，农民合作社599个，合作社入社成员3.27万人；示范社达到112家，其中部级示范社19家、自治区区级示范社54家、盟级示范社39家。从事行业涉及养殖、种植、饲草、农牧机、加工和服务业，其中种植业371个，占28.3%；养殖业666个，占50.8%；草业73个，占 5.6%；农牧机 72 个，占 5.5%；其他 129 个，占 9.8%。兴办加工实体的合作社有 37 个，在城镇设立直销点的合作社有 43 家。农牧民专业合作社的发展范围既包括简单的技术、信息服务，农牧资供应、统防统治服务，也包括产前、产中服务和产后的包装、储藏、加工、流通等服务。为了对锡林郭勒盟合作社的功能进行有效认识，笔者所在的乡村振兴研究团队于 2019 年 7 月在当地开展了为期两周的田野调查，在调研期间，团队深入牧区合作社，对部分合作社的理事长、社员进行了深入访谈，获得了丰富的一手的调查资料。

一、牧区合作社多重社会性功能的重组

作为中国的北部边疆地带，保持良好的草原屏障是确保国家生态安全的基础，而合作社在草原生态文明发展中扮演着什么角色呢？笔者在调研过程中发现，合作社已经成为草原生态文明教育的一大重要组织和载体，合作社所传播的生态文明思想和理念为牧区合作社多重社会性功能的重组提供了可能，这种从结构方面所进行的功能重组有效改变了其功能的发挥。

位于锡林郭勒盟东乌旗的哈日高壁畜牧业专业合作社成立于 2008 年，合作社目前有社员 25 户，112 人，草场面积 20 万亩，牲畜 12 000 头（只），固定资产 500 万元，属于国家级示范合作社。截至目前，合作社成立了饲草料存储中心、运输服务中心、信息服务中心、兽医服务中心、维修中心五个中心来全面负责合作社的运行。随着合作社业务的拓展和草原生态的转型，哈日高壁合作社与北京某教育中心形成了合作关系，专门来进行中小学生的生态文明教育，每年 7 月、8 月有 5~6 批中小学生到此来接受草原生态文明教育。在每一期的教育活动中主要是为中小学生介绍草原保护基本知识，观察风、云、雨等气象状况和草、鸟、兽、家畜对草地的影响。除此之外，还向中小学生教授骑马、骑骆驼、套马、摔跤、射箭、挤牛奶、做奶食、剪羊毛等技能。正如合作社的理事长浩毕斯嘎拉图所言："现在草原环境保护越来越重要了，合作社不但要让牧民放羊、放牛富起来，而且还要向我们的下一代介绍草原生态保护的重要性，让他们从小养成好的习惯"。

在牧区，合作社最初成立时主要是为了解决牧民的生产和销售问题。当牧民所饲养的牛羊市场价格不景气或者下跌时，牧民通常表现出自发性的合作意识。哈日高壁畜牧业专业合作社也是在这样的背景下成立的。在合作社的发展过程中，随着牧民合作意识的不断增强，合作社的成立在一定程度上起到了规避风险的作用。在乡村振兴过程中，合作社所承担的功能也在逐渐的改造与提升过程中实现有效的重组。合作社不但要进行牧民生产性的合作活动，而且合

作社作为一种自治组织逐渐成为草原生态文明教育和传播草原文化的有效载体。哈日高壁畜牧业专业合作社以畜牧业为基础实现了草原经济发展与保护的有效融合，对于牧区经济的可持续发展具有重要的功能。这也充分体现出了牧区合作社的社会企业性，牧区合作社的社会企业性也是通过这种方式来呈现的，即在商业化的基础上实现社会效益。社会企业被公认为具有三个特征——以商业经济为手段、以科学治理为结构、以社会效益为目标（何慧丽和杨光耀，2019）。从结构功能主义的视角来看，合作社这种建立在生产基础之上的社会化改造，通过治理结构的调整实现了社会效益的发展。

二、返乡就业促进牧区经济繁荣

在牧区经济发展中，合作社的发展和壮大在一定程度上吸引了大量的青年外出人员返乡就业、创业。当然，这种返乡就业和创业在一定程度上是以牧区成熟的畜牧业发展为基础的。笔者在锡林郭勒盟调研时发现，大学生返乡创办合作社已经成为牧区实现人才振兴的一大重要途径，而在此过程中，合作社成为平衡牧区经济发展和吸纳返乡青年创业的有效主体和重要平台。从某种意义上来看，合作社所具备的这种虹吸效应和蓄水池功能逐渐成为平衡城乡发展差距和解决乡村振兴人才瓶颈的有效途径。

位于锡林郭勒盟的东乌旗阿日合力草原绿色食品专业合作社成立于2017年10月，合作社主营业务是牛羊肉和奶食品加工，合作社的理事长阿日合力是在呼和浩特上大学毕业后返乡创业的大学生，合作社目前有300多个会员户，注册固定资产300多万元。阿日合力家里有9 000亩的草场，她的丈夫和父母主要负责草场的日常管理。阿日合力从2014年就开始从事养牧和羊肉生意，在此基础上2017年成立了合作社。除此之外，合作社的财务会计和一名加工人员都是在呼和浩特上大学回乡创业的大学生。正如阿日合力所说的，"我们这边很多毕业回来的大学生没事干，考公务员的也很少，所以就想着做这个，大家从小都是吃着这些奶食长大的"。在东乌旗，返乡大学生回乡创业已经成为常态，阿日合力合作社的财务会计也是返乡创业的大学生，正如她所说"我们班54个人，考研的14个人，其他的人都回乡就业、创业了，因为回来养牧收入也挺高，回来自己开个小店，干个啥生活也是比较适应的"。

在广大农村地区，大量有文化、有技能的农村青壮年劳动力外出务工，农民老龄化、兼业化、农村空心化现象日益突出（刘灵辉等，2018）。这种现象严重影响了乡村振兴战略的实施。和其他非牧区形成鲜明对比的是，在牧区，大学生返乡就业、创业已经成为一种普遍现象，其中合作社成为吸纳大学生返乡就业的有效主体和所依托的重要自治组织。通过案例可以看出，合作社之所以成为繁荣牧区经济发展的一大主体，主要原因可以分为以下几个方面：首先，在牧区所形成的生计结构和产业形态中，年轻人主要在父辈所从事的职业中延续生计，其创业、就业基本以传统畜牧业为主，形成了以代际为基础、分工明确的生计模式；其次，在牧区，放牧是牧户谋取生计的主要方式，而且放牧带来的规模效应使其收入比较可观，这也在一定程度上吸引了大量大学生返乡从事与畜牧业相关的产业，间接推动了合作社的发展；最后，从牧区发展的基本特征来看，牧民在长期日常生活中所形成的饮食习惯和文化习惯也成为其返乡的一大主要原因。笔者在调研过程中发现，在牧区成长起来的大学生从小形成了特有的饮食习惯，主要以蒙餐为主，这种在饮食文化方面的差异也有效地促进了大学生的返乡。

三、乡村治理对于合作社的需求

牧区的治理也是困扰其发展的一大难题，随着禁牧政策的实施，围栏放牧在牧区已经全面普及。笔者调研发现，从围栏放牧政策实施以来，牧民改变了原来游牧式的生活，采取定居式的生活方式，所以，定居之后的牧区治理也成为牧区发展中的一大关键问题。在牧区的治理中，嘎查一级作为牧区最基础的治理单元在其中发挥着基础作用。随着畜牧业的发展与合作经济的兴起，笔者发现，合作社也成为促进牧区治理的有效主体，并且在其中发挥的作用逐渐显现。

位于西乌旗的新湖德合作社是一家围绕内部信用互助业务所创办的合作社，合作社以社员为中心提供综合性服务，从而提高社员收入，促进草原可持续发展，实现草原生态保护、民族文化传承与牧区的可持续发展。新湖德合作社在日常的业务中主要负责召集合作社社员来进行畜牧产品的销售、牛羊的防疫、资金借贷以及惠农政策的补助等。除此之外，新湖德合作社也逐渐成了继嘎查之外的牧区乡村治理的主体，正如合作社理事长巴雅尔图所言"我们牧区嘎查平时最多的事情是放牧的事，像牛羊的防疫、牛羊肉的销售和草场的维护等，而现在很多这些事情我们不用专门召开嘎查大会来进行了，通过合作社大会我们也将嘎查的很多事情协商解决了"。在新德湖合作社所在的嘎查几乎所有的牧户都加入了合作社，所以合作社现在也成了牧区进行乡村治理的主要依赖主体和有效平台。

乡村振兴战略下的农村牧区治理需要重新审视治理理念的共赢化转换（王力平，2019）。新湖德合作社只是笔者所调研的牧区中一个典型合作社案例。在牧区，以畜牧业为依托所建立起来的社会关系已经成为牧区治理中所面临的主要事务。在建制村一级，除嘎查之外，合作社逐渐成为牧区治理的一大主体，即在牧区形成了"嘎查+"合作社的治理模式，这在一定程度上是由牧区经济发展的特征所决定的。在广大牧区，牧民生产和生活是通过畜牧业发展过程中一系列的关系所建立起来的。治理单元的大小关系到一个农村地区治理能力和治理活力的高低（李博，2017）。从牧区发展的特征来看，牧区地广人稀，人口居住分散，嘎查之内牧民交流较少，嘎查作为最基层的治理单元，治理区域较广，嘎查内部公共性事务较少，嘎查之内的事务主要以牧民的畜牧业发展为主，这也在一定程度上凸显了合作社发挥功能的优势。这种由生产关系所形成的生计特征使合作社在牧区治理中的功能逐渐呈现，所以，合作社也在牧区发展中承接了牧区的治理功能。这种治理功能的衍生是伴随牧区经济的发展而逐渐形成的，依托生产关系而附带的公共事务的治理功效成为合作社在乡村振兴中所承担的新型功能，也逐渐形成了合作社参与村庄治理的格局。

四、合作社发展中内部产业元素的有效协调

合作社的发展经历了由不成熟到成熟的过程，随着合作社在产业发展中功能的凸显，合作社不但可以有效地实现产业的繁荣和更新，而且随着产业链的延伸，实现了不同产业的融合，从而使牧区畜牧产业与文化发展得到了有效的融合，合作社的发展产生了所谓的正外部性。由合作社组织农民有序生产，并协调提供产前、产中、产后的各项社会服务，降低了农户单独进入农产品市场的交易费用，增强了农民在市场交易中的话语权和博弈决策权，使农民真正分享到农产品加工和在流通过程中增值的些微红利（何劲和祁春节，2018）。

2008 年 6 月成立的乌拉特戈壁红驼事业专业合作社最初是由乌拉特戈壁红驼事业协会发展而来，现在合作社拥有产业社员 230 户，696 名牧民。合作社将 5 万多峰戈壁红驼划分为 5 处繁育核心群。合作社还获得了边境 30 公里允许放牧的放宽条件，改变了双峰驼数量急剧下降的趋势。2010 年乌拉特戈壁被誉为"中国驼球之乡"和"中国速度骆驼之乡"，2013 年乌拉特戈壁被俄罗斯农业农村部、国际双峰驼学会命名为"乌拉特戈壁红驼之乡"。为发展骆驼产业，提高养驼牧民的收入，合作社控制原料，统一收取，形成规模，通过成立公司将合作社的原料进行就地精深加工，转化，增值，形成产业化经营，提高市场竞争力，规避市场风险。2006 年合作社内部成立"腾合泰沙驼产业有限责任公司"，建有梳毛车间、屠宰车间、饺子厂速冻库、排酸库和速冻库等设施。公司形成利润后将利润转化为合作社的剩余，合作社再以分红形式分配给社员，增加养

驼牧民的收入。当地政府引进企业开发驼产品，使得乌拉特戈壁红驼合作社注册"戈壁红驼"商标更顺畅，并登记了"农产品地理标志"证书。此外，合作社还会派遣会员前往蒙古国学习骆驼文化。目前协会已有一支驼球队伍，通过日常培训、比赛，推广少数民族运动会表演赛。

在上面的案例中，乌拉特戈壁红驼事业专业合作社作为牧区发展中一大特色产业，合作社通过骆驼产业的发展实现了合作社会员收入的增加，而且通过骆驼合作社的发展实现了产业链的拓展和产业的有效融合，随着产业链的不断延伸，合作社产业实现了升级，骆驼文化的引入，逐渐将合作社的发展与文化结合起来实现了产业利润的最大化。在乡村振兴过程中这种合作社产业发展的逻辑已经逐渐成为繁荣农村经济和实现产业发展与文化发展有效融合的重要途径。

前述案例所呈现的这种产业发展的创新之举主要体现在产业链的延伸中，即通过骆驼产业链的延伸来实现产业的振兴，这种在产业发展中的创新是乡村振兴中的有效尝试。从结构功能的视角来看，合作社内部产业元素之间的重组实现了其功能的最大限度发挥，正是这种组合对合作社功能的稳定提供了有力的支撑。在乡村振兴中合作社所发挥的作用主要是通过这种产业的重组以及产业内部结构的调整所实现的。四种不同类型合作社的对比如表6-1所示。

表6-1　四种不同类型合作社的对比

名称	特征	模式	功能	乡村振兴中的作用
哈日高壁畜牧业专业合作社	草原生态保护为主	生产＋服务模式	以畜牧生产为主，兼顾生态文明教育	生态宜居为主
阿日合力草原绿色食品专业合作社	参与群体以大学生为主	大学生返乡创业模式	以畜牧业发展为主，兼顾吸纳人才回乡	人才振兴为主
新湖德合作社	合作社兼顾乡村治理	"嘎查＋"合作社模式	以信用合作为主导，兼顾乡村治理	治理有效为主
乌拉特戈壁红驼事业专业合作	以产业融合为主	产业＋文化模式	以产业为依托，兼顾文化发展	产业兴旺为主

从以上四种不同类型合作社的对比来看，其各自在特征、模式、功能以及乡村振兴中分别遵从不同的逻辑，作为一种新型经营主体和农民自发形成的组织，合作社在以上几个方面所呈现的不同之处正是其在发展中所发生的转型和

超越。在乡村振兴的背景下，这种转型和超越背后存在一定的逻辑，探析这种逻辑对于重新审视合作社的作用和功能将发挥非常重要的作用。

第二节 乡村振兴背景下农民合作社转型的内在逻辑

实施乡村振兴战略的总体要求"产业兴旺、生态宜居、乡风文明、治理有效、生活富裕"中，产业兴旺是关键，而农业及其相关产业的发展，合作社是基本组织形式（孔祥智，2018）。在乡村振兴中，合作社所发挥的功能已经逐渐由纯生产性功能向以生产为基础的多功能转型。随着乡村振兴战略的不断实施，合作社所表现出来的多功能性的特征将对农村发展发挥巨大的作用。在本研究中笔者所选取的锡林郭勒盟的合作社只是众多合作社当中的几个典型，但是笔者所要说明的是合作社的转型为乡村振兴奠定了良好的基础，已经成为新时期合作社需要进行功能重构和转型升级的依据。从合作社发展的基本情况来看，其转型过程遵循的逻辑如图6-2所示。

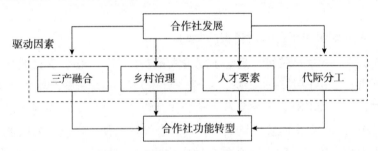

图6-2 合作社转型内在逻辑示意图

一、三产融合对于农民合作社功能的重塑

农村一二三产业融合发展，对于实施乡村振兴战略、加快农业农村现代化具有十分重要的作用（万宝瑞，2019）。在当前的农业、农村发展中，三产融合的有效实施给合作社的发展带来了新的契机，合作社作为一类农民自治组织已经成为三产融合的有效平台与实施主体，这在一定程度上催生了合作社功能的转型。而在三产融合对于合作社功能重塑的同时，合作社作为载体为三产融合提供了条件。从现实情况来看，推动农村三产融合的重要主体包括农民专业合作社、农业企业、家庭农场等新型农业经营主体（陈璐等，2019）。从当前合作社发展的基本态势来看，随着三产的有效融合，传统以生产合作为纽带的合作

社已经转变为以生产为基础，外加其他功能与服务的联合体。这在一定程度上促进了合作社功能的转型。这种以产业发展和产业结构调整推动产业有效融合的发展逻辑有效地促进了农民专业合作社这种合作组织的转型。所以，从乡村振兴和农村发展的现实逻辑来看，二者之间具有紧密的联系，在乡村振兴过程中推进三产融合的有效实施将为农民专业合作社的发展提供有效基础。

在三产融合的产业结构调整中，随着农业产业链的延伸和产业发展质量的提升，三产融合对于农民专业合作社功能转型的影响主要表现在以下几个方面：首先，产业链的延伸促使合作社在发展生产的基础上以农产品为基础进行功能的拓展，其主要表现在依托农产品所进行的休闲、观光以及旅游等服务的发展，而且这些服务成为合作社所承担的新型职能；其次，三产融合必须依靠相应的主体，在农村社会中，农民专业合作社作为合作化的自治组织，三产融合可以借助合作社的平台来实现，例如在牧区，合作社成为放牧、畜牧产品加工以及草原生态文化传播的有效媒介，通过合作社这个合作化的平台实现了产业的有效融合；最后，通过三产融合的有效实施为合作社的发展提供了转型的动力，这种动力主要是通过传统农业向现代农业的转型来实现的。

二、人才要素对于合作社转型的驱动

乡村振兴，人才是关键，近年来随着大量农村人口外出，农村的空心化问题相当严重。受多种因素的影响，实施乡村振兴战略面临着严重的人才瓶颈（蒲实和孙文营，2018）。人才要素对于合作社转型的驱动主要表现在以下几个方面：首先，人才要素向农村场域的转移为合作社的创办提供了有效的人才资源，从当前合作社创办的主体来看，村庄中的村干部在其中占了较大的比例，而返乡人员的参与为合作社的发展提供了新的主体，这为合作社功能的转型奠定了有效的人力基础；其次，各种人才创办合作社为合作社的发展注入了新的观念与理念，正如笔者在锡林郭勒盟调研的一样，返乡大学生创办合作社为合作社提供了新的发展理念，从而成为合作社发展的有效动力；最后，人才要素的参与逐渐打破了村庄中原来以村干部和乡村能人为主体创办合作社的单一化趋势，合作社的理事长等参与主体开始向有能力，有知识，懂经营的年轻群体转变，大量的返乡青年人结成了合作化的联盟，通过自身建立起来的社会网络联盟来共同促进合作社的发展，从而使合作社逐渐转变成了返乡人员进行创业的有效载体。

三、合作社对于乡村治理的特殊功能

随着乡村振兴的不断推进，乡村治理已经成为乡村各项事业良性发展的基础，实现乡村治理的现代化和善治是乡村治理所要实现的最终目标，而在乡村治理的过程中，除了村党支部委员会、村民委员会和村务监督委员会之外，积极培育新的治理主体已经成为当下乡村治理所要解决的迫切问题。中国政府鼓励合作社在乡村治理中发挥积极作用，有利于形成中国基层治理多元协同共治格局，推动乡村"善治"前景的到来（赵晓峰和许珍珍，2019）。从乡村发展中的治理主体来看，农民专业合作社逐渐从一个生产型的组织向以生产为基础的多功能组织发展，逐渐衍化为乡村治理的主体。在乡村治理过程中，合作社对于乡村治理的功能主要表现在以下几个方面。首先，通过合作社集体化的合作模式来为乡村治理提供有效的运行平台，在当前乡村治理中，与村党支部委员会、村民委员会和村务监督委员会治理主体不同的是，合作社的运行以效率和效益为目标，这种治理目标所蕴含的理念为乡村治理提供了高效、集约的运行机制，从而大大提高乡村治理的效能。其次，以生产合作为基础建立起来的合作社在进行生产协商的同时将附带村庄公共事务的协商，而且这种协商功能已经越来越凸显，成为在乡村振兴中合作社所要发挥的一项重要职能，尤其是在当前以产业发展为引领的农村经济发展中，合作社将通过经济功能的纽带促进其治理功能的发挥。最后，乡村治理的多元化迫切需要新的乡村治理主体介入，与其他乡村社会中的新型经营主体相比，合作社在乡村已经发展了较长时间，很多合作社已经具备相应的功能，而且随着乡村各项事业的发展，探索新型经营主体参与乡村治理逐渐成为未来所要尝试的方向。推动合作社参与乡村社会治理体系，既是乡村治理体系建设的现实选择，又是推动农民专业合作社提升发展质量的内在需要（黄佳民和张照新，2019）。

四、以代际为基础所形成的分工对于合作社功能的提升

在农村社会中，农业的生产也遵循严格的代际分工，而且这种代际分工的形成也使农业产业链实现了有效的延伸，逐渐拓展了合作社的功能。在家庭收益或者说效用最大化的理性假设下，这种成员决策在农户家庭层面所最终形成的专业化水平基础便是尽可能地利用家庭内部成员的分工比较优势（李宁等，2018）。在笔者所调研的锡林郭勒盟，这种以代际为基础的分工主要体现在发展畜牧业的产业链分工中。在农业生产中，不同年龄段的人遵从不同的逻辑，从

当前的农业生产实践来看，中老年人主要以传统式的农业生产为主，其主要从事农业产业中的初期加工，缺乏对于市场的探索和产业链的拓展，而年轻人在农业生产中注重新的产品的开拓和新的功能的挖掘，这在一定程度上形成了以代际为标准的分工，同时也有效地促进了合作社功能的提升，其主要表现在以下几个方面。首先，在以代际为基础的分工中，青年人在父辈的基础上从事农业产业的发展，主要通过创办类似合作社这样的新型农业经营主体来有效地发展农业产业，这种明确的代际分工是牧区经济发展的一大特色，是由当前牧区经济发展的特征所决定的。其次，在合作社的发展中青年人依靠丰富的见识和父辈所从事的农事活动来进一步拓展合作社的功能，从而实现一、二、三产业有效融合，并且使合作社衍化出农业产业发展以外的功能。从牧区代际特征来看，青年人和中老年人从事同一个主导产业，其主要区别在于中老年人主要从事产业的初端，青年人主要从事产业的末端，这种布局也是由人员所具备的素质和技能所决定的。最后，代际明确的分工，逐渐强化了合作社的社会服务功能，从而使其实现了由传统式的发展模式向现代化发展模式的转型，其主要表现在这种分工使合作社逐渐赋予了现代化的色彩，通过青年人所掌握的知识技术来使其不断地改进。

第三节　农民合作社转型与超越的路径分析

笔者发现，在牧区，合作社的发展已经实现了转型与超越，转型主要体现在合作社实现了从单一生产功能向以生产为基础的多功能的转型，这种转型的动力主要来源于三产融合对于牧民合作社功能的重塑，乡村治理对于牧民合作社治理功能的激发，人才要素带来的农民合作社功能的驱动以及以代际分工对于合作社功能的优化。这种结构方面的调整推动了合作社功能的转型，合作社的发展已经超越了其传统的合作化意义。而超越主要是指牧区合作社所表现出来的功能已经超越了传统意义上合作社的功能，其不仅要承担农业生产的有效组织，而且要成为农业社会化服务、农村文化传承、乡村治理、新民风建设和农村生态文明教育的付诸载体，这就对合作社的功能有了更高的要求。随着乡村振兴战略的有效推进，需要从政策层面进行相应的强化，笔者认为应该从以下几个方面提出政策建议。

第一，以乡村振兴战略为引领，继续加大对于农民合作社功能的提升，将农民专业合作社作为农村重要的自组织，将其建设成为农村产业发展、乡村治理、文化宣传、生态文明教育等重要的载体，从而体现出农民专业合作社的综合功能。在此过程中需要转变农民专业合作社的发展理念，破除以生产为主导的功能，积极探索其辅助功能。

第二，积极实施"人才强社"战略，借助"返乡流"等有效时机与机遇，积极引导回乡就业、创业人员和回乡大学生开办农民合作社或者加入合作社，政府应给予大学生在创办合作社方面相应的资金和政策支持，鼓励大学设立"大学生合作社联盟"，建立定期交流制度，共同来促进合作社的发展。在某些地区探索将合作社作为回乡大学生创新创业的有效平台与载体，不断强化合作社的社会服务功能。

第三，以乡村振兴中的产业引领为方向，在产业发展的基础上通过合作社来提升一、二、三产业融合的能力，通过有效融合来延伸产业链，通过产业链延伸所带来的溢出效应来提升合作社的功能，以农业产业的发展来作用于合作社的发展，将合作社建设成为以农业产业为基础，附带其他功能的农村自组织。

第四，注重合作社与农村社区的互动。一方面，农村社区为农民专业合作社发展提供资源支撑与发展动力。另一方面，合作社也能带动地区经济发展，改进村庄治理，维持农村社区稳定（高强和孔祥智，2015）。同样，在牧区，需要将合作社与牧区进行有效融合，将合作社培育成为促进牧区经济发展和社区发展的有效载体。

第七章

乡村振兴背景下乡村旅游合作社的创新发展

作为促进小农户和现代农业发展有机衔接的新型农业经营主体,农民合作社已逐渐成为农业现代化建设的中坚力量。乡村旅游合作社是农民合作社的一种重要类型,可以充分发挥城乡联动、要素融通的发展优势,能够有效盘活乡土资源、对接社会资本,从而推动乡村产业振兴。乡村旅游合作社的发展,嵌入乡村社会结构与社会关系之中(赵晓峰和王艺璇,2013),可以将乡村旅游发展所需的生产要素进行有效整合和合理配置(王昌海,2015),从而有利于促进农户就业创业、拓宽农户增收渠道和增加村集体收入(张众,2019;余利红,2019),对于加快农业农村现代化具有重要意义(孔祥智和魏广成,2021;罗千峰和罗增海,2022)。

作为一种深度嵌入社会政治结构的经济组织(徐旭初和吴彬,2017),乡村旅游合作社的发展涉及政府、村级组织、企业、农户等多个利益主体。这些主体在乡村旅游合作社发展的不同阶段扮演着不同角色,呈现多元复合型博弈关系。具体来讲,乡村旅游合作社在对村社资源进行整合和改造的过程中,通过吸引外来投资、获得政府补贴和鼓励农户成员出资来集聚资本。由于乡村旅游合作社货币偏好的出资认定方式、经济偏向的资源要素化过程和市场导向的经营业务转型升级,多数农户成员逐渐丧失了在村社资源供给方面的优势(曲承乐和任大鹏,2019)。乡村旅游合作社不断积累的资本和相对有限的村社资源,导致在不同成员间形成内在张力,从而加剧合作社成员异质化程度。乡村旅游合作社成员的资源禀赋状况在很大程度上决定了其在收益分配格局中的地位(李文杰和胡霞,2021),资本占有量大的成员享有更多的合作社控制权。乡村旅游合作社利益主体之间的多元复合型博弈关系在其他类型的农民合作社中同样存在。随着农村分工分业的深化,农民合作社的发展出现了许多新情况。大多数依靠内部积累成长起来的农民合作社,都面临着日益开放的发展需求。在不同发展阶段,农民合作社需要根据资源禀赋与要素需求的匹配程度对资本进行选择,并确定嵌入主体的职能分工,最终形成不同的资本结构、利益关系和发展形态。

　　乡村旅游合作社的发展离不开乡土资源。相比于其他类型的农民合作社，乡村旅游合作社对资本的依赖程度更高，特别是在乡村旅游产业发展的初始阶段。外来资本凭借其雄厚实力、先进理念、现代管理、稳定客源等，在发展乡村旅游产业中具有明显的"外来优势"（钟真等，2019）。然而，一种担心是，大量外来资本的涌入势必打破传统生产经营模式，农民合作社有可能处于被资本支配的状态（任大鹏和肖荣荣，2020）。这就需要设计更为合理的产权结构和治理机制，以避免农民合作社异化为企业。经典合作经济理论也提出，要让农民合作社成为人的结合，而不是资本的结合（米新丽，2008）。那么，乡村旅游合作社在发展过程中对资本应当作何选择？外来资本与村社资源在乡村旅游合作社发展中有怎样的博弈关系？二者的治理地位和作用如何均衡匹配？回答上述问题，不仅有助于推动乡村旅游合作社发展，对于促进一般性的农民合作社从内部积累转向开放发展、从数量增长转为质量提升也具有重要意义。

第一节　理论分析

一、分析框架的构建

　　新结构经济学主要采用新古典经济学的分析方法，研究现代经济增长的本质及其决定因素。该理论强调以要素禀赋结构为切入点，认为产业升级必须与反映物质人力资本积累和要素禀赋结构变化的比较优势变化相一致（林毅夫，2017）。这为在农民合作社发展过程中辨析要素匹配、资本选择、利益博弈、发展嵌入之间的关系，特别是探讨如何均衡匹配外来资本与村社资源等问题提供了可借鉴的理论框架。乡村旅游合作社的资本需求度更高、对外依存性更强，且与其他类型的农民合作社相比更依赖于村社的乡土资源和组织资源。乡村旅游合作社的资本积累主要有两个方向：一是对内吸收股金，形成内源式资本；二是吸收外来资本，以弥补自有资本的不足。本章讨论的基点是，乡村旅游合作社在村社资源相对丰富、对内吸收股金能力不足情况下的外来资本选择问题。

　　借鉴 Cook（1995）关于农民合作社发展阶段的划分方法，本章按照初始产权结构、资本供给机制、剩余索取权控制等标准，将乡村旅游合作社的发展划分为发展初期、加速成长期和稳定增长期三个阶段。基于上述分析，本章构建了"要素匹配—资本选择—利益博弈—发展嵌入"的分析框架（图7-1）。根据不同发展阶段要素需求与禀赋结构的一致性，乡村旅游合作社做出资本选择决策，由此形成相应的产权结构和治理机制，并演化出不同主体主导下的利益博弈格局。

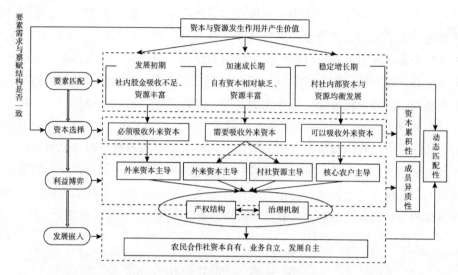

图 7-1　"要素匹配—资本选择—利益博弈—发展嵌入"分析框架图

（一）要素匹配与资本选择

合作社资本形成方式。农民合作社发展的前提是资源与资本发生作用，并能持续产生价值（孔祥智和周振，2017）。乡村旅游合作社的组织结构、发展路径与旅游产业特性高度相关，其资本选择又取决于不同时点的要素禀赋（factor endowment）结构。乡村旅游合作社是成员的集合体，成员的要素禀赋状况是合作社要素禀赋结构的微观反映。一般来说，成员会根据对乡村旅游合作社经营状况、预期收益和发展前景等形成的初步判断，决定其资金、土地、劳动等要素的投入数量和比例。如果乡村旅游合作社的产业类型、技术路线能与其要素禀赋结构特征相适应，就说明其要素匹配度较高，也会产生比较优势并表现出市场竞争力。当然，乡村旅游合作社在自有资本与资源的占有量和相对丰富程度不同时，其要素匹配策略和资本选择方式也会不同。随着时间的推移，资本、土地、劳动等要素的稀缺性和比价关系会发生变化，乡村旅游合作社的要素禀赋结构也会随之改变。这就需要乡村旅游合作社基于乡土资源、产业规模和环境条件，对外来资本数量和进入方式进行动态调整。例如，在发展初期，大多数乡村旅游合作社的村社资源比较丰富，但资本相对匮乏，它们必须依靠吸引外来资本来盘活资源；在加速成长期，乡村旅游合作社自身积累快速增加，资本形式更加多样，但可开发的村社资源相对减少、稀缺性提高，因此，它们对资本的需求不再局限于外来资本；当进入稳定增长期，村社范围内的资本与资源达到均衡状态，乡村旅游合作社的自有资本足够支撑乡村旅游发展，但随着产业升级或者业务拓展，合作社又可能有新一轮吸收外来资本的需求，不过，在这一阶段，乡村旅游合作社已经拥有较强的自生能力，因而对于资本选择的主动权更大，从而倾向于吸纳本地企业或者有责任感的外来企业。研究表明，在乡村旅游产业发展水平较高的地区，外来资本与村社资源的"合作共赢"可能并不明显（张世兵和龙茂兴，2009），过度引入外来资本甚至会对乡村旅游合作社的生产效率和经营质量产生负面影响（李涛，2018）。

（二）利益博弈与发展嵌入

合作社内部治理机制。自有资本与外来资本的构成比例决定着乡村旅游合作社资本供给机制的性质，进而决定了不同主体的利益博弈关系，并会进一步影响合作社的内部治理机制（赵泉民，2010）。自有资本供给的不足和有限性使乡村旅游合作社不得不求助于外来资本。在外来资本嵌入过程中，乡村旅游合作社要在保持自主性的基础上实现可持续发展，其关键在于形成规范性的制度约束和内部治理机制，从而促进外来资本的内部化。依据资本和资源的匹配关系，可将乡村旅游合作社大致划分成外来资本主导、村社资源主导和核心农户主导3种类型。外来资本对乡村旅游合作社的影响，既受到合作社产权结构的制约，又受到合作社内部治理机制的规制。一方面，伴随着市场网络、技术和管理经验等先进要素的嵌入，外来资本通过重塑产权结构对乡村旅游合作社的经营策略和发展空间产生影响；另一方面，为防止外来资本控制剩余索取权，乡村旅游合作社必须主动采取应对性策略，强化"一人一票"制民主管理、按交易量（额）比例返还可分配盈余等内部制度约束，将合作社利益与外来资本利益进行有效联结，分享双方的优势资源（李婵娟和左停，2013）。如果乡村旅游合作社具有较高的自主性，能够在博弈中依托健全的民主管理机制完成外来资本的内部化，就可以进一步提升合作社的自主发展能力。相反地，如果乡村旅游合作社规范化程度较低、自组织能力较弱，则可能由于外来资本嵌入造成合作社的异化。随着市场经济体制的不断完善，农民合作社吸收外来资本、促进合作经营与企业经营相容、走开放式发展道路，是大势所趋。这就需要农民合作社进一步健全内部治理机制，不断提升市场影响力与发展内聚力，以保证自身在资本自有、业务自立和发展自主的前提下，实现与外来资本的互惠共赢。

二、乡村旅游合作社的组织特征

乡村旅游合作社在不同发展阶段均表现出资本累积性、成员异质性和动态匹配性这三大组织特征。其中，资本累积性是乡村旅游合作社可持续发展的基本前提；成员异质性内生于乡村旅游合作社要素禀赋需求，又反过来影响成员的资源占有与分配关系；动态匹配性则是各方力量博弈与组织演进的必然结果。这三个特征相互依存、不可分割，在不同发展阶段对乡村旅游合作社的影响有所差异，但共同形塑了合作社的产权结构与成长路径。

（一）资本累积性

资本累积性贯穿于乡村旅游合作社发展的各个阶段。资本累积性主要指农民合作社资本在时间跨度上进行叠加积累，是合作社规模扩张和产业升级的动力源泉。乡村旅游合作社的资本累积性来源于以村社资源为代表的原始资本不断升值、农户成员现代管理知识与技术习得、以工商企业投资为代表的外来资本凝聚，以及政府稳定且持续的财政项目支持等多个方面。中国农民合作社"先产业化，后合作化"的发展路径，决定了合作社在发展初期就有资本引领的特征（肖荣荣和任大鹏，2020），而乡村旅游合作社的资本依赖性更高，资本引领性更突出。同时，农民合作社又是一种蕴含丰富社会资本存量的制度设计（Nilsson et al.，2012）。农业产业化的发展过程不仅意味着资本数量的大大增加（仝志辉和温铁军，2009），也意味着资本对乡村经济社会各个领域的渗透。在发展初期，为吸引更多的资金入社，乡村旅游合作社要向包括外来资本和本地成员在内的资本所有者赋权，以达到资本累积的目的（肖荣荣和任大鹏，2020）。在加速成长期，乡村旅游合作社的村社资源转化为自有资本的机会和比例都会增加，进而会影响合作社的资本构成和要素禀赋结构。在稳定增长期，乡村旅游合作社的资本累积速度放缓，资本结构趋于优化。当乡村旅游合作社资本在数量上累积到一定程度时，不同主体的资本占有差距加大，拥有更多资本的核心成员具备了变革权利关系和治理结构的动力和实力。

（二）成员异质性

成员异质性内生于乡村旅游合作社的要素禀赋需求。成员异质性是指成员之间的特征差异化（邵科和徐旭初，2008），主要表现在自然资源、资本资源、人力资源和社会资源等多方面，而又以资本资源方面的差异最为突出（林坚和黄胜忠，2007）。成员异质性使农民合作社在组建初期就形成了一股独大或者几股独大的资本结构，核心资本的提供者往往是各类乡村精英，而普通成员出资额度较低且比较平均（任大鹏和肖荣荣，2020）。徐旭初和邵科（2014）认为，成员异质性包括资源禀赋、入社动机与参与行为三个维度。也有研究提出，成员在年龄、风险偏好、土地等资源禀赋方面的异质性在他们入社之前就已经存在（楼栋和孔祥智，2014），但会在他们加入合作社时形成不同的入社动机，最终导致他们形成所有者、惠顾者和管理者等差异化的角色分工（邵科和徐旭初，2013）。依据不同的价值和目标，乡村旅游合作社根据自身要素禀赋需求，选择村社资源与外来资本的联结方式，使成员标准成为一个可伸缩的弹性范围（李琳琳和任大鹏，2014）。在此范围内，外来资本、村级组织、经济能人、普通农户等不同类型成员之间功能互补、资源共用，核心成员的企业家才能和大额资本等资源禀赋同普通成员的土地、劳动力和小额资本等进行匹配（崔宝玉和李晓明，2008），由此自然地形成了差异化的收益分配关系。农民合作社内部有充分话语权的成员主导着合作社的发展方向，也垄断着合作社的生产要素和组织要素（赵鑫等，2021）。因此，成员异质性也可能诱发外部政策性资金在农民合作社内部成员之间分配不均等现象，导致普通成员的受益程度显著低于核心成员（徐志刚等，2017）。

（三）动态匹配性

动态匹配性外显于乡村旅游合作社的主体博弈与组织演进结果。动态匹配性可以理解为乡村旅游合作社成员所享受的社内权益与其所拥有的资源、资本和才能等要素动态挂钩，并由此导致的合作社发展的主导力量以及成员权利关系发生变动的现象。一个正向的合作社组织演进过程，应当是通过主体之间的动态博弈，使要素流动空间逐步扩大、要素集聚成本不断下降的过程，同时也是出资结构逐步均衡、比较优势不断激发的过程。从理论上讲，农民合作社"所有者与惠顾者同一"的本质属性要求成员承担成本、风险的义务与分享剩余的权利是均等的（徐志刚等，2017），但禀赋差异引发的成员异质性使各成员参与合作社发展的程度不同，因而他们对利益的诉求便存在较大差别（韩旭东等，2019）。现实中"大农"可以通过投入优势资本实现对农民合作社的治理控制（崔宝玉和李晓明，2008）。"大农"的生产效率、获利能力和成本节约程度均比"小农"高，农民合作社给予"小农"的惠顾返还也可能被占据控制地位的"大农"截留（毛敏等，2018）。乡村旅游合作社的产权资本化（capitalization）态势明显、资本集中度高，更容易导致资本所有者掌控合作社决策权和收益分配权（林坚和黄胜忠，2007；肖荣荣和任大鹏，2020）。反过来，为了获得更多的收益，外来资本或者核心成员也可以通过追加投资实现对资本结构的动态调整，抑或设立出资门槛排斥农户成员，以进一步提高成员异质性程度和资本获利水平（钟真和黄斌，2018）。

乡村旅游合作社作为一种市场主体，其发展壮大的过程是资本累积、成员异化和权益动态匹配的过程。在资本化过程中，成员初始资源禀赋和盈利能力差异导致乡村旅游合作社成员分层。成员分层导致形成不对等的权力格局，使资源要素自下层成员向上层成员聚集，但逐层剥离后的要素收益自上层向下层流动（何安华等，2012）。这种关系在乡村旅游合作社发展中主要表现为两方面。一方面，当资本累积到可以掌握对乡村旅游合作社的绝对控制权时，成员在资源调配和管理等方面的分化会加剧，异质性矛盾也会更加凸显。相应地，成员在各种资源禀赋上的差异与其在乡村旅游合作社中享有的权利也会形成动态匹配。另一方面，社内权益在分配上的变动实质上会使"大农"更大、"小农"更小，这反过来又会影响乡村旅游合作社的要素禀赋结构。同时，乡村旅游合作社通过人才引进和资金投入获得经济效益，也会使合作社资本总量不断累积。有研究指出，资本在累积过程中一般更有利于先行者（Gosselin et al.，2019），无论是同质性成员合作的囚徒困境还是异质性成员的合作均衡，合作的发起人一般为获益多的成员（黄珺和朱国玮，2007）。也有研究发现，初期阶段非合作模式下的经济增长率高于合作模式下的经济增长率，但在后期资本逐渐累积状态下，二者的关系开始发生逆转（Futagami and Nakabo，2019）。

三、博弈理论分析

从个体理性角度看，无论是外来资本还是村社资源，其所代表的利益主体加入乡村旅游合作社都以追求自身最大利益为目的。因此，入社动机、乡村旅游合作社"外部利润"和经营效率等问题都可以用博弈论来进行分析。不完全信息动态博弈（incomplete information dynamic game）理论为分析外来资本与村社资源在乡村旅游合作社不同发展阶段的行为特征提供了有效视角。

（一）不完全信息动态博弈理论的适用分析

与其他类型的农民合作社相比，乡村旅游合作社在吸引投资时面临更加复杂的资源约束和更多元的地方性特征（李涛，2018），这使利益主体之间存在较严重的信息不对称。因此，乡村旅游合作社利益相关者之间的冲突更为复杂，进而对外来资本投资决策和村社资源开发利用的影响更大。例如，在发展初期，村集体的资源动员能力不足，小农户参与决策的能力也比较弱，外来资本与村社资源的合作处于非均衡状态。由于信息获取不畅，外来资本与村社资源均不了解对方对于项目合作和投资行为的真实诉求，二者形成利益联结体需要经历一个长期的互相试探的过程。

在不完全信息动态博弈中，参与人的行动有先后顺序，且每个参与人对其他所有参与人的特征、策略等信息并没有准确的认识。在动态博弈过程中，行动者可以先根据其他参与人的类型形成初步判断，然后通过观察率先行动者的实际行为修正自己的判断。当然，在不断修正判断的过程中，各行动者也在选择自身的最优策略。这一过程恰好也是乡村旅游合作社外来资本与村社资源相互试探、动态选择的过程。具体来说，在外来资本与村社资源开始正式合作前，乡村旅游合作社可以先了解外来资本的类型和投资态度等信息，判断自身在即将可能产生的契约关系中的地位。随后，村社资源所有者根据外来资本在乡村旅游合作社运营过程中的实际投资行为修正先前的判断，动态地改变自己的投入量。不完全信息动态博弈理论较好地刻画了在信息不对称的情况下，外来资本与村社资源在乡村旅游合作社不同发展阶段的行为特征，对于分析乡村旅游合作社发展中村社资源与外来资本的博弈关系具有较强的适用性。

（二）外来资本与村社资源的动态博弈分析

在进行博弈分析之前，有必要讨论一下乡村旅游合作社博弈规则设计的正当性问题。首先，外来资本与村社资源的博弈是建立在功利主义（utilitarianism）原则之下的，一切博弈都可以归于利益博弈（张康之，2020）。乡村旅游合作社是为了实现潜在利润而产生的，具有趋利化、公司化等对外营利特征（邓衡山和王文烂，2014；李金珊等，2016）。若外来资本与村社资源的合作无法有效盘活村社资源，资源要素无法转化为资产，农户收益将无法增加，二者的合作关系也难以建立（赵德余，2020）。其次，外来资本与村社资源的博弈要考虑公平原则（罗尔斯，1988）。在公平原则下，农户成员自愿流转闲置土地和农房，接受乡村旅游合作社的统一管理和安排。任意一种合作模式及其相应的博弈规则选择都应当保证每个成员获得均等的收益分配机会。最后，外来资本与村社资源的博弈要遵循正义原则。按照罗尔斯正义原则，政策的制定和制度的设计是否具有道德性和正义性，最根本的是看政策和制度能不能把处境不利或者处境最差的成员福利最大化（罗尔斯，1988）。乡村旅游合作社成立的动机归根结底是增加农户收益，促进农业农村可持续发展。因此，外来资本与村社资源在动态博弈的过程中要优先保障农户利益，不断增加农户福祉。

为了更直观地观察外来资本与村社资源在乡村旅游合作社不同发展阶段的力量对比，二者在动态博弈中的收益分配变化过程如图 7-2 所示。图 7-2 的横坐标和纵坐标分别表示村社资源收益和外来资本收益，OL 是一条斜率为 1 的直线，OL 上的每一点代表外来资本与村社资源平均分配合作收益，双方的合作是理想中的平等状态。假设乡村旅游合作社没有吸收外来资本（即村社资源未与外来资本合作）时的收益为 X_0（R_0 点），在引入外来资本后，合作社的整体收益增加。同时，假设存在一种理想的初期合作状态（R_1 点），村社资源与外来资本投入要素折合的社会价值相同，二者平均分配收益，分别为 X_1 和 Y_1。但在现实情况中，外来资本与村社资源会根据乡村旅游合作社发展的要素禀赋需求动态地调整各自的要素投入。尽管乡村旅游合作社的整体收益随着要素投入的增加而增加，但由于外来资本与村社资源对合作社剩余索取权和剩余控制权的掌控不同，二者的收益分配比例存在差异。当乡村旅游合作社整体收益增加时，二者分得的收益相较于未合作时有增有减，收益组合点可能会落在 A、B、C、D 4 个不同的区域。不难看出，外来资本与村社资源合作后，在 A、B、C、D 区域中任意一点上，合作社的整体收益都可能大于未合作时的收益 X_0（R_0 点）。

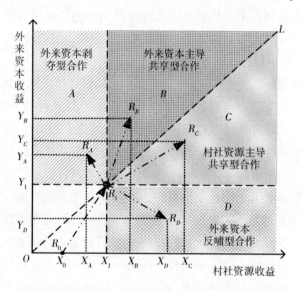

图 7-2　外来资本与村社资源动态博弈的收益分配图

根据前文构建的分析框架，外来资本与村社资源的博弈过程是二者长期相互试探进而动态改变合作决策的过程。在乡村旅游合作社发展初期，村社资源较为丰富，但对内吸收股金的能力不足，尤其是在地理位置较差、经济发展较为落后的村庄，村社丰富的资源与匮乏的资本形成强烈反差，外来资本进入可以带动当地乡村旅游快速发展。此时，外来资本与村社资源的收益组合为 A 区域中的任意一点 R_A（X_A，Y_A）。在此时期，乡村旅游合作社的治理能力和小农户的参与决策能力均不足，外来资本预测到与村社资源合作后可以获得超额收益，进而选择"主动出击"。可以看出，与理想状态的 R_1 点相比，在 R_A 点处外来资本的收益增加（$Y_A > Y_1$），而村社资源的收益有所下降（$X_A < Y_1$），乡村旅游合作社处于被资本支配状态。开发利用村社资源的收益被外来资本更多地占有，客观上形成新的"隐性剥夺"（唐溧和董筱丹，2019）。同时，乡村旅游合作社整体经济效益的提升也伴随着外来资本收益与农户成员收益差距的扩大，使小农户的相对剥夺感增强（陈晓燕和董江爱，2019）。因此，本章将这种外来资本

与村社资源的合作模式定义为"外来资本剥夺型合作"。

在加速成长期，乡村旅游合作社依靠政府补贴或者自身积累，已经具备了一定的自主发展能力，因而外来资本的稀缺性相对较弱。这一时期，乡村旅游合作社引入外来资本可以促进乡村旅游产业发展，外来资本和村社资源的收益都呈增长趋势，但收益分配比例取决于要素需求所决定的要素投入比例。因此，外来资本与村社资源可能形成两种合作模式，即二者的收益组合可以是 B 区域中的任意一点 R_B （X_B，Y_B），也可以是 C 区域中的任意一点 R_C （X_C，Y_C）。当村社资源与外来资本的收益组合为 B 区域中的任意一点 R_B 点时，与 R_1 点相比，$Y_B>Y_1$，$X_B>X_1$，且 $Y_B>X_B$，外来资本在乡村旅游合作社治理中占主导地位，其收益增幅大于村社资源的收益增幅。本章将这种外来资本与村社资源的合作模式定义为"外来资本主导共享型合作"。同理，当村社资源与外来资本的收益组合为 C 区域中的任意一点 R_C 时，与 R_1 点相比，$Y_C>Y_1$，$X_C>X_1$，且 $X_C>Y_C$，村社资源的收益增幅大于外来资本的收益增幅。本章将这种外来资本与村社资源的合作模式定义为"村社资源主导共享型合作"。在两种共享型合作模式中，外来资本与村社资源的收益均得到增加，并可以在一个相对合理的收益分配比例区间内实现合作共赢。

在稳定增长期，乡村旅游合作社自身积累了足够的资本来发展乡村旅游产业。为了保护小农户的权益，乡村旅游合作社更倾向于由村社的能人乡贤引领，通过引导农户成员不断入股和扩股、与本地企业或者具有较强社会责任感的内生型外来资本合作等方式扩大经营规模，并使农户成员逐步掌控资本。此时，外来资本与村社资源的收益组合为 D 区域中的任意一点 R_D。与 R_1 点相比，$X_D>X_1$，但 $Y_D<Y_1$，外来资本虽不能获取最大化的收益，但可以带来农户成员收益的增长，属于外来资本反哺型合作。

通过上述分析可以看出，在乡村旅游合作社发展过程中，外来资本与村社资源的博弈路径和形态是动态调整的，可以产生外来资本剥夺型、外来资本主导共享型、村社资源主导共享型和外来资本反哺型 4 种合作模式。这 4 种合作模式，分别对应着不同的要素禀赋结构。同时，乡村旅游合作社发展中的外来资本与村社资源也呈现出动态博弈关系。

第二节　案例阐释

沂源县位于山东省中部、淄博市最南端，是典型的山区特色型农业大县，也是全国休闲农业和乡村旅游示范县。自 2007 年《中华人民共和国农民专业合作社法》正式实施以来，沂源县大力发展农民合作社，带动农户收入快速增长。该县的农民合作社经历了从单一的粮食生产到林果种植、畜牧养殖和乡村旅游等多元产业"百花齐放"的发展历程。截至 2020 年 12 月，全县注册的农民合作社总数达到 1487 家，涉及农户成员 76562 个①。

2021 年 4 月 19~21 日，南京林业大学农村政策研究中心课题组在沂源县调查期间共走访 12 家农民合作社，其中包括 4 家乡村旅游合作社——沂源县正华果品专业合作社、沂源县柳兴乡村旅游专业合作社、沂源十里八乡乡村旅游专业合作社和沂源越水种植养殖专业合作社。4 家案例乡村旅游合作社的基本情况如表 7-1 所示。这 4 家农民合作社虽然注册的名称各异，但在调查时点都以乡村旅游为主营业务，它们在发展历程中均表现出较强的资本累积性、成员异质性和动态匹配性特征。基于实际调查收集的资料，对照《中华人民共和国农民专业合作社法》的相关规定，可以发现：所选取的这 4 家乡村旅游合作社虽然都有外来资本注入，但均在盈余分配制度等方面坚持了农民合作社的本质规定，因此，它们属于农民合作社而非投资导向型企业。本章将以这 4 家乡村旅游合作社为案例，分阶段分析要素匹配与资本选择对合作社发展的影响。

表 7-1　4 家案例乡村旅游合作社的基本情况介绍

	沂源县正华果品专业合作社	沂源县柳兴乡村旅游专业合作社	沂源十里八乡乡村旅游专业合作社	沂源越水种植养殖专业合作社
注册时间（年）	2009	2013	2020	2012
注册成员（个）	259	201	5	105
注册资金（万元）	651	100.2	500	125
地理位置	燕崖镇汉林村	东里镇下柳沟村	燕崖镇朱家户村	张家坡镇阳三峪村
经营业务	乡村旅游、林下种植、绿色养殖、果品销售	乡村旅游	乡村旅游、果品种植	乡村旅游、果品种植、特色畜禽养殖、农民培训
合作模式	公司+合作社+农户+基地	合作社+农户	党支部+合作社+公司+农户	合作社+公司+农户+基地

一、发展初期：外来资本剥夺型合作

剥夺型合作是指外来资本在与村社资源合作中获得超额利润或者占有过多

---

① 数据由沂源县农业农村局提供。

收益，过度侵占乡村旅游合作社收益的一种合作模式。这种模式大多发生于乡村旅游合作社发展初期，在地理位置偏远、经济基础薄弱的地区尤为普遍。由于乡村旅游合作社缺乏资金用来开发当地丰富的特色资源，难以依靠自身力量发展旅游产业，因此，即使合作收益较少，合作社也不得不选择与外来资本合作。

沂源县正华果品专业合作社所在的燕崖镇经济发展较为落后，辖区内共有2000多亩闲置土地和300多亩荒坡没有得到利用。在沂源县正华果品专业合作社成立初期，农户仅以土地折价方式入股经营果品种植，收益水平较低。2015年，该合作社与山东双马山现代农业旅游发展有限公司合作，开始经营休闲农业与乡村旅游。乡村旅游业务获得初步发展后，该合作社又与周边4个村集体谈判流转山岭薄地，以扩大经营规模。引入外来资本后，旅游景点建设和运营的全部成本由作为单位成员的山东双马山现代农业旅游发展有限公司承担，而农户成员作为长期或者季节性雇工参与景点运营，他们的工资由该合作社统一发放。在收益分配方面，单位成员获得80%~90%的利润，剩余利润用作合作社积累和农户成员分红。

2015年是沂源县正华果品专业合作社发展过程中的重要转折点。由于外来资本投入并主导经营，合作社主营业务从果品种植转型为乡村旅游。虽然以土地入股并以雇工的身份参与日常运营，但农户成员只是形式上的股东。合作社发展乡村旅游的主要资本积累来自外来资本，因此，外来资本是实质上的"大股"。合作社内部资本结构的变化，不仅使其经营业务发生了改变，也通过向资本所有者赋权重新调整了收益分配关系。农民合作社由单一生产经营模式向多种经营和服务综合化方向的业务调整与转变过程，在一定程度上也是缺乏投资要素的普通成员的边缘化过程（曲承乐和任大鹏，2019）。在这种剥夺型合作模式中，外来资本参与逐步演化为外来资本控制，村社资源与外来资本在合作社内部处于非均衡合作状态。更为极端的是，农民合作社有可能成为外来资本的投资对象，追求单位资本收益最高和资本积累成为合作社的新目标（肖荣荣和任大鹏，2020）。当然，在发展初期，这种外来资本剥夺型合作符合乡村旅游合作社要素禀赋结构的比较优势原则，也能在一定程度上提升合作社的整体经济效益。但是，外来资本剥夺型合作模式下的乡村旅游合作社普遍缺乏农户成员的充分参与，单位成员与农户成员之间也缺乏应有的互信机制。因此，外来资本剥夺型合作模式下的乡村旅游合作社多处于过渡状态，其治理机制尚不健全，所形成的组织结构也不稳定（黄胜忠和伏红勇，2019）。

二、加速成长期：外来资本与村社资源的共享型合作

共享型合作是乡村旅游合作社各利益主体相对平等的一种合作模式。这种合作模式多出现于乡村旅游合作社加速成长阶段，不同主体对合作社的控制权或者贡献程度决定了其在收益分配关系中的地位。依据利益主导方的不同，共享型合作可以进一步划分为外来资本主导共享型合作和村社资源主导共享型合作。

（一）外来资本主导共享型合作

这类合作是指外来资本掌握乡村旅游合作社更大控制权的共享型合作。在该模式下，外来资本不一定是投入占比最大的一方，但在市场、管理和经营等方面一般具有特殊优势。例如，沂源县柳兴乡村旅游专业合作社由沂源县东里供销社有限公司（以下简称"东里供销社"）和 200 个农户共同出资成立，其中东里供销社以 30 万元资金投资入股。在合作社内部，东里供销社和在合作社成立初期以闲置房屋入股并个体出资装修民宿的农户是核心成员，仅以资金入股、在发展初期贡献小的农户是普通成员。乡村旅游合作社成立后就开始盘活闲置深井、农房等村社资源，并通过分包、改造等方式对村社资源进行综合开发，培育了"田园柳舍"农家乐品牌。东里供销社入股 40% 的资金，主要负责市场对接、客源管理和品牌运营等。合作社组织核心成员流转闲置房屋并出资装修，而普通成员只参与农家乐经营。在收益分配方面，东里供销社获得 40% 的盈余收益，剩余 60% 的盈余收益在其他核心成员与普通成员之间按 9∶1 的比例分配。

供销社作为嵌入性组织，可以有效嫁接体制内资源、市场资源和村社资源，使乡村旅游合作社与政府、市场、社会等主体的合作具备正当性（孟庆国等，2021）。虽然从入股资金来看，东里供销社并没有占大股，但是，作为服务农户的综合性合作经济组织，其所拥有的组织网络、政策资源和物质资产都是一般性的农民合作社和传统小农户所不具备的（中国社会科学院农村发展研究所课题组，2021）。基于对政策扶持和风险规避的考虑，农户成员选择与供销社合作，以充分利用供销社提供的资金、项目和关系资源等（王军，2012），实现外来资本与村社资源的紧密合作。而小农户在不付出或者付出较小成本的情况下，也愿意让渡出更多的控制权和剩余索取权，以换取乡村旅游合作社发展所需的外在推力和发展环境等（韩旭东等，2019）。外来资本主导共享型乡村旅游合作社的各利益主体之间虽然不存在悬殊的收益差距，但是，在治理过程中决策权和发展权主要由外来资本控制，农户难以依靠自身力量完成要素集聚，从长期

看不利于合作社的内生发展。

（二）村社资源主导共享型合作

在村社资源主导共享型合作模式下，村社资源与外来资本进行合作，但前者对乡村旅游合作社的控制权更大，在收益分配中占据主导地位，而外来资本只处于从属地位。例如，2020 年 4 月，沂源县燕崖镇的朱家户村、计宝峪村、姚南峪村、碾砣村和石井河村等 8 个村的党支部联合成立了朱家户联村党委。在该联村党委的引领下，8 个村集体联合成立了沂源十里八乡乡村旅游专业合作社。该合作社与鲁燕旅行社淄博分社合作，整合朱家户（美食美宿）、计宝峪（星空营地）、姚南峪（村落文化）、碾砣（传统酿造）、石井河（休闲采摘）等各村的优势资源，通过系统谋划、整体布局和一体开发，联合发展乡村旅游。在运行过程中，沂源十里八乡乡村旅游专业合作社负责整体运营，外来资本协助对接市场，逐步形成了"党支部+合作社+公司+农户"的发展模式。在分配关系方面，鲁燕旅行社淄博分社与沂源十里八乡乡村旅游专业合作社的收益分配比例为 4:6。初次分配后，合作社内部在村集体和农户之间按 2:1 的比例进行二次分配，最终，公司、村集体与农户的收益分配比例为 4:4:2。

这个案例表明，以乡村旅游合作社为平台，不同类型的村社资源可以得到有效整合，突破村社边界，实现抱团发展。在村社资源主导共享型合作模式下，外来资本的嵌入不但没有影响乡村旅游合作社的控制权和发展权，反而促进了组织内和组织间的信息流通，使外来资本与村社资源形成更稳固的合作关系，并最终提高组织绩效（梁巧等，2014）。当农户基于降低风险、节省交易成本等目的成立农民合作社并联合起来占据主导地位后，便有了积极引入外来资本的内生需求，同时能够形成具有约束力的"合作博弈均衡"。沂源十里八乡乡村旅游专业合作社的创新之处在于：当单一的村社资源在合作中力量过小时，村社资源有自发联合的趋向和动力，并有可能在合作谈判中占据主体地位。在这种模式下，村社资源与外来资本以乡村旅游合作社为载体形成利益联结体，有助于构建以小农户为主导的乡村产业体系。

三、稳定增长期：外来资本反哺型合作

反哺型合作是指外来资本获得低于正常水平的利润率，而农户能实现利益最大化的合作模式。在这种模式下，外来资本通常来自一些具有社会责任感的公司或者由当地村干部、经济能人创办的本地企业。根据王敬尧和王承禹（2018）的研究，由本地具备资质条件和经营潜力的能人所创办的公司，属于内生型外来资本。沂源越水种植养殖专业合作社的成员全部为本村农户。合作社

理事长田月水是沂源县张家坡镇阳三峪村党支部书记兼村主任，也是淄博市第十五届人民代表大会代表。在沂源越水种植养殖专业合作社发展初期，农户以土地、果树、劳动力、房屋、资金等多种方式入股，合作社主要经营特色种植养殖产业。自 2014 年起，理事长以个人名义先后开办沂源洋三峪乡村旅游开发有限公司、山东伏羊文化旅游有限公司和山东洋三峪现代农业发展有限公司。这 3 家公司属于典型的内生型外来资本，具有其他外来资本不具有的资源整合、政策倾斜和成员互信等优势。3 家公司与沂源越水种植养殖专业合作社实行独立核算、合作经营，分别承担旅游开发、文化传播和农业发展的功能。在发展乡村旅游的过程中，农户以闲置农房入股合作社，再将集合起来的资源交由加入合作社的 3 家公司统一管理、统一经营。

沂源越水种植养殖专业合作社通过党支部引领与组织结构创新，吸收外来资本，将过去农户单打独斗的家庭生产升级为公司化经营，实现了农户致富与村集体增收的双赢局面。这种外来资本反哺型合作模式可以利用村干部同为合作社领办人的优势，发挥村集体的统筹功能来化解小农户的生产困境，通过"让利"的方式使小农户获得长远发展机会（陈义媛，2020）。在沂源越水种植养殖专业合作社的案例中，外来资本与村社资源处于均衡发展状态，公司与合作社之间形成了良性运行机制。沂源越水种植养殖专业合作社通过引入外来资本调整组织结构，并加强与农户的利益联结，不仅反哺了农户，还实现了村社资源的再组织化。该案例也表明，这类农民合作社的良性运行至少需要两个前提条件。一是党组织的强有力领导。合作社要依靠基层党组织的政治优势保障自身发展不偏离正确方向，确保合作社始终代表农民的利益。二是健全的法人治理结构和监督制约机制。这可以保证合作社经营管理的规范决策和有效制衡，防范权力寻租、内部人控制和道德失范等问题（孔祥智，2021）。

第三节　基于案例的进一步探讨

沂源县 4 家乡村旅游合作社从不同角度反映了在不同发展阶段要素匹配、资本选择对合作社发展的影响，而进一步从横向和纵向角度对 4 种发展模式进行分析和比较，可以更加完整、全面地理解合作社的组织特性和结构性演进路径。在此基础上，对一般性的农民合作社的功能定位、产权归属、投资出资与收益分配等关系进行延伸讨论，有助于厘清影响农民合作社发展的关键因素和重要条件。

一、乡村旅游合作社发展模式的比较

农民合作社是一种特殊的、基于社会资本的本土化经济组织（Valentinov，2004），在其发展的各个阶段都伴随着要素禀赋结构的变化和外来资本与村社资源的动态博弈。4家案例乡村旅游合作社的发展模式及其优劣势如表7-2所示。

表7-2　4家案例乡村旅游合作社的发展模式比较

	沂源县正华果品专业合作社	沂源县柳兴乡村旅游专业合作社	沂源十里八乡乡村旅游专业合作社	沂源越水种植养殖专业合作社
发展阶段	发展初期	加速成长期	加速成长期	稳定增长期
合作模式	外来资本剥夺型	外来资本主导共享型	村社资源主导共享型	外来资本反哺型
资本和资源特征	村社资源开发程度低，资本相对匮乏	有一定的资本积累和资源开发空间，资本居于优势地位	有一定的资本积累和资源开发空间，资源居于优势地位	村社范围内的资本与资源相对充足，但合作社有结构升级需求
具体分工	旅游公司负责资源开发和市场运营，村集体流转土地供景区建设，农户以雇工身份参与经营	供销社对村社资源进行综合开发，村集体提供平台，农户以多种形式参与经营	多个村集体整合优势资源抱团发展，旅游公司协助对接市场，农户充分参与经营	理事长创办的公司负责市场运营，农户在公司和合作社的安排下参与经营
优势	市场化程度较高，现代化经营水平较高	可以嫁接多重资源，合作具备正当性	主体分工明确，统筹开发实现优势互补	市场竞争力强，合作关系稳定
劣势	公司获得超额收益，小农户"搭便车"难以避免	供销社控制决策权，农户参与程度较低	形成稳态结构的自运行条件比较苛刻	容易产生产权模糊、寻租等问题

横向来看，尽管4家乡村旅游合作社的发展模式各不相同，但都是在各自发展阶段和要素禀赋结构约束下形成的最优选择，均有一定的优劣势和适用性。例如，在外来资本剥夺型合作模式下，外来资本可以获得超额收益，但其承担的风险也最大，农户成员"搭便车"问题难以避免；村社资源主导共享型合作虽然属于较为理想的发展模式，但不得不承认其在合作社发展初期难以自发形成，且形成稳态结构的自运行条件也较为苛刻。

纵向来看，4家乡村旅游合作社的发展模式体现了乡村旅游合作社的成长路径和发展趋势。也就是说，乡村旅游合作社可能经历不同的发展阶段，其间可能会形成外来资本剥夺型、外来资本主导共享型、村社资源主导共享型或者外来资本反哺型4种不同的合作模式。这也说明：乡村旅游合作社要推动组织结构性演进，必须基于各阶段的要素稀缺程度和禀赋结构，实现外来资本与村社资源的有机结合和动态结合。

二、关于农民合作社发展的延伸讨论

理论与实践表明，农民合作社持续健康发展需要在坚持合作社本质性规定的基础上，尊重农户意愿和自主发展权，通过持续不断地推进渐进式改革与累进式制度创新，使合作社发展涵盖和容纳更加广泛的现代生产要素，获得更大的弹性空间（张晓山，2017）。推进农民合作社发展，必须在把握外来资本与村社资源动态博弈这一核心主线的前提下，正确处理好功能定位、产权归属、投资出资与收益分配4个方面的关系。

（一）处理好功能定位关系

农民合作社的成长一般都会经历从孕育、诞生、发展到成熟的发展过程。农民合作社要针对各个发展阶段的组织特性与需求特征，动态匹配村社资源与外来资本，促进二者在合作社内部整合重构以形成发展合力。农民合作社在不同发展阶段对资源要素和资本要素有不同的需求，既不能盲目地引入外来资本，也不能片面地强调依靠村社资源自主发展，要结合合作社资本累积性、成员异质性和动态匹配性等组织特征，根据要素资源稀缺程度和需求迫切程度来充分发挥外来资本与村社资源各自的作用。农民合作社也要根据要素禀赋结构变化适时调整生产经营活动，推动要素组合优化，形成比较优势，激发内生发展动力，不断提高合作社的经营效率和盈利能力（汪恭礼和崔宝玉，2022）。

（二）处理好产权归属关系

在市场经济条件下，农民合作社的设立和消亡主要由市场机制决定，合作社的发展和转型也应主要靠市场力量推动。产权明晰和归属明确是农民合作社良性运行和协调发展的基础，也是使市场在资源配置中起决定性作用的必然要求。在农民合作社发展过程中，明晰的产权关系意味着相关利益主体能够实现权利与义务的对等、投入与回报的平衡，从而降低交易成本，并能够减少利益相关主体间的发展冲突。政府相关部门要强化农民合作社契约精神，明确外来资本的治理边界，引导外来资本与村社资源制定公正的合作协议。政府相关部门也要严格区分公司与合作社联合经营、公司入股合作社以及合作社办公司等不同产权形态，引导合作社明晰产权关系，推动合作社逐步形成健全的法人治理结构。

（三）处理好投资出资关系

企业投资和成员出资是农民合作社开展经营活动最重要的资金来源。从外部看，农民合作社要积极吸引企业投资，不断优化投资制度设计，选择最佳投资组合方式，优先引进具有合作精神、善于经营管理的本地企业家投资入股，

优先保障本地农户成员群体的利益。同时，政府相关部门要协助合作社厘清其
与企业投资者之间的财产权利关系，避免合作社与企业财产混同，防止外来资
本排挤小农户，更不能让合作社完全被资本掌控（曲承乐和任大鹏，2019）。农
民合作社要充分发挥党建引领和村集体经济组织的优势，推动拥有不同资源的
农户跨村联合，实现抱团发展。从内部看，出资是成员获取入社资格、参与经
营和盈余分配最为重要的依据之一。农民合作社要正确处理单位成员与个体成
员、大股东与小农户的出资关系，创新出资方式，推行投入量与产出量关联的
合作社出资制度，并加快完善非均等出资状态下合作社的内部治理机制。农民
合作社要积极引导小农户全员出资，完善合作社出资结构，使农户成员逐渐获
取更多的合作社资产所有权、控制决策权和剩余索取权，维护农户在合作社发
展中的主体地位，推动合作社成为成员同质性较强的组织（张晓山，2017）。

（四）处理好收益分配关系

共享收益、共担风险是农民合作社可持续发展的重要保障。在农民合作社
建设和发展过程中，引入外来资本不仅能够弥补财政支持的不足、缓解资本困
境，还能够带来先进的技术和管理经验。政府相关部门要将领办或入股农民合
作社作为社会资本投资农业的重要形式，并积极培育内生型外来资本。同时，
农民合作社要依托章程实行有效自治，引入相关信息化技术开展智能化管理，
完善财务会计制度和盈余分配制度，平衡合作社内部权益分配结构，以抵御合
作社内外的市场风险（赵鑫等，2021）。农民合作社要把建立和完善公平的收益
分配机制作为保障可持续发展的重要举措，实施分类核算，妥善处理好外来资
本与村社资源、村集体与农户成员、投资成员与交易成员之间的收益分配关系，
推动不同业务参与成员间贡献与收益的平衡（任大鹏和肖荣荣，2020），使各方
在动态博弈下形成紧密合作关系。

第四节　结论与政策启示

本章通过构建"要素匹配—资本选择—利益博弈—发展嵌入"的分析框架，
结合对山东省沂源县乡村旅游合作社案例的观察，分析了要素匹配与资本选择
对乡村旅游合作社发展的影响。研究主要得出以下结论：第一，乡村旅游合作
社在不同发展阶段呈现资本累积性、成员异质性和动态匹配性等特征；第二，
乡村旅游合作社基于各阶段的要素禀赋结构对资本进行选择，并由此决定了外
来资本和村社资源在合作社发展中的地位；第三，外来资本与村社资源在乡村

旅游合作社不同发展阶段的合作模式各有优劣，这些合作模式反映了乡村旅游合作社的组织结构性演进和内部动态博弈关系；第四，在外来资本嵌入的过程中，乡村旅游合作社能否在保持自主性的基础上实现可持续发展，关键在于其是否形成促进外来资本内部化的制度约束和治理机制；第五，推进农民合作社发展，必须在把握外来资本与村社资源动态博弈这一核心主线的前提下，正确处理好功能定位、产权归属、投资出资与收益分配4个方面的关系。

基于以上结论，可以得出以下几点促进农民合作社发展的政策启示。第一，村社资源与外来资本在农民合作社发展过程中不可或缺，因此，要充分发挥两类主体、两种力量的积极性，实现成员意志的自由、充分表达，促进要素资源充分汇集。但同时也要高度重视外来资本引入可能引发的风险，做好制度设计与策略调适，防止利益主体的"串通合谋"行为发生。第二，农民合作社组织内部存在多层嵌套关系，采取"合作社+公司"的合作模式可以实现合作社产权优势与公司经营优势的有机结合，而强化党建引领、村社互动等举措有利于发挥党组织、村集体、企业和合作社等多方的优势，从而实现合作共赢。第三，为了更好地发挥农民合作社的资源整合、服务联结和组织载体作用，政府相关部门应当积极引导本地能人领办合作社，这更有利于重塑村集体与小农户的利益关联，打造同股同权的利益共同体。第四，政府相关部门应针对农民合作社不同发展阶段出台相关支持政策，更好地发挥调控、引导、扶持和服务等作用，营造公平竞争的市场环境，进一步激发合作社发展活力。

第八章

乡村振兴背景下党支部领办合作社的探索

乡村治理一般以政府、社区和社会等组织为主体，通过引导性、支持性和管理性手段，共同推进乡村发展和乡村秩序两个方面的公共事务（陆益龙和孟根达来，2021），狭义的乡村治理一般指政府或政府通过其他组织对乡村社会公共品保障做出的制度安排（党国英和卢宪英，2019）；广义的乡村治理涉及乡村经济、政治、文化、社会、生态文明和党建等不同领域（邱春林，2022），其中经济领域的发展是有效治理的物质前提，是乡村治理的内生动力（孙莹，2022）。但是目前学界对乡村治理的讨论，大多是从党建、制度、文化等非经济因素切入，关于经济维度在乡村治理体系中发挥的作用的讨论较少。事实上，雄厚的经济基础可以为村庄治理提供资源要素禀赋，为实现乡村社会再造提供坚实的后盾。另外，随着市场经济的波动，小农户难以独立对抗社会化大生产带来的冲击（吴理财，2018）。于是小农户再次寻求政府和集体的庇护，但此时基层政府和自治组织已经陷入无钱治理的困境，难以满足他们日益增长的需求（李东建和余劲，2022）。培育除村委会等之外的其他治理主体，已经成为当下乡村治理迫切需要解决的问题（李博和高强，2021）。

作为一种由农民自发组织形成的合作经济组织，农民合作社不仅在市场经济中有着重要的地位，而且其正外部性对于乡村治理、生态文明建设等社会功能方面也发挥着重要作用。农民合作社以经济手段对理性的农民进行引导，从而"统合"乡村社会，重塑乡村社会秩序，改变乡村治理的"生态系统"（赵泉民，2015），重构乡村治理模式（赵泉民和井世洁，2016），逐渐成为提高乡村治理成效的重要力量之一。在通过经济利益整合乡村社会的过程中，农民合作社能够对村庄体制内现有组织进行一种初级的经济替代（贾大猛和张正河，2006），这种替代一般会导致两种趋向，一是和乡村传统体制内力量产生冲突。合作社发展起来后，在一定程度上能够监督、制衡村级政权（贾大猛和张正河，2006），但是这种监督与制衡本身如果失去约束机制的话，会削弱村民自治组织的话语权和自主权，甚至可能掠夺公共品的供给，侵占村民和村集体的权益。

二是合作社同乡村传统体制内资源实现互补。合作社作为农民的创造和需要，是村庄经济资源、治理资源择优配置的一种组织。这种组织和乡村传统体制内组织相比，有创新的地方，也有相通的地方。其中，村级党组织作为党在农村工作中的战斗堡垒，是其他乡村传统体制内组织的领导者。当村党支部与农民合作社两个组织具有相契合的目标时，可以利用双方资源禀赋的互补性，实现村党支部与合作社的互补（姜裕富，2011），也能带动体制内力量自上而下地嵌入农村工作。实践中，党支部领办合作社在明晰产权的基础上，能够实现各个治理主体之间的优化组合（王进，2016），保证了经济收益为村集体和村庄所有、所用，是其中一种比较理想的互补形式。

在党支部领办合作社的组织环境中，村党支部以其政治优势、组织优势直接嵌入合作社生产、销售等过程中，一方面通过政策嵌入，为党支部领办合作社提供特有的帮助和支持，使得合作社有了一定的回报义务（张利庠等2022）。合作社理事长的政治身份，也能够确保合作社的回报行为。另一方面通过管理嵌入和目标嵌入，推动政府、村民等多元主体的协调与合作，加深各个主体间的权利依赖与制衡，提升公共领域的和谐与效率（于福波和张应良，2021）。村党支部直接领办合作社后，村民拥有了合作社治理主体和乡村自治主体的双重身份，村党支部干部的身份和合作社领办者的身份也能融为一体。党支部领办合作社除了发挥本身的经济功能外，还可以实现村党支部的政治影响力及行政动员力与合作社的经营效能的有效融合（潘劲，2014）。村级党组织可以利用自身的社会动员能力和资源配置能力等，保障合作社的良性运转（苑鹏，2001），同时，党支部领办合作社会提取一定比例的盈利作为村集体的收入，这些收入也会用于提供村庄社会化服务（王勇，2021），增加村党支部的话语权和公信力，从而减少乡村治理的阻梗。2021年4月，中共中央、国务院印发的《关于加强基层治理体系和治理能力现代化建设的意见》中明确指出，要完善党建引领的社会参与制度，强调了基层治理体系的功能性和公共性。在政策驱动下，不少地区开始关注党支部领办合作社的多功能发挥，旨在以其为平台，在发展集体经济的同时激活基层治理。那么，在党支部领办合作社中，村党支部是怎样实现将其政治优势嵌入合作社的？在政治嵌入下，党支部领办合作社如何保证合作社的发展成果能够回报乡村社会的？二者在价值互换过程中，是否能够实现乡村产业发展和治理工作的融合？回答上述问题，不仅有助于推动党支部领办合作社发展，对于引导各类农民合作社积极参与乡村治理也具有重要意义。

基于此，本章引入经济社会学中的"嵌入性"理论，构建"嵌入—价值回报—融合"的分析框架，同时，结合山东省沂源县新康桔梗专业合作社的实地考察，分析党支部领办合作社为何以及如何实现乡村产业发展和乡村治理工作的融合，以期揭示党支部领办合作社治村的一般规律，为党支部领办合作社的进一步发展提供参考，也为乡村治理提供新思路。

第一节　田野概况

山东省是中国重要的农业大省，也是合作社第一大省。截至 2021 年，山东省共有 24.4 万家农民合作社在市场监管部门登记注册，其中党支部领办合作社数量达到 4.18 万家，据初步核算，共增加社员收入 90.4 亿元、村集体收入 17亿元，在全国形成了很好的示范作用。党支部领办合作社发源于山东省烟台市，随后潍坊、栖霞、淄博等各个地区开始吸取"烟台经验"，探索党支部领办合作社的发展路径。沂源县是山东省一个典型山区县，截至 2021 年 1 月，沂源县村党组织领办合作社已注册登记 431 家，党组织领办合作社的村占总数的83.37%。沂源县各镇（街道）立足实际，按照"多元创办、政府扶持、市场运作"思路扎实推进，全县村党组织领办合作社工作取得显著成效。沂源县新康桔梗专业合作社位于山东省沂源县南鲁山镇北流水村，是其中一家典型的党支部领办合作社。沂源县新康桔梗专业合作社在北流水村党支部的带领下，通过风险共担、利益共享，引导社员积极参与合作社生产，不仅实现了助农增收，还壮大了集体经济，加强了农民、政府等各个主体之间的互动，为乡村治理提供了有力的经济支撑和社会支持。

一、治"穷"问题仍然棘手

当前中国农村经济社会发展仍然滞后于城市，城乡之间发展呈现出较为明显的不平衡，同时随着新冠疫情的暴发，国际经济政治格局也展现出了不确定性。在这种背景下，乡村振兴工作显得尤为紧迫（王思斌，2022）。乡村振兴首先是经济振兴。经济增长能够助力乡村基础设施建设和公共服务供给等，为乡村振兴提供资金保障和物质基础（王永瑜和徐雪，2021）。北流水村位于山东省淄博市沂源县城北 16 公里处，全村共有 262 户，700 余人，耕地 900 亩、山地2 800 亩。20 年前，北流水村是有名的贫困村，贫困人口数量一度占到村民总数的 47%，村集体无任何收入，甚至欠下了 30 万元的糊涂账。缺乏资金的支持，村干部常常会陷入有心无力、无钱办事的困境，村委班子也开始逐渐散乱。

2000 年 10 月，在外做企业的陈丙福在乡亲们的呼吁中回到了北流水村，随后被镇党委任命为村党支部书记。陈丙福上任后,首先解决的就是村委班子散乱的问题,建强村级工作的"主心骨",重塑村班子的整体形象,拉近村干部和党员群众之间的距离。同时,为厘清村级账务,陈丙福带领村两委对村内1985年至1999年间的往来账务进行全面梳理,清算个人与集体之间的往来账务,将30多万元的糊涂账厘清、理顺。在陈丙福的带领下,村两委的工作作风有了明显的改善,村级各项工作也逐渐走向正轨,群众对村两委的信任度有所提高。但是相较于乡村振兴的总目标,光靠党建、清账等工作是远远不够的,还需要在乡村内部进行开源式的经济活动。尤其是自农村税费改革后,农民负担减轻,政府收入相应减少,复杂的农村工作必须要有强有力的内源式经济支撑。

北流水村是典型的山区村,土地相对宽满,地块分散而贫瘠。村民以种植瓜果、中药材和粮食为生,但一直沿用传统的劳作模式,产出效益并不高,致使该村空守着大片土地,却一直找不到增收致富的好路子。北流水村要想做好、做活农村工作,还是要加强农民之间的合作,激发农民群众的内在动力,解决好"穷"的问题。农民合作社作为一种特殊形态的经济组织,能够帮助小农户在市场经济体系中站稳脚跟,是乡村社会重要的经济发展路径,也因此获得了政府的大力支持。但是从社会交换角度来说,农民合作社是否回报、如何回报政府的支持,是无法保证的。因而,对于贫困户居多的沂源县北流水村来说,由村党支部亲自领办合作社是迫切的现实需求,既能保证带动农民增收,还能保障全体农民的共同富裕,助力村级治理工作。

二、发展产业破解难题

倘若村集体经济空壳,党的领导和基层治理也会近于"空壳"(于涛,2019)。发展集体经济不仅仅是一个经济问题,更是一个政治问题。村党支部有责任和义务带领农民群众发展集体经济,走共同富裕道路。由村党支部直接领办合作社,可以将村党支部的政治优势和组织优势全面嵌入农村产业发展中,牢牢把握村集体经济的主导权,建立村党支部和农民群众的经济联结。为加快农业农村经济发展,陈丙福带领全村劳动力,做起桔梗生意,但是村民采用的是传统的种植方式,且处于单打独斗的状态,在市场上缺乏竞争力和议价权,长此以往不利于桔梗产业稳定发展。所以合作社生产是当时的现实需求,但是一般类型的合作社在实践中很难照顾到村里众多的贫困户,于是陈丙福开始着手成立党支部领办合作社。

为了产业的更新和升级,为了保证大部分村民能从中获益,也为了保障经营权和话语权不外流,2008年陈丙福带领村"两委"牵头做好土地流转工作,成立党支部领办合作社——沂源县新康桔梗专业合作社。合作社组织指导农民生产，广泛对接市场。当市场发生重大波动时，合作社还能按照保护价回购社员种植的桔梗，保障社员群众拥有稳定的收入。2014 年陈丙福向上级争取到162 万元的扶贫资金，又先后成立金飞扬合作社和沂香杂交平欧大榛子合作社，带领农民实现抱团发展。截至 2021 年，北流水村村民人均纯收入约 2.5 万元，村集体经济收入达 51.24 万元。农民加入党支部领办合作社后，收入有了大幅提高，逐渐摆脱贫困，也会回报村党支部，对村党支部给予更多的信任和支持；村集体经济从无到有，能够给村党支部带来更多的底气和资本去管理村庄，从而推进具有更高品质的乡村治理。在陈丙福的主导下，基地采用标准化、现代化生产经营模式，大幅提高亩均产出。耕地每年每亩收入平均在 6 000 元以上、山地 2 000 元以上，分别是土地流转前的 3 倍和 4 倍以上。2017 年，依托长江防护林项目，带动发展大榛子生产基地 2 000 亩；2018 年，陈丙福又争取到 92 万元县财政扶贫资金，建成 500 余平方米的大榛子深加工车间，项目完全投产后，预计实现销售收入 3 000 万元，利润 200 万元；2019 年，北流水村打造"流水锶乡"高锶品牌，发展高锶苹果、草莓等特色农产品，积极配合上级党委流转土地 80 余亩，建设草莓大棚 17 个，辐射带动 8 个村实现村集体经济保底分红 3 万元。党支部领办合作社在村级党组织的约束下，能够保证资源利用效率，可以成为国家资源下乡的理想组织载体（于福波和张应良，2021）。村民、村级党组织、上级政府等主体以党支部领办合作社为平台，能够进行资源互换、互补和融合，实现较好的利益互动，共同助力乡村产业发展。

三、打牢乡村治理基础

村集体经济的强弱，关系到实现农业现代化与共同富裕的进程，关系到村级党组织功能发挥的物质基础，村集体经济薄弱往往使村级党组织陷入无钱办事的窘境（霍军亮，2022）。相反，村集体经济壮大不仅能够带动农民增收，还可以提高村级党组织公信力，为乡村治理工作提供了更稳定的操作空间。20 多年来，陈丙福以党建引领发展，大力发展党支部领办合作社，团结带领党员群众创新创业、实干苦干，把昔日贫穷落后的小山村建设成有名的富裕村。沂源县对村党支部领办合作社的收益分配有明确的规定，要求按照一定比例提取的收益归村集体所有。

在村集体逐渐富裕起来后，陈丙福主导村集体每年拿出部分资金，免费为村民发放米面粮油等生活用品；组织 60 周岁以上老人及全村妇女进行免费健康体检；定期开展"好家庭""好婆婆""好媳妇"等评选活动，村民物质生活和精神生活越来越丰富多彩，幸福指数不断提升，为北流水村乡村治理提供了极大的群众支撑。近年来，陈丙福又带领北流水村党支部先后争取和投入资金200余万元，重新规划建设村里特有的矿泉水自流井和村内水渠，建起1座5万立方米的塘坝，改造1处深井机房，清理300余立方米的河道、水渠，硬化农业生产道路2 000余米，铺设村内石板道路2 100米，新栽2 000余株绿化苗木，安装170余盏太阳能路灯，新建300平方米办公场所和1 000平方米文娱广场各1处，架起900余米进山电缆……村庄面貌和环境发生了显著变化。北流水村也成为全镇第一个通自来水、第一个村内街道全部硬化、第一批改造村级办公场所、第一个发展有机农产品基地的先进村，有效推进基础设施配套建设。这些基础设施建设不仅能够改善农民生活品质，打牢乡村治理的群众基础，还能助推北流水村党支部领办合作社的产业发展，持续增大集体收入，形成良性循环，推动乡村产业发展和治理工作的融合。

第二节　党支部领办合作社中的"嵌入性"

一、"嵌入性"理论

社会科学中的"嵌入性（embeddedness）"概念最早是由美国人类学家Polanyi提出的，他认为经济体系嵌入在社会关系之中，即人类的各项经济活动不仅由盈利目标驱动，还可能由文化、习俗等非经济因素促成（波兰尼，2007）。Polanyi提出的"嵌入性"概念，其实是一种社会事实，经济体系当然是脱离不了社会关系的。Polanyi更多的是关注嵌入事实而非嵌入状态，但这也为社会经济学提供了一个新的思路。多年后，Granovetter（1985）对"嵌入性"概念进行了重塑，他采用了社会网络分析方法，提出人类经济行为受到社会体系的多边关系影响。Granovetter更多的是强调社会关系在嵌入过程中的作用，以及嵌入现象的机制和因果。在Granovetter研究的基础上，Zukin和Dimaggio将组织之间的嵌入分成了结构嵌入、认知嵌入、文化嵌入和政治嵌入四个维度，进一步强调人类活动受到其所处的政治体制、社会环境和文化氛围等的影响（Zukin and Dimaggio，1985）。此后，不少学者以此概念为基础，研究社会组织和政府之间的关系，"嵌入性"理论逐渐成为人们理解社会组织经济行为的新思路。何艳玲（2009）提出国家从各个方面嵌入的程度，对自治结果有着决定性的作用；管兵（2015）在政府鼓励社会组织参与公共服务的视域下，提出了"反向嵌入"的概念，即政府嵌入社会组织，政府力量嵌入政府服务购买中；张紧跟（2014）使用"双向嵌入"这一概念，指出了嵌入关系的"双向性"，社会组织为了生存发展，要深深地嵌入国家体系之中，争取其合法性以及办公场所等资源支持，同时政府培育社会组织，以此扎根基层，获取民众认可和社会资源。

社会实践中，"嵌入"不可能是简单的、物理意义上的"放置"，而是具有更深层次的结构性影响，即嵌入主体和被嵌入主体之间会产生结构性的联系。被嵌入主体不可能只是单纯被动地吸纳嵌入主体的输入，在和嵌入主体的联系和互动中，也会反向作用于嵌入主体。肩负社会治理职能的基层党组织嵌入到农村经济发展的原有领域，随着产业的振兴和社会问题的突出，经济发展带来的成果也会进入社会治理领域。看似独立的二者实则进行了复杂的互动，实现了嵌入—价值回报的过程。也就是说，嵌入是一个双向的过程。对于合作社来说，一方面政府可以制定特定的策略和机制，将政治偏好作用于合作社运行环境，拓展合作社生存和发展空间；另一方面合作社可以通过政府的资源配置和项目实施，实现政府对合作社的行政干预和调控，进而反作用于政府职能的发挥（李婵娟和左停，2013）。在党支部领办合作社中，基层政府通过村党支部将"政治"触角嵌入合作社中，相当于政策制定者同时担任了合作社实践者的角色，利用合作社的经济优势发展农业产业，从而获得更多的资本和底气为农民、农村提供更多的社会化服务。由此，"嵌入性"理论作为不同组织间相互联系与演变的理论工具，为本章探究党支部领办合作社提供了重要的理论借鉴。

二、"嵌入性"关系的构建

随着工业化、城市化的推进，大量青壮年劳动力从农村流出，农民面临年龄断层、素质低、能力弱等问题，需要通过村党支部的下沉，充实农民自治的力量，提高农民自治的意识。近年来，中国不少地区加大对乡村治理工作的财政支持。但是面对多、繁、杂的乡村治理工作，村级财政资源不足以维持这项工作的顺利推进，村党支部和农民之间仍然存在壁垒。沂源县新康桔梗专业合作社提供了一个新的发展思路：村党支部嵌入农村合作经济组织中，在获得更多治村资本的同时，实现村党支部、农民、村集体经济之间的良性互动，进而实现综合治村的目标。

（一）村党支部政治嵌入

任何正式组织的维持和运转都需要有制度支撑（陈秀红，2021）。从社会学制度主义视角来说，制度可以划分为规范性要素、规制性要素和文化认知性要素（王立峰和刘燕，2020）。因此，本章在分析村党支部的政治嵌入时，从政策嵌入、管理嵌入与目标嵌入三个维度切入。其中，政策嵌入是指村党支部能够保障各级政府下达政策的落实，即确立并执行组织的制度框架和发展规范等，强调规范性要素；管理嵌入是指村党支部将国家权力的工作机制下沉到合作社，即运用具体规则、法律、奖惩来支撑组织维持和运转等，强调规制性要素；目标嵌入是指村党支部通过利益联结，重塑村民的价值观，即糅合目标，强化组织内部成员认知，强调文化认知性要素。

1. 政策嵌入：优惠政策的规范落实

农业是国民经济的基础，也具有弱质性的特点；农户是农业经营者，也具有弱质性的特点。尽管农民合作社是由农民联合成立的，但也只是弱势群体的联合性组织，仍然需要得到政府强有力的支持和扶持（孔祥智和陈丹梅，2007）。沂源县新康桔梗专业合作社和当地政府建立紧密的联系，其发展得到了政策支持和各项资金补贴。为了鼓励各村党支部积极领办合作社，沂源县对此类合作社的注册登记程序进行了简化。县农业农村局指导合作社依章办社、依法运行，帮助合作社确定股份确认方式和利益分配方法，并制定明确的扶持政策，保障各项政策规范落实。

农民合作社一直都是政府实现公共职能的重要工具之一（徐旭初，2014），政府给予政策支持是必然选择，因此，确保政策的规范落实尤为重要。党支部领办合作社，在保证村党支部作为政策执行者的同时，还落实了政策接收者的身份，自上而下地将政策嵌入合作社发展中。一方面，乡镇级政府制定外部政策框架，为党支部领办合作社制定具体的培育目标和措施，保障合作社的规范化运行；另一方面，村党支部承担了把党的各项惠农政策落实到位的功能，要求其必须在政策框架下加强村级民主管理和加大党务、村务、财务、社务等公开力度的同时，保障村集体和群众利益，实现"群众富"和"集体有"。当村党支部下达的政策符合合作社的发展需求时，合作社也会反馈更加积极的行动，来落实这项政策，由此便形成了村党支部和合作社的良性互动状态。

2. 管理嵌入：国家权力的有效下沉

合作社的发展壮大，离不开政策环境的支持，更离不开政府的管理。沂源县为了规制党支部领办合作社的运行，明确了县委组织部牵头抓总，县农业农村局做好业务指导、项目筛选、技术服务、骨干培训的工作推进机制。成立县农村党组织领办合作社工作领导小组，由县委常委、组织部部长任组长，分管副县长任副组长，各镇街道及相关部门负责人为成员，各镇（街道）也相应成立了工作机构，领导小组定期研究党组织领办合作社工作，解决困难问题，推动任务落实。北流水村还将党支部领办合作社业务事项纳入村干部任期和离任经济责任审计范围，防止侵占、挪用、截留集体资产资源的违纪违法行为，保证合作社在政府力量的管控下健康发展。

在逐利的市场经济中，不可避免地有部分公司、能人只考虑自身利益，领办合作社仅仅是为了获得各级政府给予的补贴、项目支持，出现政策框架下的行动偏移。这些合作社虽然在一定程度上推动了农村产业的发展，但其实更多的是为了套取国家项目资金，并没有发挥出带领农民致富的功能，违背了农民合作社的初衷，也违背了国家财政补贴的初衷。而乡镇级政府本身就有一套建章立制的制度化行动，在党支部领办合作社中，村级党组织在行政压力下，不得不以严格的规则来管理合作社。一方面，村党支部以其政治身份管理合作社的成立过程和各项活动，如确保合作社严格执行关于登记门槛、村集体出资比例、决策审议前置等规定；另一方面，党支部领办合作社无条件接受乡镇级政府的审计监督和动态管理，服从淘汰、清理不合格的合作社和"空壳社"的规定。这不仅实现了国家权力在农村经济组织中直接性的下沉，同时也保证了下沉的目的是实现广大农民的利益。良好的管理嵌入，能够保证合作社不偏离最初的发展动因。当一切管理活动都是从保障合作社社员利益出发，合作社也会配合党支部与乡镇级政府的管理与监督。

3. 目标嵌入：多重目标的动态平衡

合作社发展离不开对经济价值的追求，核心成员的行为大都是出于对价值的判断（曲承乐和任大鹏，2019）。沂源县委组织部将党支部领办合作社推进情况纳入镇（街道）党（工）委书记抓基层党建工作述职评议考核，作为基层党建"抓镇促村"责任制对镇（街道）党（工）委评星定级的参考依据，并将党支部领办合作社成效作为村党组织书记履职评价的重要内容，将党支部领办合作社的经济目标、乡村治理的社会目标和村党组织成员的个人目标糅合，推动全县党支部领办合作社的发展和乡村治理工作的推进。

一般合作社理事长在涉及合作社整体利益的决策中，往往会使合作社的服务功能定位更倾向于自己的个人目标，也可能会利用合作社资源发展自己已有的或者关联的经济实体（曲承乐和任大鹏，2018）。这种隐性的利益输送反而加重了小农的弱势，偏离了国家扶持合作的初衷。村级党组织作为乡村振兴的"领头雁"，最基本的政治目标就是维护小农权益不受侵害，沂源县党支部领办合作社将合作社经济效益和党支部干部绩效挂钩，这就使得村党支部不得不把乡镇级政府目标、个人目标和小农户目标嵌入合作社治理中，实现多重目标的动态均衡。村党支部借助政治优势领办合作社，将政治目标和价值观嵌入合作社，并对其产生正向影响（王志华，2012）。北流水村村党支部引导农民以及乡镇级政府建立群体思维，认可自己参与或支持的经济活动，以共同富裕为目标，推动合作社发展。这有利于进一步强化农民的"集体"认知，也有利于强化村党支部以及基层政府对"集体优势"的认知。

（二）政治嵌入下的价值回报

农民合作社不仅是对接市场的重要载体，更是独立的市场主体，具有灵活多样的民主管理、盈余分配制度，能够给有惠顾或投资能力的人带来极大的吸引力。同时，农民合作社注重追求效率价值，在市场中呈现出较强的适应力和竞争力（高海，2021）。如果由党支部直接领办合作社，将自身政治优势、组织优势嵌入合作社，在保障土地所有权、承包权、经营权分置的同时，还能促成经营权回归集体（叶娟丽和曾红，2022），实现集体再造。一旦村党支部获得更多财力和自主权，村民自治实践的物质性资源也不必再高度依赖于国家的供给。党支部领办合作社不仅实现农民致富、带动集体致强，还能够为乡村治理重塑社会基础。简单来说，就是党支部领办合作社在和村集体的互动过程中，也会给予村党支部一定的价值回报。本章从经济、关系和认知三个维度出发，分析党支部领办合作社在吸纳村党支部嵌入的过程中，是如何回馈村党支部并参与村庄治理的。

1. 夯实乡村经济基础

长期以来，中国各级政府在农村投入不少现金或其他物质性资源，但是并不足以满足农民日益多元化的需求，而且也容易滋生农民依赖性的思想。实践中，沂源县建立了县镇两级合作社辅导员队伍和服务体系，推动合作社依法组织经营。组建农、林、牧等产业的技术服务团队，与党支部领办合作社结成帮扶对子，提供技术指导和信息服务，在党支部领办合作社中大力推行"十统一"标准化服务，提升合作社发展能力。乡村的振兴需要有农民经济组织的参与。对于农民来说，党支部领办合作社提供的服务，既保证了农民的生存权，也保障了其发展权。原本单打独斗的农民在党支部领办合作社的帮助下，提高了生产能力，还不需要独自去抗衡市场风险，可以获得较高的经济收入。对于村集体经济来说，党支部领办合作社收益的10%归村集体所有，给予了村集体经济组织一定的财力支撑，助力升级村内基础设施、改善乡村生态环境等，为乡村产业发展和治理工作提供良好的物质条件。

党支部领办合作社在经济方面的价值回报是最基本的，是指合作社为整个乡村社会提供物质性资源，以此来满足农民对生产、生活的深度需求。尽管龙头企业等组织也能够为农民提供就业等经济收入，但始终是营利性的组织，只能普及具有特定劳动能力的农民。而党支部领办合作社具有一定的公益性和益贫性，除了提供诸如农业产业化建设和农村环境整治等综合性服务外，还会提供更多的就业机会。在沂源县新康桔梗专业合作社务工的村民有150多人，其中60岁以上老人的数量近一半。得益于合作社提供的就业机会，农民获得了稳定的收入，更愿意参与到乡村社会的改善活动中。而且合作社的经济收入越多，农民和村集体的分红就越多。村集体经济增加还可以减少村级党组织的福利性支出，优化农村福利资源的管理与配置，助力农业生产、农民生活、乡村治理的全面有效提升。

2. 重新塑造熟人社会

中国传统的乡土社会通常以个人为中心，其他所有个人或者群体与这个中心的社会距离决定了其亲疏远近关系（费孝通，2019）。在这样一个差序格局（the pattern of difference sequence）中，最为亲密稳固的社会关系是宗族或血缘关系。由于宗族和血缘有着绝对主导地位，国家和政府的嵌入、市场和资本的介入，始终无法从根本上引导农民之间的关系趋于理性化。在沂源县新康桔梗专业合作社成立之初，即使当时的北流水村很贫困，但是当地村民仍然不太愿意把土地流转给合作社。理事长陈丙福为了打消村民的疑虑，号召村干部和党员率先将自家土地流转到合作社，并且先后多次召开村"两委"会议、村民代表大会、党员大会，获得村民信任，最终有106户村民成为初始入股成员，进一步发挥熟人、党员带动作用。

党支部领办合作社，一方面将彼此熟悉的农民聚集起来、联合起来，仍然保留他们的社会关系；另一方面又设定经济发展目标，这个和村党支部乡村治理目标之间具有高度的利益相容性。一般来说，除了正式的制度规范，社会关系也能维持合作和合约的稳定（Winn Jane Kaufman，1994），农民合作社恰恰能证实这一点。由亲缘关系带来的合作关系嵌入合作社内部，形成一种"利益共享、风险共担"的契约型关系，推动实现集体理性。这种集体理性本身就是一种润滑剂，能够减少村庄之间的摩擦成本。同时，村党支部作为合作社利益创造的牵头者和共享者，和农民之间的互动会更加平等、融洽。这种频繁互动的关系本身也是一种"干群关系"。和谐的互动关系，必然会作用于乡村治理活动中，成为村党支部提升乡村治理水平的一剂良药。

3. 构建崭新乡村秩序

乡村治理优化依赖于良好乡村秩序的形成与发展，而乡村秩序的稳定受到农民对自身、对农村的认知影响。如果仅仅依靠法律和行政权力强制治理乡村，会使得乡村秩序既脆弱又耗成本（朱政，2015）。在经营过程中，沂源县新康桔梗专业合作社定期对社员的相关生产技术和经营管理知识进行培训，定期召开理事会、监事会和成员代表大会。2019 年，沂源县新康桔梗合作社一共召开了 6 次理事会、6 次监事会、1 次成员代表大会。在这些民主会议上，各成员不仅会共同商讨合作社相关事项，有时也会一起讨论村里的事情，使得村民对村党支部的工作更加理解、更加支持，融洽乡村社会关系，改善乡村社会秩序。

　　良性乡村秩序的构建，仍然需要依靠农民自身增强意识。党支部领办合作社不是某一个能人、某一个公司的合作社，而是全体社员的合作社，由所有社员按股投票决定各项事务。村民在加入党支部领办合作社后，一方面享受合作社提供的各项公共性和非公共性服务，可以逐渐提高主体意识和契约意识；另一方面参与合作社经营和管理过程中的民主选举、民主管理和民主监督等，可以逐渐提高参与意识和民主意识。久而久之，农民将逐渐改变原子化的状态，不仅提高了农民个人素质，也有利于提高农民对整体组织性的认知。这种认知层面的现代化转变，也会被农民带到其所参与的社会治理活动中，并借助合作社平台，自发推动良好乡村秩序的构建，成为村级党组织治理乡村的重要支撑力量。

第三节　从嵌入到融合：再造乡村治理空间

　　村党支部和一般合作社产生的矛盾，主要表现在对农村经济资源的控制权上。随着合作社经济的成功发展，村党支部会逐渐失去对经济资源的有效控制。当合作社的经营目标与村党支部的政治目标不一致时，村党支部由于无法实际控制农村经济发展走向，反而会丧失话语权，阻碍乡村治理的有序推进。如果由村党支部直接领办合作社，组织的战略目标则转变为创造经济价值和社会价值。在双重目标导向下，党支部领办合作社将试图在可持续性经营目标和公共性治理目标下运行，在保留对农村资源控制权的同时，充分发挥合作社的市场效应，助力村党支部开展社会治理工作。这不仅能使广大农民"抱团取暖"，改变单打独斗的离散化状态，还能最大限度协调各方利益关系，实现利益均衡。党支部领办合作社成为一个"多元融合共治平台"，重构村党支部、村集体与村民之间的利益共同体，实现农业现代化和农民的再组织化目标（张欢，2020），进而推动乡村产业发展和治理工作的有效融合。

一、何以可为：产业发展和乡村治理融合

　　村党支部身处行政末端，往往会受到不同层级、不同部门制度化规则的限

制，其资源禀赋难以支撑其行政需求，一定程度上削弱和阻碍了基层治理的有效性。因而，村党支部需要向下汲取资源，可以通过支持农民合作社发展产业，激发农民的主观能动性，进而保障自己灵活治理的操作空间，推动各类政策任务的有效完成。不少一般农民合作社在实现经济目标的同时也可以回馈农村社会管理，和村党支部形成嵌入性关系，但是这种嵌入性关系通常会由于各个主体利益的不一致而破裂，也会导致乡村资源的主导权渐渐流入部分精英的手中，始终无法实现全体村民的共同富裕，阻碍了乡村治理的长效推进。党支部领办合作社可以稳固并深化村党支部和合作社之间的嵌入性关系，既能通过党支部的政治资源实现乡村产业发展，又能确保合作社的部分发展成果可以用于增加村党支部治理效能。由此初步判断，党支部领办合作社通过将村党支部和合作社的嵌入性关系契约化，有效推动产业发展和乡村治理的融合，是具有可行性的。

首先，重建村社集体内部的利益联结机制，是再造村社集体的关键（贺雪峰，2019），也是乡村产业发展与乡村治理有效融合的前提。利益相关者的态度是决定项目成功与否的重要因素（Lemon et al. 2002）。乡村产业发展的经济效益和乡村治理工作的社会效益的共同实现，离不开各个利益相关者的支持。党支部领办合作社的出现，既是农户出于收入增长需求而自愿联合的结果，也是村党支部增加公信力的重要途径。新康桔梗专业合作社以桔梗产业为依托，不仅能够夯实农户之间的利益关联，还可以扩大农户利益联结范围，将农民从村庄利益的"享受者"转变成了"创造者"。同时，村书记陈丙福以党建引领发展，带领农民脱贫致富，在群众的呼声中多次当选人大代表，增大了他在乡村治理过程中的权威性。

其次，农民的集体理性是乡村产业发展与治理工作有效融合的保障。党支部领办合作社不仅具有一般合作社降低农户经营风险的功能，还能成为农户参与村庄各项事务的便捷途径。长期稳定的合作利益关联，也使农民从个体理性走向集体理性，既能维系合作社经济的稳定发展，又能打开乡村治理的新局面。虽然北流水村从20世纪80年代就开始种植桔梗，但随着城镇化的推进，青壮年劳动力不断流失，留在农村的老年人一方面难以承担升级产业的风险，另一方面又因为丧失一定的劳动力，导致他们在目前的大市场环境中很难富裕起来。所以理性的农民更加愿意加入新康桔梗专业合作社，因为不仅可以获得土地流转费，也可以进行简单的桔梗加工，额外获得长期稳定的工资性收入，还可以更加近距离地接触村级党组织，和村党支部进行更加有效的沟通。

最后，农民的共同发展和村庄的持续发展，是重要的激励目标。党支部领办合作社不仅能够保障农户的经济收入和全体农民的村庄自治权利，还能获得一定的经济支撑和群众支持，进而更加高效地进行乡村建设。新康桔梗专业合作社的收益分配方式中，个人和村集体都可以获得稳定比例的经济收入，村集体获得的那一部分收入最后以村庄生态环境、文化活动等多种形式回馈给村民个人和村庄治理。在多重利益的驱动下，更加推动了乡村产业发展与治理工作有效融合。

二、何以有为：资源整合与集体重构

村党支部在领办合作社的过程中，通过政治嵌入，形成了一个可以让更多村民参与的公共领域。在这个公共领域中，村民可以进行信息交流、资源交换，形成共同的价值观，形成一个具有高度融合功能的共同体。在这个共同体中，村民既是合作社的主人，也是村庄的主人，有着不同的资源禀赋和共同的利益诉求，能够创造出统一的社会价值。

（一）主体融合：构建多元共治格局

对于陈丙福而言，他既是沂源县新康桔梗专业合作社的理事长，也是北流水村村党支部书记。具有双重身份的陈丙福既要改变北流水村贫穷落后的面貌，也要摆脱对上级政府的绝对依赖。于是，陈丙福打开思路，主动领办合作社，带领村民发展乡村产业。陈丙福利用党员身份，积极引导村民流转土地到合作社，实现规模经营；利用村党支部书记身份，积极抓住政府的优惠政策和项目，依托桔梗加工门槛低、见效快等产业优势，带领农民致富。同时，陈丙福利用合作社理事长身份，投资桔梗加工企业华康公司，成立桔梗产业协会，在周边村设立了 12 个桔梗加工"小微扶贫站点"，重点吸纳贫困老人和贫困残疾人就近务工，取得了良好的脱贫增收效果。北流水村村党支部和沂源县新康桔梗专业合作社以陈丙福为桥梁，进行良性沟通与互动，由此便形成了主体融合。

党支部领办合作社并没有因为党组织的嵌入，而丧失了自主性。相反，在村党支部的使命和合作社的目标之间达成了一种精妙的平衡，呈现出一种多主体融合共生的状态。党支部领办合作社通过借助村党组织嵌入所带来的政府资源，增强合作社高效利用资源禀赋发展乡村产业的能力，展现出了很强的谋求合作社自我发展的内在动能，而后又给村庄带来服务价值的回报。双方在嵌入的互动过程中，形塑了一种具有本土化特征的"党社共同体"。在村民自治组织与国家科层制之间建立了联通机制，有利于调动村党支部的乡村治理热情。另外，农村社会在村级党组织领导的基础之上，还能够吸纳新乡贤以及乡村其他自治组织，完善乡村治理结构，形成复合多元的治理体系。

（二）要素融合：打通资源流通渠道

在乡村振兴战略实施背景下，沂源县各级政府加大对合作社的扶持力度，为沂源县新康桔梗专业合作社的成长创造了良好的外部条件。从沂源县新康桔梗专业合作社的实践来看，党支部领办合作社可以成为推动乡村振兴、实现农业农村现代化的重要抓手。北流水村党支部借助区位优势和资源优势领办合作社，将基层政府的政治优势、党支部的组织优势和合作社的经济优势融合起来，充分体现了党支部领办合作社的优越性。各级政府的政策扶持、村党支部的社会资源和合作社的经济力量等的融合，加强了各个主体之间的物质交流和信息交流，推动了乡村产业的发展，同时也带动了集体经济组织的发展，极大地缓解了基层政府在乡村治理上的压力，由此便形成了要素融合。

推进农村产业深度发展，从根本上离不开生产要素的自由流动和优化配置。党的十八大以来，中国农村实现重大改革的深化和系统集成，促进了资源要素在城乡部门之间的有序流动，但要素的跨界优化配置依然存在一些难点，资金、技术、人才、信息等要素无法向农村有效汇聚并形成良性循环。村党支部带进乡村内部的不仅仅是政策资源，还有知识、技术以及人脉资源。这些资源要素要想在乡村发挥应有的积极作用，必须与农村、农业、农民的特点相结合，将知识、技术以及人脉转化为现实的生产力，能够迅速提高村民的收入、改善村民的生活水平。党支部领办合作社实际上充任了"乡村资源要素聚集平台"的角色，实现了要素融合。

（三）功能融合：加深各方利益联结

新康桔梗专业合作社的发展重塑了村集体经济，合作社年收益的 30% 用来分红（贫困户按照 35% 的比例分红），10% 归村集体所有，60% 归合作社用于基地正常管理运营，从而使村集体和个人利益"捆绑"在一起，实现双增收、双脱贫。村民年收入由原来的 2 300 元增加到现在的 1.8 万元，其中贫困户增收1.1 万元，实现全面脱贫。村集体收入由零到现在的年均 30 多万元。在实现脱贫后，北流水村投资 55 万元用于硬化村西环山路；投资 9 万元新建 2 座拦水坝、2 个蓄水池，总蓄水量达 5.3 万立方米，扩大灌溉面积 300 余亩；投资 22 万元，改造一处深井机房，清理 300 多米河道、水渠；投资 12 万元改造和提升健身文化广场。沂源县新康桔梗专业合作社不仅承担了带动农民致富的任务，还肩负了带动村集体致强的使命，由此便形成了功能融合。

在村党组织与合作社共同构建的"党社共同体"内，合作社也能够进行自主性的生产，实现更好的经济发展，同时村党组织也能实现对合作社政治品格的塑造，并借合作社来实现服务于党、农民和农村的业务功能。各级政府的行政性政策执行与村党支部的管理工作，要求党支部合作社还要具备稳定的行政组织功能。原本向各级政府输入资源是政权下乡、政党下乡的主要目的，当党支部领办合作社后，国家权力更加侧重于自上而下输出资源，结合合作社的经济功能共同服务乡村建设。党支部领办合作社不仅仅发挥了作为合作经济组织的盈利功能，更成了政府和农户之间的桥梁，发挥村党支部及各级政府的政治职能。

三、重建乡村共同体

村党支部在组织群众发展壮大新型农村集体经济的同时，也在开展诸如农村厕所改造、村庄环境整治与基础设施建设、新冠疫情防控与突发事件处置、乡村公共福利事业建设等社会建设工作。在村党支部看来，村集体经济发展和乡村社会建设是乡村工作的一体两面，是不可分割的。村民与村集体由于利益联结而产生了社会关联。他们积极配合各项工作，主动参与乡村治理实践。集体经济较强的村，往往也是乡村治理的示范村。围绕合作社发展中的产业发展方向、入股形式、股权分配、乡村建设与村庄治理中的一些重要议题，合作社经常组织村民代表、合作社社员代表进行公开讨论。通过公共议事和公开讨论的形式，使村民更加关注集体事务，更加积极地参与村庄的公共事业建设。

在沂源县乡村建设实践中，村党支部凭借厚实的村落集体经济和利益联结网络，有效改善了乡村社会环境，提升了村级组织的治理效能，优化了乡村的治理秩序。村党支部通过领办合作社，在发展壮大新型农村集体经济过程中不断改善乡村的社会治理环境，加强了与群众的沟通联系，密切了干群关系，提升了治理乡村和建设乡村的能力，有效维系了乡村社会秩序的良性运行。后税费时代，乡村干部与村民之间缺乏直接的利益联结渠道和机制，因此干群关系较为松散，乡村关系呈现悬浮化、松散化的趋势。而党支部领办合作社这一组织载体，将曾经悬浮化、松散化的乡村关系重新进行了联结与整合。乡村干部通过积极争取各种项目资源，尽可能将利润空间让渡给群众并积极投入建设乡村的行动之中，在群众之中树立了良好的社会形象，增进干群之间的联结，重新赋予乡村关系实质性内涵，重建乡村共同体。

第四节　结论与思考

本章聚焦于沂源县新康桔梗专业合作社的案例分析，从嵌入性视角出发，研究了村党支部在领办合作社过程中利用政治嵌入，保证合作社高效规范、多功能化运行，以及在政治嵌入下合作社能够提供的价值回报，并进一步梳理了村党支部通过领办合作社，推动乡村产业发展和乡村治理融合的可行性，最后再结合沂源县新康桔梗专业合作社的成效，探索了具体的融合点。研究发现：一是村党支部因其特殊的身份属性，在嵌入合作社经营的过程中，既能为合作社争取很多政策、项目支持，又能通过国家权力对合作社进行引导和规制，带动村民和村集体增收，提高村民现代意识；二是村民、合作社在获得了经济收益后，也能够提供一定的价值回馈，村民在互动中建构新的社会关系，合作社为村庄提供更多综合性的社会化服务，并约束村民重构现代化乡村秩序；三是村社集体内部的利益联结机制、农民的集体理性，以及村庄的持续发展需求，都为乡村产业发展和治理工作的融合提供了可能性。基于村党支部和合作社之间主体、要素和功能融合的经济发展范式，党支部领办合作社为乡村治理提供了一个崭新的路径。

党支部领办合作社具有一定的特殊性，并不适用于所有农村，中国非党支部领办合作社的数量仍占大多数，对此本章提出以下建议。第一，根据实际情况选择是否由党支部领办合作社。无论领办人是谁，合作社始终是一个经济组织，经济收益才是合作社的命脉。沂源县新康桔梗专业合作社能够发展良好，离不开陈丙福的企业家经历。现实中，不少村党支部书记是刚毕业的大学生或口碑较好的党员等，这些人可能因为没有办企经验而缺乏企业家才能，并不是领办合作社的最佳人选。第二，要加强对非党支部领办合作社的党建工作，通过政治引导和规范，与这类合作社进行价值互换。比如以要求这类合作社吸纳贫困户和劳动能力较弱的农民、上交部分收益用于村庄整治等为前提，为这类组织争取一定的项目、政策支持和税收优惠等。

对于党支部领办合作社这一行之有效的方式探究，有助于我们对当前国家党组织和社会组织之间的作用关系进行深入理解，但也存在两个值得继续讨论的问题。其一是村党支部嵌入程度如何把控的问题。村党支部的干预必然会使得合作社逐渐规范化、程序化，但是过度的行政主导可能会压缩合作社的自主经营权，进而导致合作社组织能力的瓦解，如何把握一个刚好契合的"度"是值得继续探讨的问题。其二是党支部领办合作社存在缺乏社会性监督的问题。不少党支部领办合作社会拿出一部分的收益用于村集体的建设，同时国家也会提供项目资金给村党支部用于村庄建设，那么该如何保障村社"两本账"，这也是接下来需要探究的问题。

第九章

"环—链—层"融合与合作社的组织生态演化

随着乡村振兴战略的顺利推进，涉农类一二三产业之间融合发展的趋势明显，"三产融合"已成为推动农民增收、实现共同富裕的关键路径（郭军等，2019）。着力构建三产交叉融合的现代产业体系，不仅被看成是确保如期全面建成小康社会的重要战略途径，而且被视为推动农业高质量发展、加快农业农村现代化、实施乡村振兴战略的重要抓手（张晓山，2018）。在农村产业融合过程中，农民合作社、农民合作社联合社（联合社）以及农民合作经济组织联合会（农合联）在农村产业融合创新过程中的作用日益显著（黄祖辉，2018）。但在具体发展实践层面，合作社、联合社以及农合联在产业融合过程中有何内在关联？由合作社—联合社—农合联的跃迁如何才能有效形成？驱动跃迁的内在动力机制是什么？这三个问题依然悬而未决，已成为阻碍农业经营主体谋求融合发展，并向价值链高端攀升的掣肘。本章借助组织生态学的分析框架，探寻合作社向农合联进化过程中"环 — 链 — 层"融合发展背后组织生态位宽度拓展的演化过程，以及实现跃迁进化的必要条件，从而对上述问题进行有效解答。

第一节　文献综述

当前农业三产融合研究重点围绕融合过程（潘璐，2021）、融合影响效应评价（郭军等，2019）、融合条件分析（钟真等，2020；熊爱华和张涵，2019）三个维度展开论述。

一、融合过程研究

（一）融合中新型农业经营主体定位

家庭农场、农民合作社以及农业企业将成为农村三产融合发展的主要力量

（杨涛，2019），农业经营主体通过帮助小农进入市场，提高他们的议价能力，缓解信息不对称（Tolno et al.，2015）。立足农业资源开发，围绕农民和农民合作社发展将是农业产业融合突破的重点（宗锦耀，2015）。

（二）农业产业融合的发展目标

肖卫东和杜志雄（2019）将农业三产融合定义为农业产业化的高级形态，通过打破农村一二三产业的边界，实现"1+1+1>3"的产业融合效果，促进经济效益、社会效益、生态效益的最大化。产业融合的根本目的是促进农业高质量发展，持续增进农民福祉，实现农业农村现代化和乡村振兴（王志刚和于滨铜，2019）。

（三）农业产业融合的实现途径

研究者认为产业融合沿着供应链向前后延伸、拓展农业新功能和推广应用先进技术三种途径演化（熊爱华和张涵，2019），而三种途径实际上均强调突破要素配置的制约，通过跨界集约化配置资源来促进农村产业协同（张益丰和王晨，2019）。突出农业与二、三产业的结合，强化现代农产品加工、农业社会化服务体系建设与乡村旅游民宿等产业建设（钟真等，2020）。

尽管前人文献对于农业产业融合在主体定位、发展目标、实现路径层面进行了卓有成效的研究，但上述研究的论述集中在政策规制设计，对农业经营主体间互动与融合过程并未有效涉及。尤其是作为农户与现代农业实现有效衔接重要载体的农民合作社组织融合路径、融合形态的研究存在缺位。

二、涉农产业融合测度与评价体系

研究者利用 DEA 方法、层次分析法与灰色关联度分析农业产业融合的效率（李玲玲等，2018）。除了对农业产业融合自身效率的检视以外，研究者更多关注影响农业产业融合的关键因素分析。学者将融合分解为农业外向型融合与内源型融合，并且外向型融合通过要素禀赋的中介效应（mesomeric effect）正向影响内源型融合（钟真等，2020）。刘斐等（2019）的研究更侧重于农业产业融合过程中的农民响应机制的分析。上述研究的立足点均聚焦在农业产业宏观维度的技术测度，没有考虑多元经营主体与农户之间融合的分析，因此通过更微观地分析农户与经营主体、经营主体相互融合程度，显然更有利于厘清农业产业融合内部演化的实现绩效。

三、涉农产业融合条件分析

研究者重点围绕农业产业融合外部条件、内部条件以及内外部因素交互展开论述。外部条件分析研究中有研究者认为融合过程中外部服务支持体系建设与金融保障措施将成为影响当前农业产业融合的主要因素（朱信凯和徐星美，2017）。苏毅清等（2016）则强调农业产业融合的实现基础是围绕农村资源禀赋，将外来要素向农村进行有效集结。政府通过项目资助，实现地区产业与组织的重构将有助于融合的实现（张益丰和王晨，2019）。

有学者关注合作社的内生发展，认为发挥小农户的主观能动性是关键（王乐君和寇广增，2017）。研究提出发展农业的社会化服务，以服务驱动小农利益与现代农业相结合是农业产业融合的核心要义（罗必良，2020）。也有学者主张内外部相关要素整合，形成差序性融合与结构性融合（陈学云和程长明，2018）。

尽管上述研究从完善利益联结机制（姜长云，2015）、高素质农民培育（张益丰和孙运兴，2020）、技术嵌入（何大安和许一帆，2020）、金融服务（温涛和陈一明，2020）等层面对农业产业融合进行了分析，但围绕农业经营主体组织间融合与产业融合的衔接研究相对欠缺，尤其是缺乏以合作社为代表的新型农业经营主体自我进化与实现融合进化的研究。

众所周知，农民合作社作为一种由农民自发组织形成的合作组织，近年来发展迅猛，服务农民功能不断增强，已然成为促进小农户和现代农业有机衔接的重要组织载体（罗必良，2020）。在众多合作社理论研究中，关于组织融合的研究前期主要围绕"订单农业"为代表的契约农业展开（叶祥松和徐忠爱，2015），后期围绕合作社创新发展绩效进行论述（Abdulai，2016）。研究认为以合作社为核心来承载并提供多元社会化服务将成为合作社发展成功的重要保障（赵晓峰和赵祥云，2018）。但相应的研究存在一个结构性思维断点，即以合作社为载体提供社会化服务如何实现合作社功能扩展或者组织间融合，演化路径是什么？

其次，研究从交易成本降低、规模效益提升、生态位演化视角分析了联合社成立的必然性（崔宝玉等，2020；孔祥智等，2018；苑鹏，2008）。其中孔祥智和黄斌（2021）将联合社运行机制定义为技术引领型、专业协作型、产业链"内循环"型以及行业协会型四种机制，形成差异的原因来自环节的依附度、多元度、兼容度、辐射度方面的异质性。崔宝玉等（2020）进一步提出合作社成员社与联合社共生于同一生态圈内，联合社与合作社的互动既要考虑生态圈内的协调，又要考虑与外部生态系统的耦合，一旦在建构生态位竞争机制过程中出现错位，成员社与联合社的关系将会畸变。尽管上述研究就小农户联合，合作社联合已进行了论证，但组织间融合的基本规律、实现融合的条件分析却未有涉及，因此强化融合过程分析就显得极有必要。

韩江波（2018）提出"环—链—层"产业融合架构，我们将借鉴"环—链—层"架构设计思路，运用组织生态学理论来分析组织融合的基本演化规律。研究提出下列基本假设并进行论证。

假设1：合作社产生于农业产业融合的初期，小农户加入合作社实现"吸附式"融合，合作社通过为小农户提供社会化服务，促进小农户与合作社在农产品供应链的生产环节实现"吸附式"融合，构成产业"环融合"。

假设2：联合社产生于农业产业融合发展的中期，合作社之间通过联合实现"互利共生型"融合，围绕农产品供应链的重要节点形成产业链上下游的衔接，有助于扩展其生态位宽度，构建产业"链融合"；并且合作社纵向联合优于横向联合。

假设3：产业融合的后期，成熟的联合社将不同的供应链整合形成空间融合，构成产业联盟性质的"层融合"。联盟生态位宽度是多维"束"，合作社—联合社—产业联盟演化规律实现了生态位宽度拓展由平面向立体的嬗变，资源的配置能力与社会化服务提供的完备性决定了产业融合的成效。

第二节 "环—链—层"视角下农业产业有机融合的实现路径

一、生产端"环联结"与专一型种群演化

生态位是一个种群或者一个物种在一个群落中的角色，如果某一种群对其他种群的成长产生积极或者消极的影响，则两个种群或者种群之间存在交互作用（Elton，2001）。某一种群对其他种群的成长产生正向（负向）影响，种群之间的关系会形成共生（竞争）关系（Gause，1934）。传统组织生态学认为两个具有相同基础生态位的种群之间无法均衡共存。

根据Lotka（1925）与Volterra（1927）的分析框架：设种群的设立率为λ_N，种群死亡率为μ_N，而种群的成长率为ρ_N，N为种群数量。其中：

单个独立种群成长率为$\dfrac{dN}{dt}=\rho_N N$ \hfill （9-1）

$$\rho_N=\lambda_N-\mu_N \tag{9-2}$$

$$\lambda_N=a_0-\alpha_1 N \tag{9-3}$$

$$\mu_n=b_0+b_1 N \tag{9-4}$$

将 (9-3) 与 (9-4) 式代入 (9-1) 得:

$$\frac{dN}{dt} = \pi_1 N - \pi_2 N^2 \qquad (9\text{-}5)$$

其中 $\pi_1 = a_0 - b_0 > 0$, $\pi_2 = a_1 + b_1 > 0$。当种群达到稳定状态,即 $\frac{dN}{dt} = 0$ 时,可得

$N = 0$ 或者 $N = \frac{\pi_1}{\pi_2}$, $N = \frac{\pi_1}{\pi_2}$ 称为种群稳定状态的环境承载力 K。因此:

$$\frac{dN}{dt} = rN\left(\frac{K-N}{K}\right) \qquad (9\text{-}6)$$

其中 r 为内禀增长率 (Intrinsic Growth Rate)。当两个种群间其中一个种群扩展,将会影响另一个种群的生存空间,两个同质种群的成长率分别为:

$$\frac{dN_1}{dt} = r_1 N_1 \left(\frac{K_1 - a_{12}N_2 - N_1}{K_1}\right) \qquad (9\text{-}7)$$

$$\frac{dN_2}{dt} = r_2 N_2 \left(\frac{K_2 - a_{21}N_1 - N_2}{K_2}\right) \qquad (9\text{-}8)$$

当原始种群环境出现新的竞争者,$K_1 - a_{12}$、$K_2 - a_{21}N_{12} < K_2$,新种群的加入造成原有种群的环境承载力下降,使得种群的成长率下降。随着中国农业隐形革命的到来,普通农户通过种植高市场化、高附加值的经济作物及从事"肉蛋奶禽"养殖业来嵌入农业产业化进程。小农户的专用性投资能力弱、技术转化能力差等天然劣势造成小农户生产的农产品品质相对不稳定、小农户经营处于无序竞争状态,种群间(种植农户)的竞争加剧使得种群成长速度减弱。农户因为嵌入社会网络能力弱,无法有效利用网络获取必要的知识与信息,其生产能力与现代化经营脱节,低端的竞争状态也造成种群死亡率增加。组织生态学将种群的资源集合的幅度或者资源的专门化程度称为种群的生态位宽度 (Niche Width),种群生态位宽度越宽,意味着其调配内外部资源与克服禀赋约束的能力越强 (Levins, 2020)。相对于新型农业经营主体而言,传统小农户的组织生态位宽度较窄,难以调动自身禀赋资源发展适度规模化生产。

产业发展初期鼓励合作社对小农户、家庭农场进行吸纳,围绕供应链的某一环节展开合作,通过组织间"吸附"融合,将农户吸纳进合作社,实现以合作社为核心的产业"环融合",促进合作社在供应链重要环节(如生产端)生态位宽度增加,形成具有组织凝聚力的社会网络有助于实现集体行动中减少农户搭便车行为的发生,降低小农户种群的"死亡率"(Echols, 2005)。因此假设 1 成立。"环融合"发展示意图如图 9-1 所示。

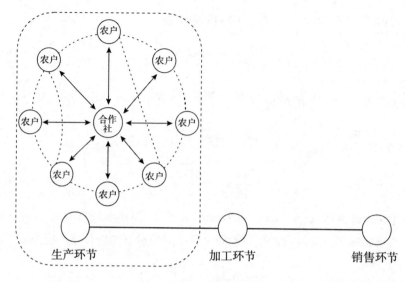

图 9-1 "环融合"发展示意图

注：图中双箭头线段表示合作社与农户之间就生产、经营、社会化服务形成互动关联，农户在以合作社为中心的社会网络中获得生产与服务信息；虚线表示农户之间存在相互关联与信息交流；当前以合作社为核心形成的"环融合"占据农产品供应链生产端的优势位态。

二、"链融合"与"多样化"种群演化

合作社在发展过程中需要在环境资源与自身能力之间进行均衡调整（Ajzen，1991），由于资源禀赋受限，合作社无法将所有精力用于全产业链的拓展，必定会在战略上进行取舍，专注于农产品供应链的某个环节进行开发就成为当前多数农民合作社经营过程中的理性选择。合作社实现全产业链发展必须具备两大基本条件。一是外部资源的持续输入。通过政策支持，各级政府（部门）为合作社发展提供外部物质与无形资产等资源的扶持，为合作社进行全产业链拓展提供充分条件。二是自身能力与资源相匹配。合作社拥有足够的人力资本、企业家才能、社会资本来引领合作社发展成为合作社实施全产业链发展的必要条件（Caplan，1987）。

单就普通合作社而言，独立谋求全产业链发展难度较大，合作社为进一步拓展生态位宽度会考虑以联合发展来应对市场风险与经营风险。合作社选择联合，通常会考虑数个地理位置邻近、经营品种类似、处于同一生态位的合作社进行"横向"结合，尽管联合后组织的生产规模有所扩大，但由于新组织经营品种、销售途径与原组织雷同，联合后生产加工能力、市场资源以及联合后的管理才能并

未有效突破资源禀赋的桎梏,供应链中、后端能力提升不足造成联合社生态位宽度没有完成实质性的拓展,其资源调配能力与产业发展的要求脱嵌。

组织同质性越强,生态位重叠程度越高,组织之间合作可能性将会下降(Mizik,2014)。专一型组织面临资源约束时,将更倾向于结成"异构型"联合体(Hannan,1977),"异构型"联合体的主导者促成联合的目的在于帮助其获得供应链多个环节的位态优势,实现供应链上下游环节之间的资源、能力互补,即形成占据不同生产环节优势合作社之间共享资源、弥补能力短板(如共享市场资源,提升加工生产能力,选择更有经营能力的管理者来领导联合社的发展),围绕供应链的流程形成"链融合",将有效促进联合社生态位宽度的拓展,并且在参与群体增加的同时促进社会网络密度增加,强化信任规范内化行为实现结构洞(structural holes)占据者联合,有助于产品利基型或者流程利基型合作社提升经营效率(Granovetter,2005)。因此"链融合"有助于"异构型"联合体拓展生态位宽度并实现农产品供应链上多个网络结构洞的有效占据,更适合产业融合中期全产业链发展的需求,较之传统的横向融合更具优势。假设2可证。联合社的"链融合"示意图如图9-2所示。

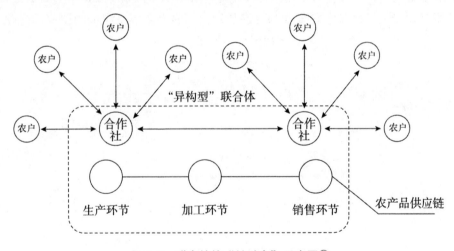

图 9-2 联合社的"链融合"示意图①

---

① 图9-2中农户与每个合作社均有双向信息交流,联合社形成"异构型"产业联合体内部合作社之间存在双向信息交流,联合社占据生产—加工—销售整个农产品供应链各优势位态。

三、多维生态位宽度的构建与产业联盟的形成

随着联合社的发展与进化，联合社的产业化进程已经不再仅考虑单一农产品供应链"产前—产中—产后"的优化问题，而关注多维度供应链的协同问题，因此建立联合社的"产业联盟"将有助于妥善解决上述问题。

产业联盟不仅包括产品生产单元，也包括农资供应单元与融资服务单元，以及生产性服务供应单元，并且与其他供应链形成交互影响。所有的参与者均能在各自的产业链中占据关键位态，使得产业联盟的生态位宽度不再局限在单一平面，而是构成多维、立体式的生态位宽度。如浙江农业"三位一体"改革中出现的由农民联合社向农民合作经济组织联合会（简称"农合联"）演进的过程就是这一构想的现实写照。

农合联模式依照"区域聚合、功能互补、产业互联"来完善组织体系，并且遵循"功能模块化、服务实体化、资源集约化、运转市场化"来健全农业社会化服务功能，在农合联内部设立服务中心，为各个辖内联合社提供生产服务、供销服务与信用服务，弥补各联合社自身社会化服务供给不足的短板，通过综合服务功能来促进各个联合社的发展与壮大，形成多条供应链的协同和进化。"环—链—层"组织进化示意图如图9-3所示。

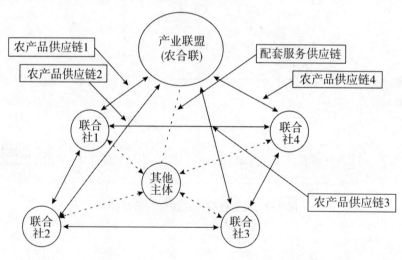

图9-3 "环—链—层"组织进化示意图

四、形成种群演化的关键因素

由单一功能、专一型种群向多功能、多样性种群演化，其核心要义来自由

平面、单维组织生态位宽度向多维、立体组织生态位宽度演化，并且宽度进一步拓展，实现组织融合后创新型组织对资源禀赋调配能力提升。实现这一目标的关键在于三点：（1）依靠组织能力提升后能挖掘更多可用资源，组织通过融合与创新在农产品供应链各个环节以及关联产业中寻找到更多潜在资源，如原本无法利用的市场信息资源、电商平台资源与技术资源，组织的进化使得组织有能力掌握这些资源并能顺利使用。（2）完善的社会化服务体系增强了组织进化的韧性。一方面，创新型组织通过承接政府社会化服务项目与技术资金投入，进一步提高了组织自身的资源禀赋与产业发展能力。另一方面，组织内部形成面向内部成员的社会化服务供应体系，通过服务将各个独立的个体有效串联，通过生资供应信息、技术、流程管理、市场、培训实现组织内部、组织间的社会化服务无缝覆盖，有助于供应链关键环节、供应链、多条供应链之间形成高质量发展。（3）有效配置与使用资源禀赋。组织的融合发展，更多有能力、有专业技术的高素质农民投身到新型农业经营主体的建设中，提高了合作社、联合社与农合联内部的人力资本与企业家能力，有助于创新型组织依托高素质农民的领导才能带动组织实现跨越式发展。假设3亦可证。

第三节 案例比较与分析

本章选取的5个案例分别来自山东省烟台市招远市蚕庄镇灵山蒋家村灵山果蔬专业合作社（后文简称：灵山合作社）、黑龙江省哈尔滨市宾县欣跃三莓果业专业合作社（后文简称：三莓合作社）、山东省沂源县鲁村镇福吉山村新民养兔专业合作社（后文简称：新民合作社）、浙江省台州市台联九生猪产销合作社联合社（台联九联合社）、浙江省台州市小芝镇下里村农民合作经济组织联合会（小芝农合联）。上述案例素材均由作者于2016—2021年分别在当地进行田野调查获得，素材按照三角互证原则（Yin，2009），分别对合作社理事长1人、核心成员2人、普通社员2人进行半结构访谈，同时对所属地区农经站负责人进行无结构访谈，最后为验证结论作者还利用python爬取相关案例的新闻素材、网络报道作为第三方佐证材料。

一、案例简介

案例1的灵山合作社成立于2009年11月，现有社员463人，是一家具有鲜明特点的党支部领办的果品种植类专业合作社，合作社中村集体占股95%，社员占股5%，合作社共流转土地1 540亩，扩大建设现代苹果矮砧栽培示范基地，引进以色列先进技术，建成肥水一体化滴灌设施。2020年灵山合作社的生产规模占全灵山镇1/5以上，占据招远苹果供应链生产环节的优势地位。

案例2的三莓合作社成立于2007年9月，由宾县职教中心5位教师发起成立的黑加仑、红树莓、蓝靛果种植合作社，发展鼎盛时期共有社员146户，种植面积达750亩，合作社投资建成冷冻厂1家与果品加工流水线2条，年销售三莓鲜果300吨。但由于合作社专用性资产投资过大使得合作社无力强化生产流程管理，造成合作社产品与普通农户生产产品同质性过强，合作社在当地并未形成三莓鲜果生产端的定价权和规模优势，对于普通种植户入社吸引力逐渐减弱，2014年后合作社经营陷入困境，有73家社员退出合作社经营，合作社也被迫转让冷藏设备和果品流水线，原本的合作社内部"三产融合"模式出现了退步。

案例3的新民合作社成立于2010年4月，位于沂源县鲁村镇福吉山村，注册资本51万元，是集科学养兔、种兔繁育和兔肉初加工销售于一体的专业合作社，社员由初创期的5户发展到现在的160户，资产850万元，2020年销售额1 500万元。2020年底新民合作社牵头与当地梅花鹿养殖合作社以及果品种植合作社共同出资300万元，成立了沂源禾牧农产品农民专业合作社联合社，形成兔业养殖、梅花鹿养殖、果品种植多元发展格局，养殖合作社提供的兔粪、鹿粪的药物残留少，能为种植合作社提供有机肥；合作社共享销售渠道与生产流程服务。养殖合作社的季节性经营特征，也能为种植合作社在农忙时提供套袋等田间管理的季节性劳动力，解决用工问题。新民合作社参加联合社能有效解决粪肥使用、销售渠道拓展、社员就业途径拓展等问题，在强化自身农产品供应链建设的前提下促进了关联合作社的成长。

案例4的台联九联合社位于浙江省台州市，成立于2012年，由台州市九个县市区的规范化合作社和养殖企业联合建立，注资600万元。目前有276家会员，核心会员57家，省标准化养猪企业7家，美丽牧场5家，还拥有5万吨级的饲料加工厂与年产有机肥3万吨的有机肥厂，成立规模5 000万元的资金互助会。联合社与大北农等农产品生资、疫苗头部企业合作，生产专供联合社内养殖合作社使用的优质饲料与兽药，联合社的多元发展使得生猪供应链产前、产中与产后的各个环节的经营能力得到增强。

案例5的小芝农合联成立于2016年3月，现有51家会员单位，5名个人会员，其中专业合作社代表42家，家庭农场4家，购销大户1家，其他涉农企业4家，农业服务中心、信用社各1家。该农合联除了拥有多条完整农产品供应链以外，还提供农民培训、生产服务、供销服务、信用服务等生产性服务项目。农合联的农产品供应链包括小芝永泰粮食专业合作社联合社主导的优质稻米供应链，谷牧盛景农副产品商贸有限公司主导的"小芝"米粉生产—加工—销售供应链体系、"念芝味"中药（灵芝）与土特产（姜片、番薯）种植产业链、鸵鸟养殖等多条完整供应链。5个案例的特点简介如表9-1所示。

表9-1 案例特点简介

案例编码	名称	地区	产业特色	组织特点
1	灵山合作社	果品种植	合作社内部"环融合"	合作社具有生产端优势
2	三莓合作社	果品种植、加工及销售	未占据生产端优势，盲目三产融合	合作社内部"三产融合"失败
3	新民合作社	肉兔全产业链	由"环融合"向"链融合"过渡	联合社
4	台联九联合社	生猪全产业链	实现"链融合"向"层融合"过渡	联合社
5	小芝农合联	多条产业链	"层融合"	农合联

二、产业融合前期的合作社的生态位

案例1中灵山合作社通过五个维度形成合作社的凝聚力，拓展合作社的生态位宽度，确立了合作社在优质果品生产环节的主导地位。一为组织建设：党支部领办合作社通过高效的组织内部治理（如设立党员考核制度，合作社领导监督机制），夯实了合作社发展的组织基础和形成具有高度凝聚力的合作社骨干力量；二为科学生产：合作社采用统一采购优质种苗、免费分给社员种植，生产过程中采用"四统一"模式进行苹果生产（统一种植技术、统一生产管理、统一技术培训、统一收购销售），使得果品种植的质量和价格高于市场价格，且农户掌握经营主动权，农户参与热情较高；三为专用性资产投资：合作社加大基础设施建设投入，如建立现代苹果矮砧栽培示范基地，以色列肥水一体化滴灌设施，硬化村道1 000余米，为苹果适度规模化生产、科学化运营打好基础。四为完善社会化服务：合作社按照机械化生产的技术要求，成立果业技术服务队为社员提供全程社会化服务，社员经营规模由原来的3～5亩提高到30～50亩；五为提升销售能力：合作社一方面加大营销团队建设，另一方面建成高标准果品贮藏冷库、气调库，为果品错峰销售夯实了基础。

案例2中三莓合作社的发展并不成功。尽管发展初期，职校教师领办的合

作社具备较强的技术优势，创业初期发展势头良好，但合作社在经营过程中对于组织建设与社会化服务建设的投入不足，没有形成要素契约与商品交易契约的治理环境（表现为没有按交易额/量对农户的二次返利机制），也缺乏对社员的生产流程的系统化管理，而是将建设重点用于重资产投入硬件设施上（自办冷冻加工厂，投产果品生产流水线）。过度的专用性资产投资加剧了合作社经营被供应商与社员"套牢"的风险。大量的农户跟风种植三莓果品，宾县的三莓果品出现供过于求，加之合作社的产品与普通种植户的产品同质性高，收购企业通过向中小农户收购来打压合作社发展，合作社缺乏质量与定价优势造成其产品的市场销路受阻；同时合作社在发展过程中专用性资产投资过大使得合作社经营在生产服务环节的投入不足，合作社的社会网络嵌入能力不强。多种因素的交织造成合作社丧失了生产端的规模优势，使得自身在三莓产业中的组织生态位宽度不但没有拓展，反而被其他经营者挤压。最后，合作社内部互信与规范行动机制丧失，使得合作社无法有效约束集体行动中搭便车行为，合作社对于普通小农户吸引力也逐步下降，合作社经营绩效下降严重。

三、联合社生态位宽度与供应链的有序构建

案例 3 中的新民合作社在发展过程中已较好地占据了肉兔供应链中生产环节的核心位置，具备稳定的销售渠道和可观的生产规模[①]。但合作社经营依然存在三方面的隐患，一是生产过程中产生的废料（兔粪）无法有效处理；二是养殖户坚持发展的信心不足[②]；三是销售渠道单一。新民合作社原本的肉兔主要集中供应重庆、四川等地，在其他地区的肉兔销售渠道欠缺。新民合作社于 2020 年 9 月牵头，联合同一地区的其他两个合作社（梅花鹿养殖合作社、果品种植合作社）成立联合社，养兔、养鹿产生的粪肥经过堆肥后能为水果种植提供优质有机肥，解决了养殖合作社困扰已久的粪肥处理问题，果品的质量和收益也因有机种植而获得提升（黄桃销售价格普遍提升 4 元/斤）。果品合作社能够为部分人员提供专职负责兔粪与鹿粪清运的工作岗位，降低了养殖类合作社的人工投入。

---

① 2017 年底的统计数据显示合作社营业收入 1 619 万元，存栏种兔 8 万多只，存栏商品兔 5 万只，年可出栏优质肉兔 40 万只，成为四川、重庆等肉兔消费地区最重要的肉兔供应商。

② 肉兔养殖是季节性工作，每年肉兔出栏后养殖户有长达三个多月（分为夏、冬两季）的空闲时间，外出长期务工会耽误下一个生产季的安排，很多养殖户为追求更稳定的收益被迫放弃养殖。

梅花鹿养殖合作社有很强的市场拓展与销售能力，成立联合社后新民合作社的肉兔销售得以拓展到华中地区、西北地区市场，销售能力得以显著提升。梅花鹿养殖合作社借助新民合作社肉类加工设备，开发了鹿肉干等新产品。果品合作社具有本地生资供应渠道，为两家养殖类合作社提供优质、廉价的生资产品。三家合作社通过共用商标，共享资源，实现了资源互补。最后养殖合作社加入联合社后有效解决了社员劳动力闲置问题，农闲时节养殖类合作社社员可以去果业种植合作社从事套袋、疏果等工作，提高了社员的收入。

通过联合，三家合作社各自实现了在供应链上、下游的补强。联合行动的主导者——新民合作社并未选择经营品种相同、地域先进的同类合作社形成合作，而是通过差异化联合来补齐发展短板，形成生资供应、销售、就业、附加产品销售等多渠道能力的提升，达到了"1+1>2"的效果。实际上地域内农产品市场存在高度重叠，市场销售渠道不通畅条件下，群体增加但社会网络密度并未提高，同类合并无法有效增加种群存活率。新民合作社组建的联合社证实了联合不是追求单纯的规模效应，更多考虑的是供应链上、下游资源的互通与产业协调。但该联合社刚刚起步，尚停留在供应链补强阶段，并未真正形成完整供应链体系。

案例4中的台联九联合社，不仅吸纳了普通社员219户、核心社员57家，还吸纳多家养猪企业与美丽牧场，更与大北农合资成立高标准饲料加工厂，构建了多元主体参与的异构联合体，通过全产业链发展拓展了自身的生态位宽度。

首先，联合社通过强化规范提升经营效能。联合社内部按照"统一生产技术、统一防疫采购、统一饲养标准、统一营销、统一信息共享、统一排污物处理"的原则进行规范生产，在生猪生产端形成了产业优势。其次，通过全程社会化服务打通全产业链发展的阻点。一是解决生资供应问题。筹资1200万元与大北农集团合作办饲料加工厂，统一了联合社内部的饲料来源，保障了生猪的质量，按内部优惠价格供社员使用放心饲料，社员年均可降低成本150万元；按此经验联合社还通过大客户团购的方式向国内著名兽药加工厂家采购放心兽药。二是解决环保问题。联合社投资413万元建成1万立方米的沼气池进行发电（装机容量120KW）。生猪养殖粪肥的使用问题妥善解决，联合社建立有机肥厂，年吸纳消化畜禽粪污9万吨，不仅提供联合社社员单位使用，还通过外销获得可观的经济收益。三是解决资金供应问题。成立资金互助会（资金委托农商银行统一投放、统一回收），为社员经营提供了资金保障。四是联合社实现社会网络的高效嵌入。表现为参股大北农、台州路桥的生态农场项目建设，经营范围进一步拓展；东北、宁夏生猪供应商合作发展，在整个生猪供应网络中的核心地位凸显。

四、产业联盟发展与多维供应链的形成

联合社的生存与发展不仅需要形成主导产业的全产业链发展，更要向其他产业链实现拓展，实现单一维度的生态位向多维度、立体的生态位进化。案例5的小芝农合联具备拓展多维度发展的实力。农合联既包含生产优质稻米的永泰粮食种植合作社联合社（7家专业合作社组成）①，也拥有薯粉、鸵鸟肉、猕猴桃完整产业链，拥有较强的生产与加工能力，以及成熟的商贸交易平台。小芝农合联同时也具备完善的社会化服务能力。农合联通过多元社会化服务为联合社的生产提供保障（提供生产指导、庄稼医院、产销服务、合作金融服务、农信担保服务等），促进联合社健康发展。

农合联内部各条供应链之间实现平衡发展的关键在于通过积极承接政府项目、自主提供服务两种方式形成完整的社会化服务体系。完善的社会化服务供应体系使得农合联这一多维"异构联盟"在抗御外部风险，有效解决资源使用方面的能力（社会资本、人力资本、企业家能力）全面提升，形成供应链环境中多维生态位宽度的提升。小芝农合联提供社会化服务类型详见图9-4。

图9-4　小芝农合联社会化服务类型

五、进一步讨论

（一）"吸附式"融合与社会化服务支撑

灵山合作社通过集结合作社所能掌控的资源，利用党支部领办模式来增强

---

① 联合社粮食作物生产规模6 000亩，年产量超过2 400吨，是台州市首屈一指的粮食经营主体。

社员的集体行动的一致性，合作社通过"吸附式"融合成为当地果品生产的龙头合作社，合作社的资源环境、生存空间得以改善，其组织生态位因为融合实现了拓展。三莓合作社经营起点很高，在三莓种植与销售环节曾经是当地的"先行者"，但其发展不注重社会化服务的提供，关乎合作社生存的生产流程管理、技术改良、统一生产等社会化服务投入低下造成合作社在生产端的规模与技术优势丧失，合作社并未占据由社员组成的社会网络结构洞，直接导致合作社对社员的"吸附"能力下降，合作社的组织生态位宽度没有得到有效拓展。

因此，两个发展效果截然相反的案例说明，社员加入合作社的目的在于提升自身的组织生存率，实现收益与能力的提升。而提高组织生存率的关键在于增强组织嵌入度，合作社为小农户提供社会化服务可以实现这一目标。合作社社员依托合作社在获得社会化服务的同时，提升自我经营能力和合作社参与度，合作社的壮大也带动了社员的发展。而在自身经营能力未有效调配资源的前提下，合作社经营范围盲目扩张且不注重内部社会化服务的提供，社员满意度的下降导致组织凝聚力不足与组织对网络的嵌入度下降，将影响合作社的发展效能和合作组织生态位宽度。假设1进一步得证。

（二）"链融合"与社会化服务能力提升

新民合作社尽管在肉兔养殖生产端占据了优势地位，但合作社在生资供应、销售能力、社员经营的稳定性以及养殖废污的处理等方面均存在短板，合作社自身的资源调配能力无法有效解决上述问题，合作社拓展自身组织生态位宽度存在障碍。新民合作社主动与梅花鹿养殖合作社、果品种植合作社联合成立联合社，其目的就是提升合作社在社会网络的嵌入度，使得原本存在缺位的供应链建设通过联合得以补强，联合社通过资源互通，以社会化服务形式来为参与者提供急需的粪肥利用、市场拓展、生资服务。新民合作社发起组建的联合社属于融合初期向融合中期的过渡阶段，通过"链融合"与其他两家合作社进行合作，新民合作社进一步拓展了组织生态位宽度，完成了肉兔供应链全产业链发展。

台联九联合社的进路属于典型的"链融合"，台联九联合社自身已在生猪生产环节形成产业绝对优势，联合社通过"外引内联"方式，与生资供应商、生产大户等实现联合，补强了种苗、饲料、养殖、屠宰、有机肥全产业链的多个薄弱环节，台联九联合社因此能占据生猪供应网络中结构洞，有效拓展了组织生态位宽度。

无论是新民合作社案例还是台联九联合社案例均体现出联合促进"互利共生型"发展态势，联合社以农产品供应链的重要节点建设为突破口，构建产业

"链融合"，扩展其生态位宽度。随着产业融合的深入，主导融合的合作社更愿意围绕自身供应链构建形成上下游经营主体融合，合作社纵向联合后的组织生态位宽度明显优于横向联合的效果，假设2进一步得证。

（三）"层融合"与多维供应链集合发展

小芝农合联由51家会员单位，5名个人会员组成，既专注于粮食、农副产品完整供应链的构建，又为农合联内部成员提供生产、供销、信用等服务，保障了多维农产品供应链的同步发展。农合联通过联合实现内部经营主体的取长补短，提升了组织资源调配能力，社会化服务供给能力提升也促进了内部组织的"黏合"，使得农合联成为真正功能互补的异构产业联盟，因此由"合作社—联合社—产业联盟"发展遵循产业进化循序渐进规律，资源的配置能力提升与内部社会化服务的完备性是产业联盟实现组织生态位立体式拓展的保障。假设3进一步得证。

第四节　结论和政策建议

借助组织生态学的分析框架，研究了农户融入合作社发展、合作社联合形成联合社、联合社构建产业联盟的发展脉络，并通过多案例比较分析得出以下结论：

第一，农业产业融合的初期，小农户加入合作社实现"吸附式"融合，获得社会化服务的提升与能力的改善。合作社围绕供应链重要节点吸引农户加入，合作社通过提升社会网络嵌入度来构建"环融合"，实现组织生态位宽度的拓展。促进合作社"吸附式"融合的关键在于社会化服务的完备性与组织的凝聚力。

第二，合作社通过联合实现"互利共生型"发展，围绕供应链上下游展开合作，有助于其拓展生态位宽度并增强市场中组织生存率。因此构建产业"链融合"发展异构型联合体的组织生存率更高，形成"链融合"的基础是构建完备社会化服务体系。

第三，联合社为进一步拓展生存空间，将谋求多维供应链整合发展。构建功能互补、多链协同的异构型产业联盟性质"层融合"，提升社会化服务的完备性是产业"层融合"成败的关键。

根据研究结论，作者提出以下政策建议。

一是合作社应加强社会化服务供应能力建设。将合作社定位为社会化服务的承载中枢，既承接政府的社会化服务项目，又为社员提供有针对性的全程社会化服务。通过社会化服务的规模化发展，既带动合作社经营体系高效运转，又促进合作社在供应链重要节点做大做强，更促进合作社的凝聚力提升。

二是鼓励骨干合作社通过供应链体系纵向融合来发展联合社。围绕农产品供应链上下游重要环节，有针对性地找差距，寻找互补的合作社/企业/家庭农场进行联合来补齐供应链短板。实现以核心成员引领的农产品供应链全产业链发展，创造"链融合"发展环境，对单纯横向融合扩大规模，功能单一的联合社发展持谨慎态度。

三是鼓励异构性产业联盟性质的"层融合"。以联合社为核心，打造多条完整供应链协同发展模式，实现多维供应链在禀赋资源、技术能力、管理方法上的互通，将成为联合社创新发展的重要方向。可参照以浙江"三位一体"发展经验来建设产业联盟，为"层融合"提供体系化的生产、供销、信用多元服务，促进产业联盟核心力的提升。

第十章

农业供给侧结构性改革与合作社创新发展

2015 年 11 月 10 日，在中央财经领导小组第十一次会议上，习近平总书记强调，"在适度扩大总需求的同时，着力加强供给侧结构性改革，着力提高供给体系质量和效率，增强经济持续增长动力"。2015 年 12 月召开的中央经济工作会议，对供给侧结构性改革从理论思考到具体实践都做出了全面阐述，从顶层设计、政策措施到重点任务做出了明确部署。作为一种全新表述，"供给侧"概念表明了党中央对宏观经济政策思路的新认知，也指明了今后宏观经济政策的走向和着力点。2020 年 12 月召开的中央经济工作会议强调以深化供给侧结构性改革为主线，既做好"减法"，也做好"加法"，优化存量资源配置，扩大优质增量供给，提高全要素生产率，推动新业态、新模式、新产品和新技术的发展，提升实体经济的创新力和竞争力。2021 年 12 月中央经济工作会议再次提出要深化供给侧结构性改革，重在畅通国内大循环，重在突破供给约束堵点，重在打通生产、分配、流通、消费各环节。

农业是国民经济的基础。从产业结构演进的规律来看，农业是基础性产业和战略性产业，其主要功能是保供给、保安全。从当前和今后一个时期看，全面建成小康社会和实现现代化，农业更是基础支撑。2015 年中央农村工作会议做出了推进农业供给侧结构性改革的战略部署。2016 年中央一号文件指出，用发展新理念破解"三农"新难题，厚植农业农村发展优势，加大创新驱动力度，推进农业供给侧结构性改革。2021 年中央一号文件提出，要深入推进农业供给侧结构性改革，把乡村建设摆在社会主义现代化建设的重要位置，全面推进乡村产业、人才、文化、生态、组织振兴。这是经济新常态下，提升中国大国农业竞争力，实现农业提质增效与转型升级的必然选择，也是当前和今后一段时期农业农村经济工作的重大任务。同时，2022 年中央一号文件提出，"推进农村一二三产业融合发展，鼓励拓展农业多种功能、挖掘乡村多元价值"。农民合作社作为农村产业融合发展的关键主体，其资源动员能力和服务能力强，对接市场渠道广，并且与农户的利益联结机制更紧密，发挥协同效应的纽带作用更明显。因此，政府应当加大政策创新力度，给予更多的优惠与扶持，促进农民合作社规范化创新发展，引导其在供给侧结构性改革中发挥引领作用。

一、农业供给侧结构性改革的政策内涵

（一）背景及成因

改革开放以来，中国农业综合生产能力显著增强。截至 2021 年底，全国共建成高标准农田 9 亿亩，农业有效灌溉面积占比超过 54%、农作物耕种收综合机械化水平达到 72%、农业科技进步贡献率达 61% 以上。2021 年粮食产量达到 13 657 亿斤，实现"十八连丰"。农民收入持续较快增长，2021 年人均可支配收入 18 931 元，比 2012 年翻了一番多，农民生产生活水平上了一个大台阶①。农村基础设施建设与农村社会事业加快改善，美丽乡村建设进入快车道，农村改革取得新进展，农民生产生活条件有了明显改观，农业农村发展保持持续向好势头。与此同时，中国农业农村发展也出现了一些突出矛盾和问题。这些问题主要集中在供给侧，突出表现为结构性矛盾，涉及农业、林业、牧业、渔业多个领域，涵盖农业生产、加工、流通、贸易等多个环节。

一方面，中国农产品供求结构错位失衡，部分产品库存压力大，生产成本过高。在粮食生产上，呈现出生产量、进口量、库存量"三量齐增"现象。从品种结构看，主要表现为玉米多、大豆缺。2021 年中国大豆进口 9 652 万吨，大豆自给率不足 15%。从库存角度看，部分农产品库存压力持续增大。根据国家粮食和物资储备局数据，当前，粮食库存总量处于历史高位，特别是小麦和稻谷两大口粮品种占总库存的比例超过 70%。从价格角度看，中国粮棉油糖肉等大宗农产品价格与国际农产品相比出现全面倒挂（inversion）。监测数据显示，不仅国内小麦、玉米、大米平均批发价格比进口到岸完税后成本价高，国内猪肉、食糖、棉花、大豆价格也长期高于进口价格。从效益角度看，中国农业生产成本持续攀升，农产品国际竞争力逐步削弱。2006 年到 2018 年，稻谷、小麦和玉米三大主粮的平均生产总成本从 444.92 元/亩上涨到 1 093.65 元/亩，其中三大主粮生产的平均人工成本从 151.96 元/亩上涨到 419.24 元/亩，平均土地成本从 68.25 元/亩上涨到 224.86 元/亩。2018 年，农业生产的人工成本就占总成本 30%~40%，而一些发达国家只有 5%~10%。在土地成本方面，2010 年到 2018 年，大部分粮食种植的土地成本上涨超过 65%。在生产成本结构上，人工

---

① 数据转引自：中共中央宣传部："中国这十年"系列主题新闻发布会，人民日报，https：//baijiahao.baidu.com/s？id＝1736825095599053106&wfr＝spider&for＝pc。

费用和土地租金持续刚性增长，远远超过物化投入，环境成本逐步显性化，农业已经进入全面高成本时期。

另一方面，中国耕地资源、淡水资源匮乏，农业可持续发展的基础十分薄弱。根据 2019 年数据，中国人均耕地面积仅为 1.37 亩，不足世界平均水平的一半。人均水资源占有量约 2 097 立方米，仅为世界平均水平的 1/4，且时空分布不均。全国农田灌溉用水缺口达到 300 多亿立方米，严重缺水期即将到来。同时，粮食连年丰收的背后也付出了很大代价，耕地数量减少、质量下降、地下水超采、土地重金属污染、水土流失和土地荒漠化加剧、农业面源污染加重，生态环境代价越来越沉重。中国农业农药化肥利用率仅为 40%，农作物秸秆综合利用率 85%，每年大约有 1 500 万吨氮肥流失到农田之外，农药污染耕地面积达 1.4 亿亩左右，据统计，中国耕地重金属污染面积已超过 1/5（近 2 000 万公顷），重金属污染国土面积达 13% 左右。每年因土壤重金属污染而减产的粮食约 1 000 万吨，另外还有 1 200 万吨粮食污染物超标。在资源环境约束趋紧的情况下，依靠增加化肥、农药等投入品数量来提高农产品产量的潜力日益减少。这些问题迫切要求中国必须进行农业供给侧结构性改革。

（二）存在误区

关于农业供给侧结构性改革的研究逐渐增多。孔祥智（2016）提出，农业供给侧结构性改革的三大着力点在于土地制度改革、农业结构调整和粮食体制改革。陈晓华（2016）提出推进农业供给侧结构性改革的重点在于去库存、降成本、统管理、调结构和促融合五个方面。伍振军（2015）提出，推进农业供给侧结构性改革，需要采取针对性措施，重点解决资源配置扭曲问题。涂圣伟和周振（2016）认为，农业结构性问题产生的三大根源主要在于农业要素投入结构长期失衡、农业产业链协同存在"梗阻"以及宏观调控机制化建设滞后，而推进农业供给侧结构性改革，要做好风险应对，防止粮食减产滑坡风险、区域性农民减收风险和政策效果"漏损"风险。黄祖辉（2020）认为农业农村供给侧结构性改革的实质，就是要通过供给侧制度体系的建构，优化农业农村优先发展的制度环境。刘守英等（2021）提出，农业供给侧的结构问题要从农业要素组合及其变化中寻找实际存在的结构性难题并通过有效的制度、组织与技术变革来解决问题。推进农业供给侧结构性改革，在去库存、降成本、补短板的基础上，要尽快扭转农业要素投入结构失衡、政府与市场关系失衡和产业链协同发展失衡。这些研究对于我们把握农业供给侧结构性改革的理论内涵与重点任务奠定了基础，也为分析合作社在农业供给侧结构性改革中的积极作用提供了有益借鉴。与此同时，无论在理论研究层面，还是在实践工作层面，均出现了一些误区，归纳起来主要有以下三点：

一是简单认为农业供给侧结构性改革主要是解决农产品供给过剩问题。当前，受国内外农产品价差影响，中国玉米、棉花出现阶段性供大于求、库存积压、财政负担加重等问题。同时，植物油籽和乳制品也存在过度进口问题。近年来，中国收储加工的菜籽油大部分积压在库，2021年乳制品进口折合生鲜乳2 251万吨，占国内奶类产量的60%。这一方面是由于国内外农产品成本差距过大，农业基础竞争力先天不足；另一方面在于一些农产品供给不能满足消费者日益丰富多彩和安全优质的消费需求。从长期看，中国对农产品的消费需求将呈刚性增长趋势。从总量上看，虽然粮食连续18年丰收，但是，据《中国农村发展报告2020》预测，到2025年，中国将出现1.3亿吨左右的粮食缺口，其中谷物缺口2 500万吨。随着人口总量继续增加以及城镇化进程加快，预计到2025年中国人口将达到14.13亿人，同时，小麦、水稻、大豆以及玉米消费量将分别增长11.8%、2.4%、14.5%和18.7%。棉花、糖料以及生鲜农产品的供需也将持续趋紧，肉蛋奶等动物脂肪和蛋白食物的消费将明显增长，饲料粮需求将大幅增加。因此，推进农业供给侧结构性改革不是单纯强调"消化库存"，而是在消化个别农产品库存的同时，继续提高产能，确保国家粮食安全和重要农产品有效供给。

二是简单认为农业供给侧结构性改革主要是调整优化农业结构。近年来，中国农业生产在数量与质量、总量与结构、成本与效益等方面的结构性问题十分突出。从品种结构看，中国谷物自给率仍保持98%以上的较高水平，但大豆、食用植物油、棉花、食糖的自给率已分别下降到17%、30%、65%和70%左右。从品质结构看，大众产品、普通产品多，中高端产品、优质产品少，多样化和专用化的农产品发展滞后。例如，小麦可保持产需基本平衡，但优质专用小麦存在品质性短缺。水产、肉类、蔬菜、水果等生鲜农产品、绿色无公害有机产品少。同时，种养加结合不紧、农牧渔循环不畅、粮经饲统筹不够以及一二三产融合不足等问题十分突出。这些情况表明，中国农业已经进入转型升级的关键时期，亟须加快调整优化农业结构。改革开放以来，中国政府综合采用价格和收入支持、降低农业投入成本、生产资料供应、信贷补贴、科技支持与基础设施建设等政策工具，对农业生产结构做出了一系列调整（高强和孔祥智，2015）。农业结构调整是农业供给侧结构性改革的重要内容，没有农业结构的调整，就不会形成结构合理、保障有力的农产品有效供给。然而，与农业结构调整相比，农业供给侧结构性改革的牵扯面更广、意义更为深远。供给侧改革（supply-side reform）语境下的农业结构调整包括生产结构、产品结构、经营结构和区域布局多个方面。农业供给侧结构性改革，不仅强调"调优调精"优化生产布局，还强调解放和发展生产力，更突出调整变革生产关系，通过改革消除发展障碍。

三是简单认为农业供给侧结构性改革主要是转变农业发展方式。农业发展方式是实现农业发展的方法、手段和路径的总称，是以农产品产出的增加为核心，实现农业的自然资源、社会资源和政策资源及其结构的优化和全面进步的方法与形式。经济新常态下，中国农业农村经济发展面临严峻挑战，突出表现在资源环境硬约束与生产发展矛盾日益凸显，农业基础设施和科技创新驱动能力不足，制约着农业可持续发展目标实现。在经济新常态下，要通过转变农业发展方式，从主要追求产量增长和拼资源、高消耗的粗放经营，向数量质量并重、注重农业技术创新、注重提高农业竞争力的集约式发展轨道上来，促进农业发展提质增效升级，实现农业可持续发展（陈锡文，2015）。可见，转变农业发展方式主要着眼于资源消耗、环境污染问题，强调的是转变农业的生产方式、资源利用方式和经营方式，依靠科技装备等现代要素投入和体制机制创新，在保护环境的同时提高农业生产效益。因此，转变农业发展方式更多指向的是农业供给侧结构性改革中的"改革"部分，对"供给侧"的问题和"结构性"矛盾涉及较少，不能涵盖农业供给侧结构性改革的准确含义。

（三）基本思路

农业供给侧结构性改革是生产领域的全方位变革，是供给领域的全产业链条变革，是改革领域的协同性变革。推进供给侧结构性改革，要重点关注三个方面：第一，着眼于供给侧，强调从生产端入手，从供给侧发力；第二，问题突出表现为结构性矛盾，要优化供给结构，以更好地适应消费；第三，根源都是体制问题，强调技术创新和制度创新，依靠改革创新来化解。从逻辑关系上看，供给侧是矛盾起点，调整结构是内容，转变方式是手段，三者互为因果、相互影响，共同构成农业供给侧结构性改革的重要内容。

农业供给侧结构性改革，既强调农产品供给又关注消费需求，既突出发展生产力又注重完善生产关系，既发挥市场配置资源的决定性作用又更好地发挥政府的作用。因此，应摒弃简单理解和单线思维误区，按照"供给侧×结构性×改革"的思路，从生产端供需错配着手，牢牢把握矫正农业要素配置扭曲这一主线，通过体制机制创新，以新的发展理念破解农业农村发展中面临的矛盾和问题。

在推进战略上，要以新发展理念引领农业供给侧结构性改革，促进农业新发展。树立创新理念，加快实施创新驱动发展战略。树立协调理念，推进农村一二三产业融合发展，形成粮经饲统筹、种养加一体、农牧渔结合的现代农业结构，最大限度地满足社会对农业的多元化需求。树立绿色理念，大力发展资源节约、环境友好、生态保育型农业，走生产发展、生活富裕、生态良好的文明发展道路，推进农业可持续发展和美丽乡村建设。树立开放理念，统筹利用好国际国内两个市场、两种资源，构建完善现代农业市场调控体系和对外开放体系。树立共享理念，实施包容性增长战略，建立健全农业支持保护制度，促进农民持续增收。

二、农业供给侧结构性改革的重点任务

（一）总体要求

推进农业供给侧结构性改革，重点是解放和发展社会生产力，用改革的办法推进农业结构调整，从农业生产端和农产品供给侧出发，围绕市场消费需求安排农业生产，矫正要素资源配置扭曲，优化农业要素资源配置，减少无效和低端农产品供给，扩大有效和中高端农产品供给，提升农产品质量安全水平，增强农产品供给结构的适应性和灵活性，使供给更加契合市场需求，更有利于资源利用和生态环境保护，形成更有效率、更有效益、更可持续的农产品有效供给体系，提高全要素生产率，实现农产品供求由低水平均衡向高水平均衡的跃升，最终满足人民日益增长、不断升级和个性化的物质文化和生态环境的需要。

（二）核心主线

生产要素投入结构决定了经济增长方式和效率。中国农产品总量增长与质量提升不同步、供给与需求不匹配，根源在于农业生产要素投入结构失衡的局面长期没有根本改观（涂圣伟和周振，2016）。推进农业供给侧结构性改革，核心主线是矫正农业要素配置扭曲，采取针对性措施，提高农业资源配置效率。从全局视角看：一是着眼于全球粮食市场，加强对国内外农业开发潜力、环境与风险分析，解决国内国际农业资源配置扭曲问题；二是着眼于城乡要素流动，通过市场机制调节土地、劳动力和资本在第一产业和二、三产业之间的配置，促进生产要素自由流动；三是着力培植农业比较优势，解决农业内部产业之间的要素配置扭曲问题，提高中国农业竞争力（伍振军，2015）。

优化要素配置，提高农业资源配置效率，核心是消除要素配置的壁垒，提高要素市场化程度。目前，中国工农产品的不平等交换已基本改变，但要素的不平等交换依然存在。主要是由于耕地补偿标准低、农村金融缺失、农村劳动力价格低廉等因素，土地、资金和劳动力大量流向城市。当前和今后一个时期，

工业对农业、城市对农村资源要素的"虹吸"效应可能更加凸显，特别是在农业连年丰收、库存高企、财政趋紧背景下，一些地方很容易出现"形势好了改政策、财政紧了减投入"的倾向（孙中华，2016）。推进农业供给侧结构性改革，一方面要大力实施科技创新战略，推动农业发展由依靠物质要素投入向依靠科技进步转变，提高农业全要素生产率；另一方面要坚持市场取向改革，加快完善农产品价格和收储、农业补贴、金融保险、流通贸易、生态环保等政策，实现资源要素在国内外、工农、城乡之间均衡配置（韩长赋，2016）。

（三）重点任务

当前和今后一个时期，推进农业供给侧结构性改革的重点任务是调结构、提品质、促融合、降成本、去库存、补短板。

调结构，就是要调整优化农业的生产结构、产品结构、经营结构和区域布局，通过优化结构改善供给。一是要优化生产结构，大力推动自主创新，用现代科学技术武装农业，构建现代农业生产体系；二是要优化产品结构，增加适销对路的农产品，重点是控制玉米和增加大豆，为消费者提供丰富多样的农产品供给；三是要优化经营结构，在稳定完善家庭基本经营的基础上，发展新型农业经营主体和服务主体，健全新型社会化服务体系，发展多种形式的适度规模经营；四是要优化区域布局，推动生产向优势产区、主体功能区和生产保护区聚集，统筹利用两个市场两种资源，形成区域分工合理、符合农业自然生产特点和比较优势的区域供给新格局。

提品质，就是要以扩大中高端和有效农产品供给为重点，着力提升农产品质量和食品安全水平，更好适应消费者消费结构转型升级和对农产品供给的需求。当务之急，重点是提升牛奶质量，抓好农产品质量提升和品牌创建，大力推进农业标准化生产、品牌化营销和绿色生产，建立健全农产品质量安全追溯体系，科学制定品牌建设规划，打造农产品品牌体系，提升品牌影响力。

促融合，就是要促进农村一、二、三产业融合发展，通过优化产品链、整合产业链、提升价值链，促进产业间相互渗透、交叉重组，带动资源、要素、技术、市场需求在农村的整合集成，发展壮大新业态和新产业，真正实现产加销协调发展、生产生活生态有机结合。当前的重点：一是发展农产品电子商务，形成线上线下融合互动、农产品上行与农资和消费品下行双向流通格局，促进流通电商化；二是做精做深农产品加工业，积极推进农业产业化经营；三是加快发展休闲农业和乡村旅游，引导新型消费模式，传承农耕渔业文化，最大限度满足社会对农业多功能需求。同时，让更多农民参与产业融合发展，完善利益联结机制，分享产业增值收益。

降成本，就是要以节本增效为重点，减少无效投入、创新经营方式、强化科技创新，着力降低农业生产经营、加工和流通等各环节成本，提高农业的效益和竞争力。一是要通过测土配方和控肥减药，普及节水灌溉，降低投入品成本；二是要通过股份合作、土地托管、联耕联种等方式，让经营主体和农户共享经营权，降低土地成本和劳动力成本；三是推进要素替代，激发创新活力，加快构建覆盖全产业链的国家科技创新联盟，加快品种改良和技术推广。

去库存，就是要立足当前国内外农产品短期内难以明显反弹的实际，综合采用顺价销售、加工转化、调控进出口等多种手段，加快消化玉米等个别农产品的积压库存。一是要尽快采取顺价销售的办法，随行就市消化陈粮；二是要促进农产品加工和多用途转化，大力发展农产品产地初加工，稳步提升主食加工业，引导产业集群集聚。当前主要是玉米，千方百计把农产品库存消化。三是要围绕实施"一带一路"倡议，利用关税配额和国际贸易手段，调控进出口，保障大宗农产品进出口与国内生产、产业安全与农民就业增收相协调。

补短板，就是要以加强农业基础设施建设和提高农业装备水平为重点，加强农业基础设施建设，大力弥补制约农业持续发展的薄弱环节，着力提升农业综合生产能力和抗灾减灾能力。把农田水利作为农业基础设施建设的重点，加快高标准农田建设，推动农业机械发展，着力提升薄弱环节、薄弱品种和薄弱地区的农业机械化水平。同时，要注意保护产能，实施藏粮于地、藏粮于技战略，实施耕地质量保护和提升行动，做好生态环境修复治理工作，构建绿色高效粮食生产技术体系。

三、合作社在农业供给侧结构性改革中的组织带动作用

推进农业供给侧结构性改革，完成既定的目标任务，关键在于通过培育新型农业经营主体，引发农民的自觉行动，增强农业农村发展活力和内生动力。合作社作为上接市场、下联农户的组织载体，通过横向纵向联合与合作，可以为农户提供高效便捷服务，紧密联结农业生产经营各环节各主体，为建设现代农业提供坚实的组织支撑①。农业供给侧结构性改革，一方面对作为重要新型农业经营主体的合作社提出了新要求、新任务，另一方面也为合作社规范和创新发展提供了更好的制度和政策环境。

---

① 参见：《关于引导和促进农民合作社规范发展的意见》（农经发〔2014〕7号），2014年8月27日。

（一）推进农业供给侧结构性改革要求合作社创新发展

一是要求合作社进一步发挥引导农民调结构、提品质的作用。农业供给侧结构性改革的首要任务就是要实现供给与需求的有效衔接。而供需结构失衡，与目前大多数农户不了解市场、不能按照市场需求变化及时调整产品结构有很大关系。截至 2021 年 4 月底，全国依法登记的农民合作社达到 225.9 万家，辐射带动了近一半的农户，合作社在组织农民开展专业化、标准化生产，带领农民进入市场方面发挥着极其重要的作用。推动农业供给侧结构性改革，要求合作社积极对接市场，根据市场需求组织农民生产适销对路的农产品，并指导农民遵循标准化生产操作规程，提升农产品品质，满足市场需求。

二是要求合作社发挥社会化服务主体作用，为农民节本增效。降低农业生产成本是农业供给侧结构性改革的重要任务。2022 年中央一号文件提出，聚焦关键薄弱环节和小农户，加快发展农业社会化服务。要降低农业生产成本，需要改变规模经营实现路径，重点发展适度规模的专业大户和家庭农场，实施"社会化服务+"行动，利用社会化服务实现作业环节的规模化，在适度规模的基础上取得最佳的规模经济效益。农民合作社是新型农业社会化服务的主要承担者，要进一步发挥为农户或其他经营主体提供专业化生产性服务，推进规模经营实现方式的转换，推动农业生产成本的降低。

三是要求合作社进一步发挥桥梁和纽带作用，推动各类经营主体的融合发展。支持农民直接经营或参与经营农业产业，支持各类经营主体参与多环节、全程生产服务。实现农户与各类新型农业经营主体的融合发展，让农民共享农业农村发展收益，也成为农业供给侧结构性改革的重要内容。农民合作社作为农民自组织，具有民办、民管、民受益的特性，是农民实现自我发展和增收的有效形式。这就要求合作社进一步发挥自身优势，实现外部经济内部化，组织农户共同发展，与龙头企业等各类主体开展有效连接，实现融合发展。

（二）更好地发挥合作社的组织带动作用

按照推进农业供给侧结构性改革的总体思路，结合"调结构、提品质、促融合、降成本、去库存、补短板"六大重点任务，农民合作社在提高农业供给质量效率和竞争力方面，应该充分发挥以下六大引领作用。

一是践行新理念，发挥合作社在调整优化生产经营结构方面的引领作用。面对瞬息万变、错综复杂的市场信息，一家一户的分散经营难以适应市场竞争，也难以对结构调整做出有效反应。与分散的农户家庭经营相比，合作社更容易把握市场需求，以新的理念促进新的发展，使"生产导向"转向"消费导向"，带动社员及周边农户进行农业结构调整。例如，黑龙江省克东县金宝现代农机专业合作社成立于 2014 年，合作社总资产 1 500 万元，社员 178 户。2015 年合作社种了 6 700 亩玉米。2016 年国家决定调整玉米临时收储政策。在当地政府的指导下，合作社调整了种植结构，改"单品种、大面积"种植为"多品种、精细化"种植，把玉米种植面积调减到 700 亩，其他耕地种上了 2 700 亩高蛋白大豆、2 000 亩马铃薯、700 亩甜菜和 700 亩红小豆等。在合作社的带动下，2016 年合作社所处的建华村玉米种植面积比去年减少了 70%。全县玉米种植面积减少到 55 万亩，比去年减少了 46%，大豆面积增加到 112 万亩，比去年增加了 40%[①]。

二是拓展新功能，发挥合作社在提升农产品品质方面的引领作用。一方面，合作社可以通过发展订单农业，确保农业生产的计划性、农业生产资料供应的稳定性与农业生产管理的可靠性；另一方面，合作社可以通过发展品牌农业，建设优质农产品生产基地，向消费者提供准确的产品等级、规划、新鲜度等信息，提升消费者的消费体验，实现农产品销售优质优价。平邑县庆联沂蒙双红桃专业合作社成立于 2009 年，注册资金 200 万元。至 2016 年，合作社已发展社员 150 户，总种植面积 1 500 亩。合作社一个很大的创新在于，理事长带领技术人员不断进行新产品研发，目前已经通过杂交嫁接成功研制出新一代的双红桃，红叶红花，产品更大，含糖量更高。在实践摸索中，合作社也发现以有机肥替代化肥可以很好地增强桃树的抗病性，也能够提升果实的含糖量，且树根的草不要清除，适当的杂草能够保持地温，也能够减少病虫害。前不久，有韩国客户来到基地参观，给出了有机种植桃每个 30 元的高收购价格。

三是打造新业态，发挥合作社在促进一二三产融合发展方面的引领作用。有的合作社顺应市场需求变化，积极引入先进理念和现代要素，发展定制农业、众筹农业等新型业态；有的合作社在生产合作的基础上，在成员内部发展信用合作，形成了产业与金融有机结合的新业态；还有的合作社发挥自身优势，大力发展农超对接和农社对接，发展消费会员制，尝试直销直送、体验式消费。合作社发展新产业新业态，不仅开拓了自身的发展空间、拓展了经营业务，还有效带动了周边村镇农产品加工、储藏、包装、运输，以及休闲旅游观光、民俗文化等相关产业发展。

四是延长产业链，发挥合作社在加工增值方面的引领作用。农产品供需不平衡，不仅表现在供求双方的需求数量上，更表现为不同层次的消费者对农产

---

① 案例来源：高辉，黑龙江克东县金宝现代农机专业合作社——看准市场多元种植，农民日报，2016 年 5 月 31 日。

品品质、体验、便捷等多元化的需求无法满足。要满足消费者多种形式的需求，关键在于农产品加工、流通等环节。黑龙江省克山县仁发现代农机合作社于2009 年底组建，2010 年正式运营。2015 年，合作社固定资产达到 5 176 万元，入社成员 1 024 户，经营土地 5.6 万亩。2013 年以来，合作社投资建设了 1 800 平方米马铃薯组培楼和年可烘干玉米 1.5 万吨的烘干塔。合作社还牵头与县内 7 家合作社联合出资 1 亿多元，新建 30 万吨谷物综合加工项目，推动玉米和大豆错峰销售，实现农产品加工增值①。

五是共享经营权，发挥合作社在降低生产成本方面的引领作用。人工费用和土地租金是近年来农业生产成本上涨的主要推动因素。与直接流转土地不同，合作社通过与农户共享土地经营权，创新开展股份合作、土地托管等服务模式，可以有效降低农业生产成本，实现利益共享、风险共担。例如，2009 年成立的商水县天华种植专业合作社，围绕粮食生产，不断探索实践，创新实施了土地托管、粮食银行等做法。合作社成立了机械耕作队、收割队、科技队、田管队、抗旱防汛队五个专业队，实现了农业规模化、专业化、标准化生产和产业化经营，有力促进了粮食增产、农民增收。目前，合作社成员 336 户，固定资产达1 400 万元，土地入股 3 000 亩，托管土地 12 000 多亩，辐射带动周边 3 个乡镇3 000 多户农户。

六是依托新载体，发挥合作社在弥补农业发展短板方面的引领作用。农业资源环境是农业可持续发展的基础，是农产品质量安全的源头保障。与分散农户相比，合作社有能力有动力节约成本，推行农业标准化和绿色生产，控制灌溉用水，减量使用化肥农药，加强农业资源保护和合理利用。实践表明，合作社承担农业综合开发、中央基建投资等涉农项目，实施高标准农田建设、节水农业建设和农业机械化提升等工程，采取重大技术推广与服务补助等方式，开展农业面源污染与土壤重金属防治、农业生物资源保护、测土配方施肥、病虫害绿色防控等公益性服务，更有利于实现政策目标，优化农业投资绩效。

四、政策措施

推进农业供给侧结构性改革，关键是通过改革的办法促进制度创新，优化要素组合方式，让市场在农业资源配置中发挥决定性作用和更好地发挥政府作用。推进过程中，应当更加重视发挥新型农业经营主体的作用，尤其是重视农

---

① 案例来源：引导合作社创新发展推动农业转型升级——全国农民合作社创新发展座谈会典型发言摘登，农民日报，2015 年 10 月 13 日。

民合作社在外拓内联方面的作用，注重合作社内涵式发展，充分发挥其在农业供给侧结构性改革中的引领作用。主要政策着力点有以下几个方面。

一是创新农业补贴政策，加快落实农业支持保护补贴政策，建立与农业供给侧结构性改革相适应的补贴政策体系。尽快建立覆盖全国的适度规模经营补贴制度，降低规模化生产主体和服务主体的生产经营成本；以绿色生态为导向，激励和补偿合作社等新型农业经营主体更多地采用生态技术模式，加强耕地地力保护，实现农业生态环境保护和农民持续增收相结合，使保护农业生态环境不吃亏、有动力。就合作社而言，各地要创新对农民合作社支持方式，采取以奖代补、贷款贴息等方式，鼓励合作社积极承担重大技术推广与服务，参与涉农工程建设与管护，探索财政补助资金形成的资产量化折股为社员股金，提高财政资金使用效率。适当安排增量资金，采取 PPP 等模式，引导社会资本，进一步优化农业投资绩效。

二是理顺农产品价格形成机制，健全农产品价格调控体系。在市场经济背景下，既要避免短期型调控措施长期化，又要防止保障型政策频繁调整。在深入总结试点经验的基础上，发展多元市场购销主体，逐步完善粮食等重要农产品价格形成机制。就合作社而言，要引导合作社适度调减市场积压的粮食品种，按照市场需求安排生产，对合作社开展的生产结构调整活动进行适当补助，对因结构调整而导致的市场价格损失进行适度价差补贴。

三是创新农村金融保险政策，综合运用市场化的政策工具，推进金融资源向"三农"倾斜。明确各类金融机构支农服务的功能定位和应当履行的支农责任，建立储备金制度。综合运用市场化的政策工具，完善农业保险制度。加快建成覆盖粮食主产区及主要农业大县的农业信贷担保网络，引导带动更多资金投入现代农业建设。就合作社而言，应顺应合作社的发展综合化趋势和农民社员的多样化需求，将信用合作纳入法律调整范围，明确合作社内部信用合作的主管部门，平衡风险监管与发展活力的关系，促进合作社内部信用合作更好发挥作用。

四是创新农产品贸易政策，充分运用世界贸易规则，提高国际农产品市场影响能力、国际农业资源掌控能力。要制定实施分品种、分国别的重要农产品贸易战略，加快构建全球重要农产品监测、预警和分析体系。建立重要农产品产业损害防范与救济机制，推进战略性国际农业合作。就合作社而言，要以合作社优质农产品生产基地和农产品初加工基地为基础，并对其中优势产业和加工项目给予适当扶持，帮助其开拓海外市场。

五是提升各地农业部门的指导服务能力。政府应当加强宏观形势研判，跳出"三农"看"三农"，把农业置于国民经济和全球背景来考虑，提高政府行政管理和指导服务能力。就合作社而言，随着合作社的快速发展，其对政府部门的指导服务也提出了新的要求。除了简单的技术和政策服务外，合作社在实践中更需要市场营销、品牌培育、质量体系建设等方面的具体指导和服务。各地农业主管部门在提高自身能力的同时，应以政府购买服务的方式，引入各类专业化服务组织，为农民合作社提供所需的指导和服务，促使其在农业供给侧结构性改革中发挥更大作用。

第十一章

农民合作社创新发展探析——以南京市为例

农民合作社是新型农业经营主体的重要组成部分，在构建现代农业产业体系、生产体系、经营体系等方面发挥着重要作用，已成为组织服务农民群众、激活乡村资源要素、引领乡村产业发展和维护农民权益的重要组织载体。近年来，南京市深入贯彻习近平总书记关于"突出抓好家庭农场和农民合作社两类农业经营主体发展"要求，认真落实新发展理念，通过对标对表先进，坚持"六个注重"，全面开展农民合作社"双建双创"行动，培优做强农民合作社，为合作社持续健康发展提供强有力保障。

第一节　政策举措及成效

南京市高度重视合作社培育发展工作，以满足农民对合作联合的需求为目标，聚焦规范发展和质量提升总要求，加强示范引领，优化扶持政策，强化指导服务，农民合作社培育发展进入新的阶段。南京市现有农民合作社 4 226 家，其中区级以上示范社 618 家，国家级示范社 36 家，为小农户开展农技、植保等农业社会化服务 349 家。农民合作社经营收入超 27 亿元，入社成员超过 25 万人。具体工作举措及成效如下。

一、完善政策制定和执行机制

一是完善政策支持体系。南京市农业农村局先后出台《关于大力培育新型农业经营主体的意见》《关于进一步完善政策体系推动新型农业经营主体高质量发展的实施意见》《关于进一步规范设施农业用地管理的通知》《关于开展农民合作社规范提升行动的实施意见》《南京市市级农民合作社示范社认定和监测暂行办法》等文件，明确了农民专业合作社规范提升的发展方向、主要支持政策，进一步健全完善政策落地具体办法，构建起相对完善的政策支持体系。二是健全综合协调机制。建立全市农民合作社发展联席会议制度，总体负责全市农民合作社建设和发展的指导协调、规范管理工作；各区相应建立健全农民合作社综合协调机制。三是强化服务队伍体系。加强区镇农民合作社辅导员队伍建设，鼓励有条件的地方通过政府购买服务等方式，为镇街选聘辅导员并对辅导员提供支持服务，发挥合作社辅导员在合作社注册登记、规范管理、市场营销等方面的指导作用，逐步实现每个涉农镇街配备 1~2 名合作社辅导员。

二、加大财政金融支持力度

一是加大资金扶持。每年争取市财政资金 500 万~600 万元，用于对新认定的市级以上示范合作社和监测合格示范社给予一定奖补；同时鼓励各区对各层级示范合作社和监测合格示范社给予相应奖补。支持示范合作社在同等条件下享有农业产业项目优先申报权。二是强化信贷支持。出台《南京市扶持新型农业经营主体贷款管理办法》，与 7 家合作银行开发"金陵惠农贷"政策贷款产品，将符合条件的农民专业合作社纳入贷款扶持名录。调整优化"金陵惠农贷"政策，农民专业合作社可享受最高 600 万元无抵押、无担保、低利率的银行授信贷款额度。截至 2021 年底，合作银行已累计为全市 1 213 家合作社发放优惠贷款 17.55 亿元，已为 294 家合作社新增放贷 3.2 亿元。三是降低融资成本。市财政每年安排专项资金 1 500 万~2 000 万元，对合作社等新型农业经营主体因农业生产经营用途，从商业银行取得贷款支付的利息给予 40%~50% 的补贴。今年共有 128 家合作社获得市级贷款贴息补助，贴息金额达 355 万元。

三、细化措施引导规范运行

第一，开展空壳社清理。开展农民合作社发展情况全面摸底排查，重点对被列入经营异常名录、群众反映和举报存在问题等农民合作社依法依规进行清理，积极探索简易注销登记办法，累计清理注销"空壳社"2 000 多家。第二，推进档案、财务规范化建设。按照有分管领导、有管理制度、有管理人员、有专用橱柜、有档案资料、有登记台账的"六有"标准规范建档，在国家级和省级示范社开展档案规范化建设试点，并逐步向市级、区级示范社延伸覆盖，已完成档案规范化建设试点合作社 92 家。合作社年度报告制度落实水平不断提高，年报公示率 82.4%。积极推行合作社财务电算化管理，指导合作社建立完善成员账册，依法按章分配利益。第三，加强核心业务培训。每年对示范社理事长及各级辅导员开展轮训，通过课堂授课、现场考察、经验交流等方式进行业务和管理培训；积极组织农民合作社参加第十四届省农民专业合作社农产品展销会（云展会）活动，发挥邮政渠道平台资源优势，强化产销对接、产加对接、银社对接，帮助合作社拓展销售渠道。

四、扶优扶强创立示范标杆

一是全面推进示范社创建。出台《南京市市级农民合作社示范社认定和监测暂行办法》，完善示范社评定指标体系，持续推进国家、省、市、区级示范社四级联创，着力打造一批可看、可学、可复制的示范典型；全市共创建区级以上示范社 618 家，其中国家级示范社 36 家、省级示范社 99 家、市级示范社 99 家。二是评选双优树典型。为认真贯彻落实中央关于重点培育农民专业合作社等新型农业经营主体的要求，开展南京市"双优"农民专业合作社评选，共选出 24 家"双优"合作社，11 家优秀农民专业合作社。三是加强典型示范宣传。充分利用电视、报纸、网络等各种新闻媒体，积极宣传合作社的经验做法和典型人物，营造合作社发展良好氛围。例如高淳固城湖青松水产专业合作联社理事长邢青松获评 2021 年"全国优秀共产党员"称号；南京苏辉果蔬专业合作社、高淳区苏峰经济林果专业合作社入选 2021 年全省农民合作社典型案例名单，农民专业合作社的社会影响力不断扩大。

五、创新提质引领高质量发展

一是开展质量提升整县推进试点。溧水区、栖霞区入选全国农民合作社质量提升整县推进试点。以发展壮大单体农民合作社、培育发展农民合作社联合社、提升县域指导扶持服务水平为主要内容，在两区开展农民合作社质量提升整县推进试点，探索整县提升农民合作社发展质量的路径方法，打造农民合作社高质量发展的县域样板。二是鼓励村集体领办合作社。积极探索村集体领办、产权明晰、服务多元、管理规范的综合性农民合作社，有效发挥农民合作社在衔接小农户与现代农业发展、助力新型村级集体经济发展、实现精准扶贫中的重要作用。全市累计成立综合社 28 家，农业农村部先后两次来宁调研南京市综合社发展工作。三是积极引导合作与联合。积极引导家庭农场、种养大户加入农民合作社，鼓励同业或产业密切关联的农民合作社，通过兼并、合并等方式进行组织重构和资源整合。鼓励和引导有条件的合作社，牵头成立联合社，为成员提供社会化服务对接、区域公用品牌创建等服务。全市累计成立农民专业合作社联合社 45 家。合作社通过"保护价收购""土地入股分红""交易额返还+二次返利"等形式，不断完善与成员的利益联结机制，全市有977家合作社根据《合作社法》要求按照交易量（额）返还盈余并实现了二次分红，联农带动能力不断增强。四是品牌经营提效益。全市通过农产品质量认证的合作社198家，拥有注册商标的合作社457家。先后打造了"南京盐水鸭""南京雨花茶""固城湖螃蟹""横溪西瓜""溧水黑莓""八卦洲芦蒿""高淳国际慢城""溧水无想田园""六合多彩竹镇"等区域公共品牌。五是支持发展新型业态。鼓励农民合作社突破传统的种养销售领域合作服务，向休闲农业、乡村旅游、电子商务等多种类型的合作发展，推进农村一二三产业融合发展。全市开展休闲农业和乡村旅游合作社的有48家，发展电子商务的合作社181家。南京简诺种植专业合作社2020年合作社产品线上销售额达2 200万元，占全年销售收入的71%，成员收入比上年增加19%。

第二节　样本农民合作社概况及分析

一、合作社基本情况

（一）样本分布情况

为掌握农民合作社创新发展情况，本次调查的范围涵盖浦口、栖霞、江宁、六合、高淳、溧水和江北新区等7个市辖区，在各区随机抽样选择若干合作社开展访谈，共完成80家农民专业合作社的监测调查，具体分布如图11-1所示。

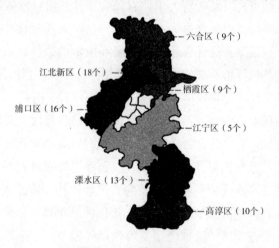

图11-1　调查样本分布

（二）行业分布

在样本合作社中，园艺类家庭农场数量最多，共有 50 家，占总样本的 62.5%。粮食类家庭农场为 16 家，畜牧类和水产类合作社则相对较少，分别为 8 家和 6 家。样本合作社的行业分布如图 11-2 所示。

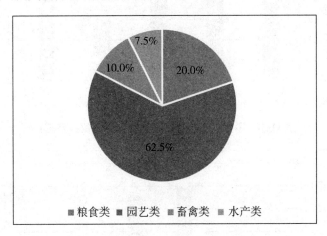

图 11-2 样本合作社的行业分布

（三）合作社基础信息

样本合作社的平均成立时间为 8.24 年，日常管理的核心社员数平均为 4.8 人，其中有 12 家合作社成立了党支部，政府部门向 6 家合作社驻派了党建工作指导员。有 11 家合作社发起成立了联合社，另有 10 家合作社加入了联合社。

合作社的平均注册资金为 484.94 万元（图 11-3），其中畜牧类合作社的注册资金最高为 695.00 万元，粮食类合作社为 504.72 万元，园艺类合作社为 467.16 万元，水产类合作社为 300.24 万元。

（四）理事长的基本情况

理事长文化程度。在样本合作社中，接近 7 成的理事长学历集中在高中和专科学历，共有 58 家合作社（图 11-4）。具有本科学历的理事长有 10 人，硕士学历的有 1 人。总体来看，拥有专科及以上学历的理事长占比为 49%，一定程度上说明样本合作社的管理层队伍文化素质较高。

理事长年龄。样本合作社理事长的平均年龄为 53.8 岁（图 11-5）。其中，有 3 家合作社理事长的年龄在 30 岁以下；有 10 家合作社理事长的年龄在 40 岁以下；有 23 家合作社理事长的年龄在 40~50 岁，50~59 岁的合作社理事长占比最多，达到 42.50%，而理事长年龄在 60 岁及以上的则有 10 家。总体上，合作社理事长较为年轻，60 岁以下的理事长占比达到 87.5%。

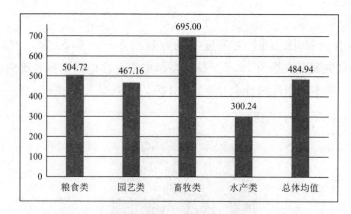

图 11-3　不同类型合作社注册资金（单位：万元）

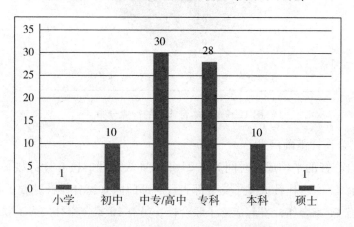

图 11-4　合作社理事长的教育水平分布

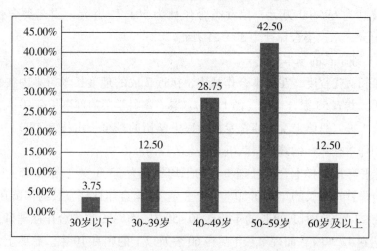

图 11-5　合作社理事长的年龄段分布

从事合作社理事长之前的工作。大多数从事农产品经纪人的工作，有 17 家是种养大户演变而来，9 家是由家庭农场演变而来（如图 11-6）。有 9 家是由企业向合作社过渡而来。有 26 位理事长之前是直接从事农业生产。有 19 位理事长之前从事农产品经纪人的工作。

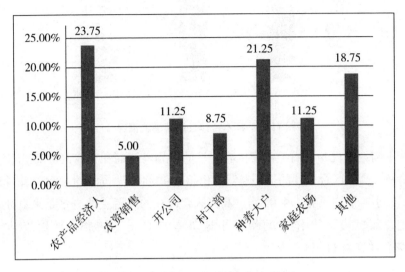

图 11-6 理事长任职之前的工作

理事长薪酬。样本合作社中，有 13 个理事长从合作社领取工资，其平均年工资为 5.51 万元。现阶段，有 11 个理事长是本村村干部。在合作社的出资中，理事长个人出资额平均为 203.6 万元。

二、合作社生产经营情况

（一）合作社运营模式

样本合作社中，"合作社+基地+农户"是最主要的运行模式，该模式占比达 55.00%。"合作社+农户"为另一主要运行模式，占比为 31.25%。而公司与合作社之间的合作模式则不多，共有 11 家合作社的运行以公司为主导，各种模式的占比累计为 13.75%。样本合作社运营模式情况如图 11-7 所示。

（二）生产经营面积

在样本合作社中，有 69 家合作社直接从事农业生产，总土地经营面积达到 10.47 万亩。每家合作社的平均经营面积为 1 620.55 亩，其中社员自有（入股）土地面积为 499.01 亩，流转土地面积为 1 121.54 亩，合作社所经营耕地有 69.21% 是通过流转而来。

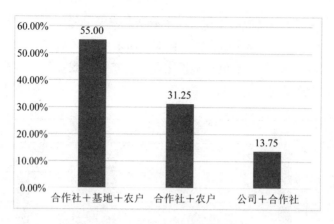

图11-7 样本合作社运营模式情况

从不同地区视角来看，江宁区合作社的平均经营面积为5 368.26 亩，位列各区第一；高淳区合作社的平均经营面积超过4 000 亩，而江北新区合作社的经营面积最小，平均只有414.03 亩。高淳区合作社的经营土地更多是来自社员自有土地，而栖霞区合作社的耕作土地基本来自土地流转，平均流转率为98.85%。详见表11-1。

表11-1 不同地区合作社的土地经营面积及来源（单位：亩）

地区	经营面积	社员自有土地	流转土地	流转土地占比
浦口	1 928.45	228.00	1 700.45	88.18%
江北新区	414.03	28.86	385.17	93.03%
栖霞	969.16	11.11	958.04	98.85%
江宁	5 368.26	2 088.26	3280	61.10%
高淳	4 107.11	2 090.00	2 017.11	49.11%
六合	786.43	297.14	489.29	62.22%
溧水	906.27	143.14	763.13	84.21%
样本均值	1 620.55	499.01	1 121.54	69.21%

从行业类型来看，不同行业之间的经营面积差异较大。水产类合作社的平均经营面积最大，达到5 368 亩①，其中有3 280 亩的水面来自流转，土地流转

---

① 水产类合作社经营面积较大的原因是样本中包含南京市高淳区和丰园生态水产养殖专业合作社和南京市高淳区青松水产专业合作社两家经营面积过万亩的合作社，去除这两家合作社后的经营面积、社员自有土地和流转土地分别为352.5 亩、10 亩和342.5 亩

比为 61.10%。粮食类合作社的平均经营面积为 3 588 亩，其土地流转比为 78.89%；园艺类合作社的经营面积为 780 亩，其土地流转比为 76.17%；畜牧类合作社的经营面积最小，平均经营面积为 104 亩，但其土地流转比达到 88.46%。详细情况如图 11-8 所示。

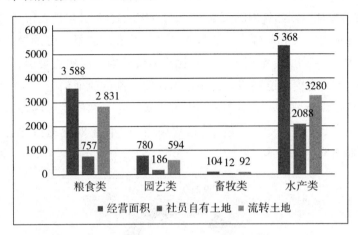

图 11-8 不同类型合作社的土地经营面积（单位：亩）

（三）合作社主要经营服务内容

样本合作社的经营服务类型较为多元，涉及农资购买、农产品生产服务、仓储、加工、信贷和文化传承等内容（图 11-9）。农产品销售是合作社对外提供最多的服务类型，占比达到 48.75%；其次分别是提供生产技术指导和产销一体化服务，占比为 26.25%；其余依次排序为农产品加工、仓储、农资购买和农机服务等，占比分别为 18.75%、15.00%、13.75% 和 7.50%。

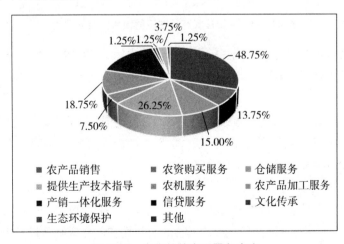

图 11-9 合作社的主要服务内容

（四）农产品销售

一是农产品销售渠道。样本合作社在帮助合作社成员销售农产品时，有42.5%的合作社是帮助社员牵线销售，有48.75%的合作社是通过组织收购后再统一对外销售。从农产品销售市场范围来看，61.54%的合作社以南京市为主，30.77%的合作社以江苏省内的市场为主，7.69%的合作社以外省市场为主。

从具体的销售渠道来看，客商收购是合作社农产品最主要的销售渠道，占比为56.53%，位列所有渠道第一。相比于传统的农产品销售渠道，有13.01%的农产品是通过电商渠道销售，是销量占比第二高的流通渠道，说明电子商务逐步向合作社等新型经营主体渗透。农贸市场、超市和批发市场等传统流通渠道的销售量占比为21.35%。在上述销售渠道中，订单农业的占比为58.74%。详细情况如图11-10所示。

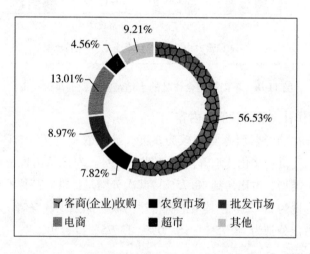

图11-10　合作社农产品在不同销售渠道的占比

二是销售合约签订。在统一销售的合作社中，有79.49%的合作社与社员之间签订了销售合同，其中签订书面合同的合作社占比为64.52%，口头合约的比例为35.48%。

三是合约农产品的定价方式。有53.85%的合作社选择"随行就市，但收购价会略高于市场价格"的定价方式，20.51%的合作社选择以事前约定价格收购，但有25.64%的合作社仅以市场价格收购。

（五）农产品质量控制

一是对农产品质量的要求。在样本合作社中，91.25%的合作社在收购成员农产品时会对产品质量提出要求。如图11-11所示，农药使用量是合作社最为关注的农产品质量属性，有42.47%的合作社对农产品生产过程中的农药使用量有明确规定。31.51%的合作社会指定社员种养具体的品种，好的品种是反映农产品质量的一个重要方面。有17.81%的合作社更为关注合作社的产品外观，而并不涉及产品的内在品质问题。

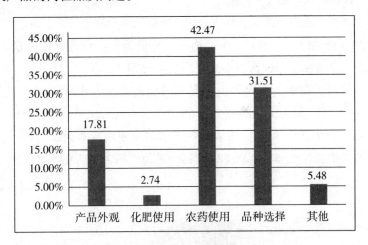

图 11-11　合作社对农产品质量的要求

确保社员产品质量符合要求的途径。社员在农产品质量控制方面存在"搭便车"的可能，为了保证合作社所生产出的农产品达到质量要求，有30.14%的合作社会选择对社员的生产过程进行监督，28.77%的合作社会在关键生产环节（如打药）由合作社统一经营，23.29%的合作社选择通过技术指导的方式来标准化社员的种养方式，另有16.44%的合作社会选择利用相关仪器对农产品质量进行检测。详细情况如图 11-12 所示。

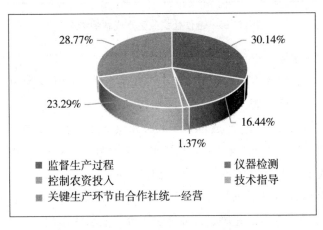

图 11-12　对社员农产品质量的控制方式

三、合作社成本收益情况

（一）合作社农产品生产成本

一是总体生产成本及构成。样本合作社的亩均农产品生产成本为 3 400 元/亩，其中农田水利基础建设、棚架、生产用房屋建设等生产设施建设是最大生产成本投入来源，为 844.34 元/亩，占总生产成本的 24.83%（图 11-13）。种子、种苗、药品、肥料、饲料、地膜等生产资料的购买支出为 838.67 元/亩，占总生产成本的 24.67%；每亩土地的租金为 554.32 元，占总生产成本的 16.30%；雇工支出平均每亩为 391.72 元，农业机械的折旧及使用成本为 322.98 元/亩，社会化服务购买的支出成本为 125.02 元/亩，其他费用为 323.04 元/亩。

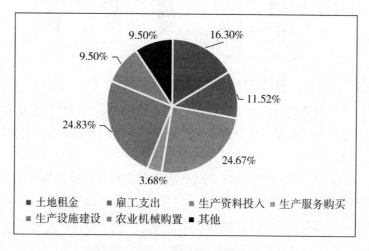

图 11-13　合作社农业生产成本的构成

二是分行业比较。粮食类合作社的亩均生产成本为 1 787.73 元，其中土地成本和农业机械购置成本较高，土地租金占总生产成本的比重为 30.54%，农业机械的购置成本占比为 23.06%（图 11-14）。

园艺类合作社的亩均生产成本为 6 498.32 元，生产基础设施建设的成本占比最高，达到 2 362.79 元/亩，主要投资来源于大棚、棚架等设施的建设。生产资料购买的成本占比为 24.03%，雇工支出的成本占比为 12.20%。

畜牧类合作社的生产成本是四类合作社中最高的，亩均生产成本达到 32 335.58 元。受到农药、化肥、柴油等农资价格上涨的影响，最主要的生产成本支出为生产资料的购买，在总成本中的占比达到 37.43%。

水产类合作社的亩均生产成本为 1 729.61 元，生产成本最高的部分同样来自种子、种苗、药品、肥料、饲料、地膜等生产资料的购买,占比达到43.85%;其他各类成本支出的排序为土地租金、设施建设、雇工和其他支出。

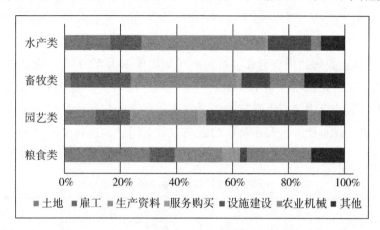

图 11-14 不同类型合作社的生产成本构成

（二）合作社经营收益

2021年,样本合作社的平均经营总收入为697.75万元,其中,农产品销售收入为634.63万元。2021年,合作社平均总利润为每家80.25万元,亩均净收益为495.20元。进一步分行业来看,畜牧类合作社的亩均净收益最高,达到4 837元。水产类合作社的亩均净收益次之,为1 214元,而粮食类合作社的净收益最低,每亩收益为421元。详细情况如图11-15所示。

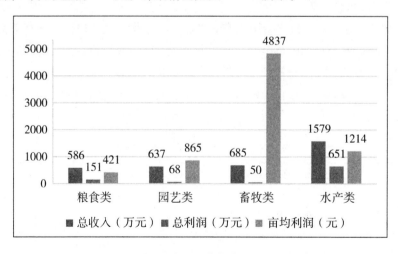

图 11-15 不同合作社的总收入与亩均收益

四、合作社规范化建设情况

(一) 股东大会

在样本合作社中,有 88.75% 的合作社定期召开社员大会,每年平均召开 2.7 次社员大会,每次大会合作社社员的平均出席率为 87.55%。在社员大会的表决方式方面,有 62 家合作社采取"一人一票"的表决方式,有 8 家合作社采取"一人一票结合附加表决权"的表决方式;有 5 家合作社采取"部分核心社员一人多票,普通社员一人一票"的表决方式。同时,也有少数合作社以股份和交易额的占比采取一人多票的方式进行表决。详细情况如表 11-2 所示。

表 11-2 合作社社员大会的表决方式

表决方式	数量	占比
一人一票	62	77.50%
一股一票	2	2.50%
部分核心社员一人多票,普通社员一人一票	5	6.25%
按交易金额和股份实行一人多票	2	2.50%
一人一票结合附加表决权	8	10.00%
其他	1	1.25%

(二) 理事会

在样本合作社中,理事会平均有 6 名成员,平均每家合作社召开理事会 2.5 次/年,但有 11.25% 的理事会并不负责合作社的日常运行事务。在理事会的表决方式上,有 72.5% 的合作社选择"一人一票"的表决方式,有 11.25% 的合作社选择"一人一票结合附加表决权",在合作社的日常管理中相关合作社核心社员拥有更高的表决权。详细情况如表 11-3 所示。

表 11-3 合作社理事会的表决方式

理事会表决方式	数量	占比
一人一票	58	72.50%
一股一票	2	2.50%
部分核心社员一人多票,普通社员一人一票	5	6.25%
按交易金额和股份实行一人多票	3	3.75%
一人一票结合附加表决权	9	11.25%
其他	3	3.75%

（三）监事会

在样本合作社中，监事会的平均成员数为 2.34 人，但是有 10 家合作社的监事会并不对合作社的日常业务活动进行监督和检查。在监事会的表决方式上，有 62 家合作社采取"一人一票"的表决方式，占比为 77.5%。同时，有 10% 的合作社采取"一人一票结合附加表决权"的表决方式。

（四）财务管理

样本合作社都制定了章程，有 96.25% 的合作社设立了台账，有 98.75% 的合作社设置了会计账簿，88.75% 的合作社会对合作社的财务进行公开。有 91.25% 的合作社对日常事务进行公开，在信息公开方式上，有 30% 利用信息化方式公开信息，而大多数合作社利用公示栏进行公示。

（五）合作社盈余分配方式

"按交易额（量）分配"是占比最多的分配方式，共有 23 家（表 11-4）。同时，"按交易额与按股分配相结合，但以按交易额分配为主"的分配方式也较多，占比为 25%。有 8 家合作社将盈余平均分配给社员。"按股分配"的合作社有 17 家，有 11 家合作社采取"按交易额与按股分配相结合，但以按股分配为主"。在以交易量分配的合作社中，按交易额（量）比例返还的总额占可分配盈余的平均占比为 32%，尚未达到 60% 的规定标准。

表 11-4　合作社盈余分配方式

合作社盈余分配方式	数量	占比
按交易额（量）分配	23	28.75%
按股分配	17	21.25%
平均分配给成员	8	10.00%
按交易额与按股分配相结合，但以按交易额分配为主	20	25.00%
按交易额与按股分配相结合，但以按股分配为主	11	13.75%
其他	1	1.25%

五、合作社的社会职能

（一）带动农户能力

在样本合作社中，合作社平均由 90 名社员组成，合作社社员工资为 5.9 万元。从不同行业视角来看，粮食类合作社的社员人数最多，而水产类合作社的社员人数最少，但是水产类合作社的人均收入最高达到 7.7 万元/年，畜牧类合作社的年人均收入最低为 4.5 万元（表 11-5）。

部分合作社在收购农产品时，不仅只收购社员的农产品，也会对非社员达标的农产品进行收购，或者是雇用周边农户从事相关辅助性工作，进而有利于促进非社员农户增收。样本合作社中，平均每家合作社能够带动非社员农户 208 人，其中，水产类合作社平均能带动非社员农户最多达到 584 人，而畜牧类合作社的带动人数相对较少只有 33 人。

表 11-5　合作社对农户的带动能力

合作社类型	社员数	社员收入（万元）	带动非社员农户
粮食类	114	6.5	343
园艺类	86	5.7	148
畜牧类	81	4.5	33
水产类	69	7.7	584
样本均值	90	5.9	208

（二）乡村治理参与

在样本合作社中，有 72.50% 的合作社协助村委参与乡村治理工作，有 55% 的合作社参与过村内部矛盾的调解。在村庄基本公共服务供给方面，有 62.50% 的合作社参与过人居环境整治，有 41.25% 的合作社参与过乡村文化传承与保护工作，有 40.00% 的合作社会选择参与村庄基础设施的管护，有 35.00% 的合作社会选择参与其他公共服务供给，有 32.50% 的合作社会参与村庄的基础设施建设。详细情况如图 11-16 所示：

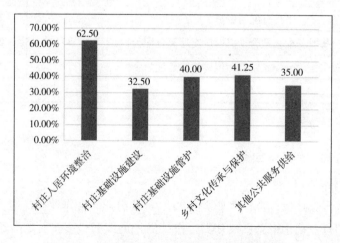

图 11-16　合作社参与乡村基本公共服务供给情况

第三节 合作社发展制约因素

通过南京合作社的调查分析，以及与部分典型合作社的实地访谈可知，合作社在发展过程中普遍存在以下几点问题。

一是规范水平有待提高。虽然农民合作社的组织机构建设较为健全，但是部分合作社并未履行好议事决策、日常执行、内部监督等职责，选聘与任职程序不公开不透明，民主管理水平不高。财务管理不规范问题较为突出，部分合作社缺少专门的财务会计人员，财务管理问题仍然十分突出。即便是合作社示范社，有的也没有严格按照合作社会计制度规范建账和核算，存在会计核算不规范、不编制会计报表、不设置成员账户等现象。

二是人才队伍有待优化。有 78.75% 的合作社认为缺乏管理人才，有 76.25% 的合作社认为缺乏技术人才，合作社在发展过程中在生产环节和管理环节都存在人才不足的情况，特别是熟悉资本运作、市场经营、企业管理、法律法规、电子商务等方面的人才极其缺乏，人力资本跟不上合作社的发展需要，迫切需要专业化人员加入。同时，在生产环节中，存在招工难的问题，现阶段用工群体的年龄明显偏大，存在较高的用工风险，成为合作社发展中的一个潜在隐患。

三是利益联结机制有待加强。通过调查发现，合作社内部社员的主体地位不突出，合作社与农户之间并未真正形成以产权为纽带的"利益共享、风险共担"的利益共同体。多数合作社与农户之间的关系属于服务联结型，大多是分户生产、分户销售，联结关系松散，没有形成真正意义上的"利益共同体"，缺乏激励机制。合作社盈余分配方式不合理，多数合作社只提供服务不进行利润分配，部分合作社虽然有按股金分红、按惠顾额返还或二者相结合的分配方式，不同合作社之间的分配比例差异较大，按交易量返还的盈余比例只占总数的 32%。同时，只有 6 家合作社建立利益风险分担机制，很少有农民专业合作社建立风险补贴基金。

四是融资能力有待提升。有 73.75% 的合作社认为存在发展资金不足的现象，同时有 58.75% 的合作社认为融资较为困难。合作社贷款缺乏有效抵押物，流转的土地经营权贷款额度有限，正规金融贷款门槛高、程序复杂，现有贷款额度难以满足全部资金需求。特别是合作社开展内部信用合作既缺乏法律保障，又没有可供参考的标准和规范模式，缓解融资困境面临诸多的制约与障碍。

五是销售渠道有待拓宽。近年来,受疫情的影响,对农产品的流通造成一定冲击,有 71.25% 的合作社认为存在销售难的问题,同时有 80% 的合作社认为还面临农产品价格波动大的难题;即使合作社在一定程度上实现了弱者联合,但是在农产品销售过程中,56.25% 的合作社认为与买方的交易中缺乏议价能力。

六是用地指标有待保障。随着农村三产融合的发展以及南京合作社发展质量的逐步提升,现阶段南京市内诸多合作社不仅仅停留在生产环节,而是逐渐向加工或者乡村旅游等二、三产业演进,以期获取更高的产品附加价值。然而,产业向二三产业拓展都面临农业设施用地不足的瓶颈,有 73.75% 存在设施用地不足问题,样本中有 13 家合作社没有附属设施用地,30 家的附属用地在 3 亩以下。

第四节　对策与建议

推进农民合作社创新发展,要把规范管理作为促进合作社质量提升的重要抓手,健全完善合作社培育发展机制,积极探索合作社办社新模式,切实解决合作社发展面临的难点、痛点。

一是夯实成员基础。合作社发展质量高不高、利益联结紧密不紧密,关键在于成员是否有凝聚力,是否具有参与农民合作社的内在需求。当前,统一经营与分散经营相互交织,已经呈现出立体式复合型的鲜明特征。在农民合作社这一经营组织内部,既可以是某一种经营方式,也可以是多种经营方式并存。推进农民合作社质量提升,既要做好“成员”文章,积极引导家庭农场、专业大户积极加入合作社,又要注意将发展壮大单体合作社与家庭农场培育、发展农业社会化服务等工作相结合,促进合作社与其他新型经营主体融合发展。

二是强化人才支撑。对于职业经理人聘请等实施人才补助政策。创新引才方式,鼓励合作社依托现有资源条件,积极吸引大学生、返乡农民工、退伍军人等各类人才加盟创业,实行合伙人制等方式,探索人才与合作社“陪伴式”共同成长路径。支持合作社对接科研院所,通过委托管理、技术入股、开发深加工产品等方式开展合作,解决好人才紧缺问题,为合作社发展提供“智力支撑”。加强人才引育,鼓励通过子承父业或选聘经理人等方式,着力培养一批 80 后、90 后新型职业农民,让年轻人才推动南京合作社高质量发展。

三是规范财务管理。建议配合《关于开展农民合作社规范提升行动的若干意见》的贯彻落实,将合作社财务管理规范摆在各类试点或示范创建的突出位置，指导农民合作社执行财务会计制度，适时开展财务管理提升专项行动。加强合作社财务信息管理平台建设与管理，完善平台功能，解决合作社会计操作过程中遇到的税务对接难等问题。推行财务集中委托代理、定期抽查检查等制度，推进盈余科学分配，完善财政支持项目资产管理，提升财务规范化水平。

四是畅通退出机制。尽快修改《农民专业合作社登记管理条例》，为合作社注销登记奠定法律基础。做好"空壳社"清理，落实合作社简易注销程序。协调市场监督管理机构，将合作社纳入"国家企业信用信息公示系统"，研究提出合作社简易注销操作性办法。研究出台财政补助形成资产的处置细则，健全退出机制。

五是加强要素保障。推进合作社高质量发展，离不开政策、项目和资金支持。要强化合作社的公益属性，从用地、用水、用电、用房等方面加强保障，对服务能力强、公益性强、带动发展明显的农民专业合作社建设项目，适当加大财政补助比例。探索创新金融和用工保险支持服务，加大基础设施建设、营销市场拓展、人才培养引进、农业科技服务、土地流转管理服务等政策落实。积极协调中央、省、市已下达资金与试点项目的对接工作。扶持资金首先满足完成规范化改造合作社、新组建的以家庭农场为主要成员的专业合作社、规范化达标合作社所需生产服务能力建设需要，真正发挥示范引领作用。

六是深化拓展社企对接。引进社会力量赋能，进一步深化与区域内农业龙头企业合作，加大社会力量引进力度，拓展合作对象范围，丰富企业类型，择优新增一批营销、物流企业对接农民合作社，加强产销对接和品牌宣传，提升合作社产品影响力和效益。探索联合金融机构，与各个生产服务阶段的社会力量联手，为合作社打造强力助推器。

附 录

乡村振兴背景下农民合作社多维功能的案例研究

第一节 合作社引领农业供给侧结构性改革的案例分析

2015 年，以去产能、去库存、去杠杆、降成本、补短板为重点的供给侧结构性改革在全国展开；而农业供给侧结构性改革的关键就在于去库存、提规模、降成本。2016 年东北玉米的"库存危机"和河南、安徽、山东多地新麦"价跌卖难"的困境进一步暴露了中国粮食产业供求之间的结构性矛盾。然而就在粮食生产面临成本"地板"和价格"天花板"双重压力，粮食宏观调控政策举步维艰之际，河南省荥阳市新田地种植专业合作社（以下简称"新田地"）逆势上行，充分展示了新型农业经营主体，特别是合作社，在提规模、降成本等农业供给侧结构性改革中的引领作用。

一、逆势上行

"新田地"于 2011 年成立，位于河南省荥阳市高村乡高村七组，理事长李杰在 2016 年初曾受邀前往中南海，参加科教文卫体界人士和基层群众代表座谈会。合作社现有成员 203 户，带动农民 12 000 户，分布在全市 60 个村庄。社员种植的粮食品种为强筋小麦和角质化玉米，共计种植面积 50 000 亩，合作社成员小麦平均亩产 1 200 斤，玉米平均亩产 1 500 斤（高产攻关田平均亩产 1 800 斤）。在经营过程中，合作社逆势而上，在当前的宏观背景下，取得了引人注目的成绩。

规模扩大。"新田地"不仅不存在去库存、去产能、调结构的问题，反而合作社的规模不断壮大。从经营土地面积上看，2011 年合作社经营土地 200 亩，2016 年就增长为 51 000 亩；从带动农民种粮情况上看，2011 年合作社成员 6 人，2016 年就发展为成员 200 户、社员 12 000 户。

卖价提升。在政府忧心今年东北"玉米卖难"与华北"小麦卖难"的时刻，"新田地"不仅扩大了规模，而且产品供不应求。益海嘉里、五得利、中粮等大型粮企争相入市收购，且收购的玉米和小麦价格要比正常市场价每斤高出0.1元至0.2元。

成本降低。在中国农业面临成本"地板"、价格"天花板"等多重压力下，"新田地"的粮食不仅卖上了高价格，还有效降低了每亩地的生产成本。平均来看，"新田地"一亩小麦的平均生产资料成本比普通农户低110元，一亩玉米的平均生产资料成本比普通农户低120元。

除此之外，在突破农业存在严重金融供给不足，农民面临信贷约束的传统农村金融命题中，"新田地"不仅获得了来自郑州银行的"贸易贷"，还得到了广发银行的"合同贷"，不仅有来自下游面粉厂的价值链融资，还有来自人保财险集团的农业灾害保险……

是什么原因使得"新田地"在农业发展的诸多困境中依然生产形势向好，社员参与积极，产品供不应求？相比于政策性的调控，"新田地"逆市上行的新天地是如何开创的呢？

二、市场主导

与依赖政府政策性托底收购的大部分农户相比，"新田地"走出了一条市场化创新之路，其经验可以总结为以下四个部分。

（一）规模降成本，结构生利润

"新田地"成功降低了粮食生产成本，增加了产品销售利润。以小麦为例，"新田地"和普通农户生产一亩小麦的生产资料成本和销售价格情况对比如附表1所示：

附表1　2016年荥阳市传统农户与新田地生产1亩小麦平均成本收益对比表①

生产资料	荥阳市传统农户			"新田地"			节约成本（元）
	名称	使用量	金额（元）	名称	使用量	金额（元）	
种子	普通麦	15公斤	60	强筋麦	10公斤	40	20
化肥	底肥	50公斤	150	控施肥（一次施肥）	50公斤	140	50
	追肥	40公斤	40				

---

① 合作社为社员免费提供除草剂，小麦销售单价按2016年雨前麦平均价格计算。

续表

生产资料	荥阳市传统农户			"新田地"			节约成本（元）
	名称	使用量	金额（元）	名称	使用量	金额（元）	
农药	除草剂	1袋	10	除草剂	1袋	0	10
	防倒伏	1瓶	5	防倒伏	1瓶	4	1
	飞防	1次	25	飞防	1次	15	10
	叶面肥	1袋	2	叶面肥	1袋	2	0
机械	播种	1次	30	播种	1次	20	10
	收割	1次	50	收割	1次	40	10
成本合计			372			261	111
销售收入	荥阳市传统农户			"新田地"			增加收益（元）
	产量	单价	销售额	产量	单价	销售额	
小麦	1 000斤	1.03元	1 030元	1 200斤	1.23元	1 476元	446
"新田地"比传统农户平均一亩多收益111+446=557元							

由附表1可以看出，"新田地"不仅生产成本低于传统农户，且在小麦的亩均产量和单位销售价格上都要高于传统农户，由此带来的结果是合作社生产一亩小麦的净利润比传统农户高出557元。那么，"新田地"是如何实现降成本、提收益的呢？

首先，"新田地"通过提高规模分摊了农业生产成本。具体体现在生产资料方面，"新田地"的规模化生产使其可以与农资生产商直接对接，从而剔除掉中间商、经销商代理环节的渠道成本，有效降低了种子、化肥、农药、机械的投入成本。

其次，"新田地"通过改变原有的产业组织结构，以合约的形式直接与上下游企业进行合作，缩短了传统农业的上下游产业链。突出体现在产品销售环节，"新田地"运用了订单式经营服务模式，合作社与益海嘉里、中储粮、中粮等30多家面粉企业以及泰国正大、广安饲料等20多家饲料厂签订合作合同。有效地规避了"谷贱伤农"及"卖粮难、卖粮贱"的现象，提高了小麦、玉米等大田作物的价格。

（二）品质是关键，诚信为基础

"新田地"之所以能成功扩大规模并与众多企业签订合约，其中的重要原因是该合作社的产品质量有保障。为了打造"新田地"产品的品牌形象，合作社主要做了两件事。

第一件事，优选品种。"新田地"理事长李杰始终坚持"好的品质，才能有好的市场"。2011年合作社成立之初，李杰就率先前往全国小麦技术中心，找到河南农业大学的校长，向众多专家请教哪些小麦可以作为优质麦。在生产过程中，合作社也非常注重小麦品质的变化，例如，2011年合作社选择的是玉农416，这是一款强筋小麦，但生产了两年左右，该小麦品质下降，"新田地"立刻切换新麦26，以保持产品的高品质。

第二件事，诚信经营。"新田地"有51 000亩小麦，其理事长敢于承诺"新田地的产品，三年之内检测，都不会有问题"。为了赢得上下游企业的信任，"新田地"始终确保每一车产品都出自合作社的土地，绝不掺假。2016年5月，合作社的晾晒场有挖掘机施工，司机不小心将碎石撒到了即将装车的麦子上，李杰当即让所有工作人员将麦子中的碎石拣出来，从而保证品质，以防多年创下的口碑被毁。另外，今夏小麦收割时雨水多，下雨导致小麦发芽率高，品质下降。在这种情况下，李杰在发走的每一批货中都会向对方注明该批小麦是"雨前麦"还是"雨后麦"，以备对方查验。正是这样诚实细致的工作才使"新田地"获得了行业内的认可。

（三）专注做一产，创新搞服务

除了品质和诚信，"新田地"的可贵之处还在于一心一意做一产，全心全意搞服务。不同于其他合作社或企业，"新田地"的理念是一定把农业生产环节做到高精尖，而不追求一条龙、全产业链的发展。李杰曾说："新田地这个牌子，未来只要还存在，就一定是只做一产，只种小麦和玉米，且最大规模100万亩左右。"在李杰看来，只有品质最高的一产，加上技术最优的二产，加上价格最优的三产才是农业领域真正的"一二三产业融合"。单一企业要在全产业链做到高精尖十分困难，为此李杰选择了把农业生产环节做到品质最优，然后通过合作对接二产和三产中的品牌企业，共同打造精品农业产业链。

在专业做一产方面，"新田地"采取的策略是高标准种植玉米和小麦。这里的高标准体现为投入品的高标准和生产管理的高标准。首先，在投入品的标准方面，"新田地"要求所有与生产资料有关的供应商都必须是上市公司中的一线品牌企业，能够提供高标准的产品、技术指导和服务；所有合作的上游企业都必须要签订合同，合同中要注明该企业需要提供的技术服务、配套资金。例如，"新田地"采购的农药来自红太阳集团，它是深交所上市企业；"新田地"的化肥供应商也是洋丰、史丹利等国内上市企业中的一线品牌。

其次，在生产管理的高标准上，"新田地"开创了农业生产要素车间的管理模式。在"新田地"规模扩大的过程中，合作社的人员管理、组织架构、农作物飞防、植保等问题陆续出现。受到工业企业管理方式的启发，李杰尝试对农业进行单元化管理。"新田地"把1 000亩作为一个管理单位，1 000亩以内的叫农业生产要素车间，1 000亩以上的叫农业生产要素工厂，然后每个车间配备车间主任，每个工厂配备厂长。凡是跟生产要素有关的投入都在车间处理完毕。正是通过标准化生产，"新田地"的产品质量得到了进一步保障。以2016年6月的麦收为例，"新田地"的雨后芽麦质量依然能够达到中粮、益海嘉里等企业的质量要求，价格维持在每斤1.05元至1.34元之间，但是同期其他农民的小麦每斤0.75元都无人问津。

在创新搞服务方面，"新田地"依托"农业生产要素车间"的管理平台，借助互联网技术，合作社基本形成了集"生产资料采购、农业技术推广、农作物植保、农业机械服务、粮食收储及销售"于一体的全程社会化服务体系。这一综合的服务体系包括统一采购农业生产资料，配置到各生产要素车间，既可以保证一流的品质，又可以降低采购成本和物流成本。除此之外，"新田地"还致力于建设农业经营主体信用服务平台、进行新型职业农民培训、农产品检验检测、动物疫病防控等一批易监管可量化的服务项目；未来，合作社还着力承担生产要素车间基本单位的生活日用消费品的配送工作，将"新田地"打造成集农业生产、农产品销售和农民生活消费品配送于一体的综合服务平台。

（四）合作聚人心，规范保长远

"新田地"种植专业合作社的另一大特点是合作社的运转非常规范。目前，该合作社成员203户，统一在工商局备案，有特定的成员账户，有权力参与合作社决策和分红；另外，合作社还发展社员12 000户，为社员统一提供生产资料、生产服务和销售服务，以最优的价格收购社员产品，保证了社员的收入和生产积极性。正是秉着合作共赢的态度和规范发展的理念，"新田地"从2011年至今实现了巨大发展，今后5年合作社种植的耕地面积准备从5万亩发展至10万亩。

三、仍存困境

影响农业供给侧结构性改革成败的关键因素是人、地、钱、技术创新和制度供给。"新田地"在"人""技术"和"合作经营"方面探索出诸多经验，取得了众多成绩，但其发展仍面临资金和土地的难题。

首先，合作社亟待建设烘干能力500~600吨的烘干塔一处，但当前合作社还缺少相应的资金实力，需要融资方面的支持；其次，合作社需要建设5 000~

10 000 吨的粮仓，但当前合作社难以获得建设用地指标，农业附属设施难以开工建设，需要建设用地方面的支持。

四、政策建议

"新田地"模式是市场化主体应对当前粮食体制弊端的成功之道。但如果当前的粮食价格形成机制不调整，粮食收储体制不改变，"新田地"的模式也只能是个例外，难以普遍推广。为此，中国应着力改革当前的粮食体制，积极培育和发展以合作社为代表的新型农业经营主体。

（一）坚持市场主体地位

市场以价格机制为信号，在调节供给与需求时成本最低、效率最高，因此，农业供给侧结构性改革应突出市场的主体地位，恢复市场价格的调节作用。特别是粮食生产和流通领域，应着力改革玉米、小麦等粮食托市政策，创建优质优价的市场环境，以促进新型农业经营主体的发展。

（二）坚持政府服务定位

以"新田地"为代表的新型经营主体需要很多成长条件，除市场的调节作用外，还需要政府通过法律、政策，或者政府购买的方式提供一系列公共服务，创建和维护良好的经营环境。结合"新田地"发展中的困境，政府还需要在金融服务、土地制度等方面进行一系列的制度创新，而"新田地"作为粮食生产合作社的成功案例，其经验值得推广。

第二节　牧区大学生返乡合作社案例分析

乡村振兴战略的提出为农业农村发展指明了新的方向。返乡就业、创业人员作为乡村振兴中的重要力量，是繁荣农村经济和促进农村各项事业高质量发展的重要支撑。乡村振兴，人才是关键。返乡就业、创业人员作为重要的人才资源是乡村振兴中一支不可忽视的力量。发挥好这些人员的聪明才智和有效力量是未来乡村振兴在人才支撑方面需要考虑的重要议题。

在农村发展中，返乡就业、创业人员主要以回乡从事农业产业为主，这些人员的加入为农村集体经济的发展和农村社会的发展注入了新的活力。为了了解乡村振兴背景下牧区合作社发展情况，笔者所在的研究团队于 2019 年 7 月深入内蒙古锡林郭勒盟东乌旗和西乌旗开展了为期一周的田野调查。锡林郭勒盟作为全国典型的牧区地带，牧民的生计主要以放牧和依靠畜牧业所发展的牛羊肉和奶食品加工为主。相关数据显示，截至目前，全盟农牧民专业合作社发展到 1 311 个（牧民合作社 712 个，农民合作社 599 个），合作社入社成员 3.27 万户。值得关注的是，在当地合作社发展中，返乡就业、创业人员创办合作社的逐年增加，这些人员主要以外出打工返乡的人员和大学生毕业返乡创业的人员为主。由此可以看出，在牧区的合作社发展中，返乡就业、创业人员已经成为一支不可忽视的力量。为了能够对这些返乡就业、创业人员参与合作社的动机及其发展逻辑进行详细的探究，笔者团队选择部分合作社进行了深度访谈，以下将以案例的形式来呈现笔者团队的调查。

一、田野素描：三位返乡人员案例剖析

（一）案例一

今年 30 岁的宝音 2016 年以前一直在北京打工，初中毕业后就选择了北漂，曾干过 6 年的厨师学徒，因为从小喜欢下象棋，在一次偶然的机会被聘请到北京一家培训机构教了 2 年的国际象棋，在北京工作的过程中宝音除了干好自己的工作之外还与西乌旗的一些合作社联系将本地的产品销往北京，在此过程中他越发感受到自身力量的弱小，所以于 2016 年开始回乡创业。回乡之后宝音看到很多牧民在用羊尾油做皂来供自己使用，但是牧民毕竟用量较小，大量的羊尾油还是被浪费，所以他就创办了羊尾皂手工作坊，来回收牧民的羊尾油。在此过程中他主要和合作社合作，合作社主要为宝音提供生产羊尾皂的羊尾油。2016 年手工坊的羊尾皂销售量达 1 万多块，平均每块的价格在 35 元左右，羊尾皂主要用来洗脸，对皮肤有很好的特效，其产品主要针对 18 岁到 38 岁的女性客户。但是存在致命的问题即技术仍然不过关，客户主要关注的是羊尾皂的香味，而手工作坊销售的羊尾皂在香味方面仍然达不到客户的要求。为了解决技术上遇到的难题，宝音 2017 年还专门到日本去学习和交流，寻求他们的技术支持。

据宝音说，现在羊尾皂的销售仍然是最大的问题，因为规模小，手工作坊质量达不到要求，所以得不到国家的产品认可，从而不能在网上销售，目前的销售只能靠个人线下销售，市场仍然得不到保证。

从上面的案例可以看出，宝音作为一名返乡创业的人员，与合作社建立了紧密的联系，生产羊尾皂的羊尾油主要由合作社来提供。但是从当前的发展情况来看，羊尾皂的销售仍然存在一定的问题。首先，羊尾皂的技术达不到标准；其次，规模太小，无法与大的市场对接；最后，销售渠道单一，无法拓宽有效的市场。但是从羊尾皂的制作工艺来看，羊尾皂的制作属于一种牧民的传统技艺，也是对于牧民乡土知识和工艺的有效传承，仍然具有一定的发展空间。

（二）案例二

另外一名叫宝音套格套的大学生，他毕业之后考取了旗里面生态局的草原防护员，但是干了几年之后就辞职了，刚辞职之后又开始开面馆，几年后觉得生意不好，在2015年成立合作社，他担任合作社的理事长。

西乌珠穆沁旗浩毕态食品销售专业合作社是在2015年9月由宝音套格套、孟和吉亚、傲特根巴特尔、阿力玛、乌仁图娅、那顺巴亚尔、乌达木等大学生共同创业的本土畜牧业产品生产、加工、销售为一体的专业合作社。经过几年不懈努力与学习，合作社开始创建肉食品加工中心、奶食品加工中心和销售店。秉承"优质、创新、健康"的经营理念，创造性地开发了羊肉熏肠、羊肉煮肠、白马策格、蒙古传统风味酸奶、羊肉酱等产品。这些主打产品是蒙古族传统技艺和现代技术的融合，享誉本地乌珠穆沁羊、白马奶在"苏敦联合社产业链"和"乌珠穆沁羊业协会"监督下生产。这些产品不仅味道纯正，而且更健康、符合当代社会的消费习惯和理念！

2016年养羊协会派宝音去蒙古国学习羊肉和奶食品加工技术，宝音学习了三个月之后回来与其他四个人一起成立了浩毕态专业合作社。合作社主要进行羊肉的加工和奶食品的加工。合作社目前有13名员工主要负责日常的食品加工，合作社的羊肉和鲜奶主要是由加入合作社的牧户来提供。为了不断扩大合作社的规模和提升合作社的技术，2017年浩毕态专业合作社与旗里面的其他三个合作社合作，因为其他三个合作社的技术和市场较为成熟。现在合作社生产的羊肉和奶食品主要销往旗里面的两个中学食堂、两个批发市场和一些散户，从消费群体来看基本以当地群体为主。

在合作社的发展中，生产的标准化、技术一直是困扰西乌珠穆沁旗浩毕态食品销售专业合作社发展的最大障碍。如合作社生产的羊肉香肠，这种产品属于地域特色较为鲜明的产品，所以国家对此产品也没有统一的标准，导致合作社生产的羊肉香肠很难销售到外面的市场中去。另外合作社生产的奶制品很难达到国家的行业标准，技术也很难达标，所以整个合作社仍然属于小作坊式的生产，与外界的大市场很难对接，这也在一定程度上限制了合作社的发展。

（三）案例三

与西乌珠穆沁旗浩毕态食品销售专业合作社相类似的是东乌旗的阿日合力草原绿色食品专业合作社，这个合作社也是进行牛羊肉和奶食品加工的合作社，合作社的理事长阿日合力也是返乡创业的大学生。

东乌珠穆沁旗阿日合力草原绿色食品专业合作社于 2017 年 10 月由五个牧户自愿组织成立，目前有 300 多会员户，注册资金 300 多万元。合作社的理事长是原来在呼和浩特上大学毕业返乡创业的大学生阿日合力。阿日合力家里有 9 000 亩的草场，她的丈夫和父母主要负责草场的日常管理。阿日合力于 2014 年就开始从事于养牧和羊肉生意，在此基础上 2017 年成立了合作社。除此之外，合作社的财务会计和一名加工人员都是原来在呼和浩特上大学回乡创业的大学生。

合作社主要以加工和销售纯天然乌珠穆沁羊肉和乌珠穆沁传统奶制品为主，还融合了畜牧业和旅游业，合作社主要生产和销售的产品包括奶豆腐、酸奶豆腐、黄油、奶皮、奶干、毕希拉格、稀奶油、奶酒、乳清塘等产品。阿日合力奶食品传承了乌珠穆沁奶食的民族传统制作工艺，由于产品不含各种添加剂，而且加工环境干净卫生，属于绿色食品，产品得到了本地人的青睐。合作社的产品主要销往内蒙古 12 盟市。在奶产品的销售上合作社 70% 的产品是靠微商、电商和各种产品展览会的形式来销往内蒙古其他地区。从运营模式来看，合作社生产的原材料，如牛羊肉和鲜奶主要来源于牧区养牛基地的会员户。合作社加工生产的牛羊肉主要来自养殖基地，基地负责给合作社提供牛羊肉和鲜奶，这些养殖基地也是由返乡创业的大学生来负责管理和经营。从合作社的发展来看，当前合作社仍然属于小作坊式的生产，生产的规模较小，对接不了大的市场。将具有民族特色的绿色食品推向市场仍然存在一定的困难。

在政策支持上，政府为返乡创业的大学生提供了三年免息贷款，可供合作社的发展。另外，合作社的食品加工店每年要支付 1 万元的租金，租金依靠地方小作坊园区项目可以解决。

案例二和案例三具有一定的相似性，都属于返乡创业的大学生创办专业合作社，而且所从事的都属于牛羊肉和奶食品的加工。从两个案例可以看出，这两个合作社的理事长都属于当地的牧民，大学毕业之后这些人都选择了回乡创业，而且选择了开办专业合作社。从牧区牧民的生计特征来看，具有明显的代际特征，以宝音套格套和阿日合力为代表的 80 后和 90 后新农人接受了良好的大学教育，这些人见识较广，对于新事物有强烈的求知欲，善于学习和探索，具备一定的自我发展能力，而这些人的父辈由于知识和文化的欠缺仍然沿袭传统的放牧式的生活，这种以代际为基础所形成的分工明确的生计方式已经成为牧区经济发展的一大特征，依托这种模式，牧民的收入主要依靠畜牧业这条产业链。

从宝音套格套和阿日合力合作社发展的情况来看，依然存在一定的问题，合作社仍属于小作坊式的生产，很难对接大的市场，另外合作社的生产技术仍然与国家的要求存在一定的差距，这在一定程度上限制了合作社的壮大。从国家的政策支持力度来看，仍然缺乏相应的技术培训和各方面的支持，这也在一定程度上决定了合作社小作坊式的生产模式。另外，从牧区合作社的发展来看，牛羊肉和奶食品的价格受市场的影响较大，市场的好坏也决定了合作社的合作能力，一旦市场不好，牧民寻求合作的积极性就会变高，如果市场一直稳定，牧民合作的意识就会变弱，所以，在牧区合作社的发展受牛羊肉价格的影响较大。

二、结论

乡村振兴的提出为农民专业合作社的发展提供了新的机遇，作为新型经营主体中的一大主要类型，合作社的发展将为壮大农村集体经济和促进农村经济的发展发挥着巨大的作用。在当前农民专业合作社的发展中，提升其发展质量和发展活力是在乡村振兴过程中需要考虑的重要议题。通过笔者团队在内蒙古锡林郭勒盟的调研发现，草原牧区合作社发展具有以下几个方面的特征：

一是返乡就业、创业人员和毕业返乡的大学生已经成为牧区合作社发展中一支重要的力量。笔者调研发现，在牧区，2/3 的大学生毕业选择回乡就业和创业，而且大部分回乡创业的人员和大学生以发展和畜牧业相关的产业为主。这一方面是由于牧区的牧民在长期的生产生活过程中形成了一定的饮食习惯吸引这些人员回乡；另外，和在城市工作的收入相比，牧区的收入较高，生活压力较小，这也吸引了大量的大学生回乡从事畜牧业的发展。

二是牧区专业合作社发展的质量仍然较低。从笔者团队调研发现，大多返乡创业人员开办的专业合作社主要以小作坊为主，合作社的产品主要销往本地，与大市场的对接较少，合作社生产技术和产品标准化较低，很难进行规模化的生产，这在一定程度上限制了合作社的发展。

三是牧区合作社的功能受市场影响较大。牧区合作社以牛羊肉和奶食品的加工为主，一旦牛羊肉的价格发生波动就会影响到牧民的合作意识，尤其是牛羊肉价格下跌，牧民的合作意识就会变强，主要依托合作社通过抱团取暖的方式来规避风险，而一旦牛羊肉的价格稳定，合作社的功能就会式微。所以，市场稳定性已经成为影响合作社功能的重要因素。

四是牧区合作社的发展仍需国家有效的政策支持。通过调研发现，国家对于牧区合作社的发展在政策方面仍然需要有效支撑。大多牧区合作社的经营管理人员缺乏相应的技能培训，在专业知识和技能提升方面需要有关组织提供相应的培训。另外，在资格认证和行业鉴定方面仍然需要国家提供相应的政策优惠，从而通过各种方式支持合作社的发展。

五是以合作社为纽带，形成了代际分工明确的生计模式。返乡创业的大学生以肉食和奶制品的加工为主，而这些人的父辈主要以放牧和养殖为主，这种代际分工明确的生计模式具有一定的稳定性。产业发展模式主要以畜牧业为主，相对较为单一，牧民在长期的放牧生活中积累了丰富的经验和知识，在行业准入方面具备一定的基础，这也成为牧区合作社发展的一大优势。

第三节　牧区资金互助合作社案例分析

乡村振兴要求产业兴旺、生态宜居、乡风文明、治理有效、生活富裕。实施乡村振兴战略是实现全体人民共同富裕的必然选择。如今城乡收入有着不小的差距，把握好乡村振兴这一时代契机，对于农民增收、遏制返贫以及创业都大有裨益。资金在生产生活中作为关键要素，是农民维系社会关系、提高生活质量的重要基础。农民获取资金的途径除了金融机构、生产销售之外，资金互助合作社也在农民资金需求与供给中建立了桥梁，成了乡村振兴中必不可少的一环。

牧区资源丰富，牧民生于斯长于斯，以畜牧业作为其生活支柱。一方面，由于各种不确定因素的存在，畜牧业易遭受波及，最终影响牧民的收益。譬如在雨水较少的年份，草原草势不佳，导致购买草料成本飙升。又或是由于市场因素，羊价低迷，影响收入。成本增加以及收入的减少，使得牧民因缺乏充足的流动资金，而陷入畜牧困难的境地。另一方面，牧民扩大其规模也需要资金的支持，光靠畜牧业的盈利是难以支撑其扩大规模的需要的。提量、提质皆需资本，但牧民由于缺少银行认可的抵押物和信用资质，往往难以获得贷款，从而转向民间借贷，引发牧区高利贷、实物借贷盛行。这两种方式无一例外，最终都侵害了牧民的利益。而资金互助合作社能够有效地缓解这一问题。资金互助合作社相较于其他金融机构，存在许多优势，审批更为简单，贷款更为及时。笔者所在的团队于 2019 年 7 月参加了"第四届内蒙古自治区合作社经验交流会"，各个合作社都有自己的运作理念。其中苏尼特左旗伟乐思资金专业合作社和西乌珠穆沁旗新呼德畜牧业专业合作社，作为社员的"银行"，为牧民提供了诸多便利。下面分别对两个资金互助合作社加以剖析。

一、田野素描：两例资金互助合作社案例分析

（一）案例一

苏尼特左旗伟乐思资金专业合作社，成立于 2013 年，共 68 万元启动资金，其中包括 26 户牧民，每户入股 1 万元，嘎查入股 20 万元，"社会主义新农村建设项目款" 22 万元。该合作社运作方式以牧民借贷为主。首先，合作社将现有盈余公积 78 317.71 元，从 9.8 厘的利息降至 8.17 厘，全部用于牧民贷款。就 2019 年中国人民银行的贷款基准利率来看，一年以内（含一年）的利率为 4.35%。以 10 000 元贷款为例，通过资金互助合作社，每月只需 7 元利息，而通过银行借贷，其利息为月 35 元，高出了约 4 倍。由此可见，该合作社确实以低息贷款给牧户。苏尼特左旗伟乐思合作社从 2014 年至今累计为社员发放贷款 330 万元，累计为社员分红 183 009 元，有 26 户牧民通过合作社借款得到了及时有效的帮助。资金合作社贷款手续简便、低息可信，对于牧民来说更具吸引力。合作社一方面为牧民提供及时低息的资金贷款，另一方面以 70% 的高利润用于社员分红，真正做到了让牧民成为受益者，为牧民的生产和资金周转提供了切实有效的帮助。

资金合作社在发展过程中也遇到了诸多问题。首先，最大的困难是存款准备金不足，不能满足所有牧民的需求。畜牧业虽然收益大，但是其投入成本也是巨大的，但是由于准备金不足，只能提供小额贷款，但往往难以解决燃眉之急。缺少资金储备，合作社也难以再发展壮大。合作社吸纳社员需要展现出一定的吸引力，而社员最关心的便是合作社能否满足其需要。小规模的资金互助社，其信服力偏弱，流动资金也难以普及所有社员。其次，社员参与度不足，社员对于合作社的依赖性较小，合作社浮于形式。资金互助社虽然主要以资金借贷为业务，但是合作社作为服务的组织，其作用不仅仅于此。此外，合作社益贫性不突出，小牧户往往很难借到大笔资金，难以解决其需求，一旦所借资金没能达到期望，就会陷入贫困的循环。

（二）案例二

西乌珠穆沁旗新呼德牧畜专业合作社成立于 2013 年。以谋求全体社员的共同利益为宗旨。以提高社员收入，促进草原可持续发展为目标。通过推动牧区合作化，实现草原生态保护、民族文化传承与牧区的可持续发展。社员自愿入社，退社，地位平等，民主管理，实行自主经营，自负盈亏，利益共享，风险共担。现已有 600 多名社员。合作社推进农牧区经济发展，为了解决农牧区贫困户贷款难的问题，合作社在 2014 年和中国扶贫基金会，中和农信项目管理有限公司签约合作伙伴。2017年9月跟中国人民财产保险和内蒙古正大有限公司合作，为社员提供保险和饲料服务。同时成为内蒙古财政大学金融学院就业实习基地，内蒙古农业大学畜牧学院和锡林郭勒盟职业学院畜牧学院为合作社提供技术服务。该合作社现分为四个部门：市场部，信用互助部，自然教育基地以及兽医服务部。合作社目前主要为社员提供兽医药方面服务，畜牧保险，车保险，销售，信息，理财咨询及培训，为社员提供养殖技术服务等牧区服务工作，覆盖面广。

合作社还在探索通过联社的平台，提高组织化程度、提高品牌、提高市场的参与度，做好畜产品的地理标志保护，做好牲畜的追溯系统以及牲畜保险，加强对社员的理财教育，开展内部信用互助。合作社通过这些服务，能够提高社员的收入、提高产品质量、降低生产成本。

二、结论

资金互助合作社在乡村振兴过程中发挥着不可或缺的作用。在乡村振兴的大背景下，我们要抓住这一难得的机遇，正确面对严峻挑战。牧区合作社由于其文化、经济的不同，资金互助合作社也形成了自己的特点。

一是聚集力弱。牧区的资金互助社没有很好的向心力，社与社员之间纽带较弱，社员入社退社的意愿主要取决于收益。在收益好的年份，牧民难以感受到合作社的重要性，因此认为入社是没有必要的，便产生退社的情况。在牧民销售收益陷入低谷时，牧民才会对合作社重视。因此，资金互助社在没有得到发展的前提下，仅仅是以经济利益作为维系的纽带是不稳定的。

二是存款准备金低。由于合作社普遍规模小，资金互助社无法储备足量资金，且所有资金不能满足牧民的需求。对于大牧户而言，资金需求大，从合作社借到的资金无疑是九牛一毛。对于小牧户来说，虽然每一户需求资金量小，但是由于牧户基数庞大，因此有限的资金难以普及所有牧户。假使因各种因素导致收益差，牧户又无法领到资金，那么牧户的情况很难得到缓解。

三是服务功能单一。资金互助社主要是给牧民提供畜牧业方面的资金互助，对于牧民的生活方面涉及较少。但是牧民的生产与生活往往是一体的，难以剥离。牧民将有限的资金用于生活与生产，总有一个侧重点，难以维持平衡。此外，合作社与市场联系薄弱，由于无须竞争，缺少外在压力，合作社的发展很容易缺少动力，止步不前。

四是财产管理制度不健全。合作社将资金贷款给牧民后，由于牧民信用差，难以保证牧民能够按时还款，合作社流动资金周转率较差，资金没有得到有效管理。同时，对于涉及诸多业务的资金互助合作社，如何保证资金的正常运转以及充足的贷款金额，皆需要有完善的财务管理制度。

三、意见与建议

合作社作为服务于农民的组织，其根本目的是使农民富裕。而基于乡村振兴坚持因地制宜、循序渐进的基本原则，笔者结合牧区自身特点，提出几点建议：

一是成立公司。资金互助专业合作社可以创办属于合作社自己的公司，增加股本，扩大合作社规模。但是为了防止公司与合作社财务混乱，需要形成一系列规章。首先，设立保险制度。当合作社成立公司，股东以资金入股，公司年末提取盈余公积，其中在任意盈余公积中，提取一部分作为合作社的保险费。当合作社的资金不足或难以维持时，可使用这部分费用，等到合作社情况稳定，再将这部分费用填补。其次，设立监督机制。包括合作社社员、公司成员监督以及政府约束。社员监督合作社是否有违规的互利互惠现象。公司成员监督是否有贪污保险费的现象。除了内部监督，外部监督也是必不可少的。政府的管制能够促使企业规范经营。

二是成立联合社。单一的资金互助专业合作社难以发挥贷款以外的效应。合作社应该充分发挥其效用。由于牧户需要资金的时间较为集中，仅仅作为资金互助社，很容易使其在其他时间被搁置，造成资源浪费。倘若资金互助专业合作社与生产、服务合作社再合作，加快其资金流动的同时也能促进其他合作社的发展。牧区有许多奶食品专业合作社，使得这些合作社与资金互助合作社联合，能够缓解奶食品合作社中初始资金的压力，也可以使得其他社社员入股资金互助社，从而扩大资金互助社的规模。

三是健全信用激励机制。当资金互助社将资金贷款给牧民后，便产生了坏账的风险。为了尽可能规避此种风险，合作社要加强风险控制，对每一户牧民都要给予一定的信用额度，信用额度与借款额度相匹配。牧民以信用额来贷款，当牧民拖延还款，其信用额度则下降。对于及时还款的牧户，其信用额度则增加。每次贷款时，要对社员进行信用审查，当社员信用低于一定额度时，则拒绝发放贷款。为了激励牧户按时还款甚至尽早还款，在不同的期限内，规定不同的利率。时间越长，利率越高，以此来督促牧民还款。但是对于确实有困难的牧户，可以进行申请延期还款，给予一定的弹性。

四是完善财务管理制度。有效的财务管理制度是财务有条不紊的基础。大多数合作社还是将资金借贷限制于本嘎查，虽说大大降低了贷款风险，但也是限制了农民的潜在收益以及合作社发展。合作社应该如同企业一般，进行 SWOT 分析，将与之相关的内部优势、劣势，外部机会、威胁相互匹配分析，找出最适合自身的未来发展对策。对于合作社所有的资金，通过理事会讨论以及社员投票，在保证贷款额充足的情况下，可以选择投资、筹资，实行风险控制，追求利益。

第四节　牧区特色骆驼专业合作社案例分析

党的十九大明确提出实施乡村振兴战略，合作社已经成为解决"三农"的重要方式。合作社的发展方向、经营模式和功能定位是目前学者的关注热点。

中国在历史潮流中逐渐形成农区、牧区、半农半牧区和城市郊区四种不同的地区（王秉秀，1999）。内蒙古属于经济欠发达地区，近年来草原畜牧业迅速发展，合作社在牧区经济发展中发挥了至关重要的作用。2019 年 7 月，笔者跟随调研团队参加"第四届内蒙古牧区合作社经验交流会"。在经验交流中，笔者注意到两家骆驼合作社，即阿拉善盟荒漠双峰驼牧民专业合作社和乌拉特戈壁红驼事业专业合作社。牧区发展中常见的是牛羊合作社，骆驼专业合作社是内蒙古的一种特色合作社，因此数量稀少。戈壁牧户的生存环境艰苦，恶劣的自然环境使牧户难以单独养殖骆驼，因此他们自发地成立了合作社以挽救骆驼的损失，维持生计。由于对牧区合作社发展的了解甚浅，骆驼专业合作社的综合功能值得探究，笔者团队对两个合作社进行了进一步访谈。

一、案例介绍

（一）案例一

创建于 2008 年的阿拉善盟荒漠双峰驼牧民专业合作社，主要经营范围：骆驼肉、绒、奶、骑驼及挖掘、弘扬骆驼文化等。目前合作社会员 401 户，于 2009 年和 2011 年先后被评为"内蒙古自治区示范社"和"国家级示范合作社"。合作社代表养驼牧民，通过资源和资金控股的方式，下设骆驼绒加工厂、驼骨雕刻加工厂、牧机智能管理服务平台（在建）等。各工厂生产上实行股份制管理，独立核算，自负盈亏；各厂按股分红，合作社得到利润后按比例分配给参与经营的成员。

2009—2012 年与内蒙古农业大学、国家乳制品肉类产品质量监督检验中心合作，分别完成了骆驼肉、骆驼峰脂肪、骆驼骨髓近 100 项性能、营养价值的检测、测试，并制定了骆驼风干卤汁加工技术及企业标准。2011—2014 年，开发驼骨手工雕刻技艺，利用激光、数控雕刻技术，生产出地方特色的旅游纪念品曾多次获奖。2010 年以来，合作社与北京宜腾凯莱科技有限责任公司等合作，建立草原畜牧业智能管理服务平台，北斗卫星定位设备、北斗卫星地面接收站、北斗卫星双向通信实验，牧区智能饮水设备、电子望远镜、牧区无线网络传输等技术设备的研发试验推广得到良好的经济社会效益。2014—2019 年合作研发了多功能骆驼圈、骆驼保定架、骆驼挤奶机、骆驼冷藏罐、保温运输桶等，并研究推广驼奶超高压灭菌、驼奶掺假鉴别等技术，为保障驼奶产业高质量发展提供了技术支撑。

由于骆驼养殖效益低，阿拉善盟骆驼数量曾一度从 25 万峰骤减至 5 万峰。合作社将养驼牧民联合起来，与高新技术对接，减少骆驼的损失，缩减生产成本，生产效率与质量大幅提高，提高了养驼牧民的收入。阿拉善盟荒漠双峰驼牧民专业合作社成功的原因就在于能够及时发现牧民养殖的"漏洞"，眼界开阔，及时吸取高新技术经验，在推动传统产业的同时，注重开发特色产业。领头人乌尼孟和大学毕业后进入阿右旗雅布赖苏木草原站工作，先后从事草原、畜牧和农业经营管理、畜牧业技术推广等工作，整天与骆驼和牧民打交道。在骆驼产业低谷时他与畜牧专家牵头成立阿拉善双峰驼协会，与杨苏日特勒图团队合作研发"挤驼奶机"，并与多方研究检测机构合作完成驼产品的精深加工，使骆驼成为牧民的财富和精神依托。

（二）案例二

乌拉特戈壁红驼事业协会最初成立于 2004 年 8 月，现有会员 230 户，696 名牧民的 5 万多峰戈壁红驼划分为 5 处繁育核心群。协会获得了边境 30 公里允许放牧的优惠条件，改变了双峰驼数量急剧下降的趋势。2010 年乌拉特戈壁被誉为"中国驼球之乡"和"中国速度骆驼之乡"，2013 年乌拉特戈壁被俄罗斯农业农村部，国际双峰驼学会命名为"乌拉特戈壁红驼之乡"。此外，协会还会派遣会员前往蒙古国学习骆驼文化。目前已有一支驼球队伍，通过培训、比赛，推广少数民族运动会表演赛。

在成立协会有效保护双峰驼的基础上，为发展骆驼产业，提高养驼牧民的收入，2008 年 6 月成立了乌拉特戈壁红驼事业专业合作社。合作社控制原料，统一收取形成规模，通过成立公司将合作社的原料进行就地精深加工，转化，增值，形成产业化经营，提高市场竞争力，规避市场风险。2006 年合作社内部成立"腾合泰沙驼产业有限责任公司"，建有梳毛车间、屠宰车间、饺子厂速冻库、排酸库和速冻库等设施。公司形成利润后将利润转化为合作社的剩余，合作社再以分红形式分配给社员，增加养驼牧民的收入。

曾为政府公职人员的好斯毕力格发现家乡骆驼产业发展停滞，为了传承发扬特色产业，他毅然辞职，投身戈壁红驼事业。2017年，他带领50户牧民在潮格温都尔镇西尼乌素嘎查建立了"乌拉特戈壁红驼奥日格奇驼奶产业基地"。基地产奶母驼来源于乌拉特戈壁红驼事业协会会员寄养，寄养母驼协会会员无须提供任何饲草料、人工等费用，每年由基地按每峰母驼2400元的标准给予产奶母驼基础补助，解决了当地牧民养母驼成本较大的问题。

当地政府引进企业开发驼产品，使得乌拉特戈壁红驼合作社注册"戈壁红驼"商标更顺畅，并登记了"农产品地理标志"证书，成为全国规模最大的驼奶产业基地。

乌拉特戈壁红驼事业专业合作社从协会到合作社，再到成立公司，逐步形成"公司+基地+协会+合作社+牧户"的利益共同体，将骆驼产业组织职能充分发挥出来。协会将文化与产业融合，通过推广少数民族文化，增强牧民协会会员的凝聚力，开发驼文化，带动产业发展。整个合作社通过联合运作促进了原产地精深加工，推动了驼产品由单一性向多样性转变。

二、案例分析与比较

案例的共同点主要有：一是发展特色优势农产品，注重开发乡土资源。合作社发展首要的是正确的产业定位，要依靠地域优势，开发本地的优势产业，具备独特的市场竞争力。二是都有加工厂，都涉及产品的精深加工。合作社的发展并不是单一的，延伸产业链以提高产品附加值，对于合作社而言是非常必要的。三是两者经营过程中多广泛联系，与各类主体合作。合作社的发展要保持开放性，需要多方的支持，封闭、死板的发展是没有出路的，因此要拓展合作社的发展空间。四是都有好的带头人。乌拉特戈壁红驼事业专业合作社的好斯毕力格选择公职辞职，全身心投入骆驼养殖，是一个有水平、有见识、有能力的领头人。阿拉善盟荒漠双峰驼牧民专业合作社的乌尼孟和拥有开放的眼界和坚定的信念。在低谷时选择与畜牧专家和专业机构合作，并与团队合作研发挤驼奶机器，坚持不懈以解决牧民的难题。

案例的不同之处在于：一是经营范围的不同。阿拉善盟荒漠双峰驼牧民专业合作社采用的是现代化科技的智能管理，乌拉特戈壁红驼事业专业合作社注重的是传统文化、体育运动，两者的区别恰好说明合作社能够较好地联结传统与现代。二是管理方式的不同。阿拉善盟荒漠双峰驼牧民专业合作社与多方合作开发了很多技术，孵化产品，下设工厂精深加工，乌拉特戈壁红驼事业专业合作社实行自主经营，内部成立公司进行管理。

通过案例对比分析，我们可以得到以下基本结论。基于内蒙古天然的地域特点，牧区合作社的发展定位与农区有很大的差异。骆驼养殖是内蒙古地区的一大特色，笔者在锡林郭勒盟调研期间，对骆驼专业合作社的经营发展有了进一步了解。第一，合作社起"中间人"作用，连接企业与牧民。合作社的收益分配都是公司或者工厂形成利润，合作社将利润分配给牧民。乌拉特戈壁红驼事业专业合作社不仅在养殖母驼方面给予补贴，缩减成本，基地还为牧民提供固定工作岗位，解决就业问题。第二，文化在产业发展中的重要作用。骆驼合作社是牧区经济发展中的一大特色，两家合作社不仅注重经济效益，还善于开发文化产业，在文化传承与推广方面起重要作用。合作社不仅定期派遣外出学习，还与旅游机构合作，将草原文化推广至全国乃至世界。第三，地理位置和交通问题是世界性难题。养殖骆驼的条件艰苦，交通不便。养殖骆驼的草原在边境30公里，驼奶加工手续办理遇到困难。驼产品进入市场门槛高，至今未获得产品证书。即使高科技技术保证驼产品的健康安全，大众对产品的接受度不高，受众基本集中于内蒙古地区。第四，技术支撑的重要性。由于自然条件、交通运输等的不利，过去粗放式的生产方式不再适用于现代农业的发展。骆驼的养殖遇到了技术性难题，例如骆驼奶的获取，若选用人工则需花费大量时间成本和人力，挤驼奶机器的出现很好地解决了这一问题。观察两个合作社的成功经验发现，其产前、产中和产后都有着先进技术的支撑。

在乡村振兴战略背景下，合作社重振了一度"倒退"的骆驼产业，充分发挥了经济功能与文化功能。尽管表面上合作社的发展呈现一种欣欣向荣的景象，但实际的经济效益不足以支撑合作社持续提供服务型职能。因此政府的指导与扶持必须精准到位，只有合作社发展好，才能带动牧民发展，才能促进农村经济的发展。

三、政策建议

第一，合作社要选准产业定位。合作社对于产业的选取，关乎合作社本身的发展，也关乎社员对利益的追求。牧区由于其自身的特殊性，合作社对产业的选取必然不同于农区。合作社不是利益组织，其要对社员负责，因此，产业的选取并非使合作社受益，而是要使社员受益。牧区和农区都有各自的地域特点、自然条件等，考虑自身的发展特点，精准定位产业方向和模式，才能将合作社发展起来，社员才能够真正获益。牧区合作社可以以牛、羊、骆驼的养殖，初加工以及后续衍生品形成产业链，充分展现草原牧区产业的特色。农区多平原，可以发展粮食作物经营和非粮作物经营。此外，除了优越的种植、畜牧资源，各地的自然风光、民俗文化亦是瑰宝。合作社可以利用这些丰富的资源，构建特色旅游，既能够保证产业特色，也能够避免产业单一。当然，产业的定位都要以生态保护为前提，禁止过度开发自然资源，只有将产业与生态环境融合，综合考虑经济效益和生态效益，合作社的发展才能够长远。

第二，合作社要强化科技支撑。传统农业向现代农业过渡的过程中，合作社充分发挥了组织、联结的"平台"作用，强化科技对合作社的支撑，是促进现代农业发展的"助推器"。一要政府加大对农业科技投入的力度，同时号召企业等各种社会力量加入合作社以壮大产业，形成"政府主导，社会广泛参与"的人才资金扶持机制。二要突出科技重点，结合合作社的优势短板，有针对性地引进科学技术，推广技术应用，加快经济效益产出。三要加大科技培训力度，提高社员的科技应用能力，切实将科技运用到各个生产的各个环节。四要提高自主创新能力，可以建立奖励机制，激发科技创新积极性，快速适应农业现代化的发展需求。

第三，合作社要注重文化传承。"乡村振兴，文化先行"。笔者在锡林郭勒盟调研期间发现，当地的合作社具有强烈的文化认同感，很多合作社领头人愿意放弃原先的工作加入合作社的目的之一就是传承内蒙古的传统文化。将文化传承寓于合作社的发展中，将合作社文化嵌入乡村文化，贯彻落实乡村振兴战略。充分发挥政府在文化宣传中的职能，提高社员参与文化建设的积极性。文化传承也应当因地制宜，吸收外来文化的同时，推广本地的传统文化。将文化传承与产业化相结合，使文化具化为趣味的、教育的活动，弥补因文化传承的公益性造成的经济效益的损失。例如，在旅游业中，文化活动的安排可以依据当地特色，利用特色产品，保证外来游客对当地文化的了解与接纳。

第四，要培育合作社带头人。合作社的发展质量与社员的文化素质息息相关，到目前为止中国合作社社员受教育程度普遍较低，管理者也很少接受专门的合作社教育，很大程度上影响了合作社成果的传播、推广与提升，因此，急需对合作社成员开展相关教育，尤其是对管理人员的培育。合作社的领头人是信息、技术和决策的传播者，"源头"的提升才能保证合作社的综合质量。对领头人的定期教育不应局限于合作社的专业知识，还应当涵盖现代农业的知识和技术的应用；组织各地合作社的实地考察，学习不同合作社的成功经验；最重要的是培养领头人的创新思想，管理者不仅要管理合作社事务，还要管理合作社成员，合作社成员对信息的了解、技术的掌握等都需要领头人的正确引导。

参考文献

[1] 白德全，王梦媛. 合作社促进乡村振兴的困境与出路分析 [J]. 理论探讨，2019 (05).

[2] 波兰尼. 大转型：我们时代的政治与经济起源 [M]. 冯钢，刘阳，译. 杭州：浙江人民出版社，2007.

[3] 陈璐，李玉琴，王颜齐. 新型农业经营主体推动农村三产融合发展的增收效应分析 [J]. 学习与探索，2019 (03).

[4] 陈锡文. 适应经济发展新常态 加快转变农业发展方式——学习贯彻习近平总书记在中央经济工作会议上的重要讲话精神 [J]. 求是，2015 (06).

[5] 陈晓华. 推进农业供给侧结构性改革要从五个方面抓起 [J]. 上海农村经济，2016 (04).

[6] 陈晓燕，董江爱. 资本下乡中农民权益保障机制研究——基于一个典型案例的调查与思考 [J]. 农业经济问题，2019 (05).

[7] 陈秀红. 从"嵌入"到"整合"：基层党组织推进基层社会治理的行动逻辑 [J]. 中共中央党校（国家行政学院）学报，2021，25 (05).

[8] 陈学云，程长明. 乡村振兴战略的三产融合路径：逻辑必然与实证判定 [J]. 农业经济问题. 2018 (11).

[9] 陈义媛. 农村集体经济发展与村社再组织化——以烟台市"党支部领办合作社"为例 [J]. 求实，2020 (06).

[10] 程凌燕. 新型农业经营主体推动农村三产融合发展路径研究 [J]. 农业经济，2021 (08).

[11] 崔宝玉，李晓明. 资本控制下的合作社功能与运行的实证分析 [J]. 农业经济问题，2008 (01).

[12] 崔宝玉，孙迪. "关系产权"的边界与运行逻辑——安徽省 L 农民合作社联合社个案研究 [J]. 中国农村经济，2018 (10).

[13] 崔宝玉,孙迪.农民合作社联合社合法性的动态获取机制——基于扎根理论的研究[J].财贸研究,2019,30(04).

[14] 崔宝玉,王孝璎,孙迪.农民合作社联合社的设立与演化机制——基于组织生态学的讨论[J].中国农村经济.2020(10).

[15] 党国英.中国乡村社会治理现状与展望[J].华中师范大学学报(人文社会科学版),2017,56(03).

[16] 党国英,卢宪英.新中国乡村治理研究回顾与评论[J].理论探讨,2019(05).

[17] 邓衡山.不规范的合作社是不是真正的合作社[J].中国农民合作社,2016(08).

[18] 邓衡山,王文烂.合作社的本质规定与现实检视——中国到底有没有真正的农民合作社?[J].中国农村经济,2014(07).

[19] 董磊明,陈柏峰,聂良波.结构混乱与迎法下乡——河南宋村法律实践的解读[J].中国社会科学,2008(05).

[20] 杜吟棠,潘劲.我国新型农民合作社的雏形——京郊专业合作组织案例调查及理论探讨[J].管理世界,2000(01).

[21] 范长海.关于农民专业合作社规范监管的法律分析[J].农村经济与科技,2018,29(17).

[22] 范凯文,赵晓峰.农民合作社重塑基层农技推广体系的实践形态、多重机制及其影响[J].中国科技论坛,2019(06).

[23] 范连生.合作化时期农业生产合作社勤俭办社的历史考察——以贵州为中心[J].当代中国史研究,2021,28(06).

[24] 费孝通.乡土中国[M].上海:上海人民出版社,2019.

[25] 高海.《农民专业合作社法》修改的思路与制度设计[J].农业经济问题,2017,38(03).

[26] 高海.农村集体经济组织与农民专业合作社融合发展——以党支部领办合作社为例[J].南京农业大学学报(社会科学版),2021,21(05).

[27] 高海,杨永磊.社区股份合作社集体股改造:存废二元路径[J].南京农业大学学报(社会科学版),2016,16(01).

[28] 高静,王志章.改革开放40年:中国乡村文化的变迁逻辑、振兴路径与制度构建[J].农业经济问题,2019(03).

[29] 高强.合作社高质量发展驶入"快车道"[J].中国农民合作社,2020(05).

[30] 高强，孔祥智．中国农业结构调整的总体估价与趋势判断 [J]．改革，2014（11）．

[31] 高强，孔祥智．农民专业合作社与村庄社区间依附逻辑与互动关系研究 [J]．农业经济与管理，2015（05）．

[32] 龚继红，何存毅，曾凡益．农民绿色生产行为的实现机制——基于农民绿色生产意识与行为差异的视角 [J]．华中农业大学学报（社会科学版），2019（01）．

[33] 管兵．竞争性与反向嵌入性：政府购买服务与社会组织发展 [J]．公共管理学报，2015，12（03）．

[34] 郭军，张效榕，孔祥智．农村一二三产业融合与农民增收——基于河南省农村一二三产业融合案例 [J]．农业经济问题．2019（03）．

[35] 郭铁民．中国共产党领导百年农民合作社发展的"三个逻辑" [J]．福建论坛（人文社会科学版），2021（12）．

[36] 郭晓鸣，张耀文．农村集体经济组织与农民合作社融合发展的逻辑理路与实现路径 [J]．中州学刊，2022（05）．

[37] 郭晓鸣．乡村振兴战略的若干维度观察 [J]．改革，2018（03）．

[38] 国家工商总局个体司促进农民专业合作社健康发展研究课题组，苑鹏，曹斌．创新与规范：促进农民专业合作社健康发展研究 [J]．中国市场监管研究，2018（04）．

[39] 韩国明，朱侃，赵军义．国内农民合作社研究的热点主题与演化路径——基于 2000~2015 年 CSSCI 来源期刊相关论文的文献计量分析 [J]．中国农村观察，2016（05）．

[40] 韩江波．"环—链—层"：农业产业链运作模式及其价值集成治理创新——基于农业产业融合的视角 [J]．经济学家．2018（10）．

[41] 韩旭东，王若男，郑风田．能人带动型合作社如何推动农业产业化发展——基于三家合作社的案例研究 [J]．改革，2019（10）．

[42] 韩长赋．着力推进农业供给侧结构性改革 [J]．求是，2016（9）．

[43] 何安华．土地股份合作机制与合作稳定性——苏州合作农场与土地股份合作社的比较分析 [J]．中国农村观察，2015（05）．

[44] 何安华，邵锋，孔祥智．资源禀赋差异与合作利益分配——辽宁省 HS 农民专业合作社案例分析 [J]．江淮论坛，2012（01）．

[45] 何大安，许一帆．数字经济运行与供给侧结构重塑 [J]．经济学家．2020（04）．

[46] 何慧丽，古学斌，仝志辉，刘老石，贺雪峰，田力为，潘毅，毛刚强，吴重庆，文佳筠，Richard Sanders，Luca Colombo，Ada Cavazzani，陈雪，何海狮，黄小莉．城乡链接与农民合作 [J]．开放时代，2009（09）．

[47] 何慧丽，曲英杰．新型农民合作社的实践：结构社会学抑或行动社会学——兼评《新型农民合作社发展的社会机制研究》 [J]．贵州社会科学，2015（12）．

[48] 何慧丽，杨光耀．农民合作社：一种典型的本土化社会企业 [J]．中国农业大学学报（社会科学版），2019，36（03）．

[49] 何劲，祁春节，HE，等．家庭农场产业链：延伸模式、形成机理及制度效率 [J]．经济体制改革，2018（2）．

[50] 何艳玲．"嵌入式自治"：国家—地方互嵌关系下的地方治理 [J]．武汉大学学报（哲学社会科学版），2009，62（04）．

[51] 贺雪峰．如何再造村社集体 [J]．南京农业大学学报（社会科学版），2019，19（03）．

[52] 胡敏华．中国农民合作行为的博弈分析 [J]．中国经济问题，2007（01）．

[53] 胡明霞，胡耘通，黄胜忠．农民专业合作社规范运行的监管机制探析 [J]．农村经济，2015（06）．

[54] 胡平波，罗良清．农民多维分化背景下的合作社建设与乡村振兴 [J]．农业经济问题，2020（06）．

[55] 胡平波．农民专业合作社中农民合作行为激励分析——基于正式制度与声誉制度的协同治理关系 [J]．农业经济问题，2013，34（10）．

[56] 胡平波．支持合作社生态化建设的区域生态农业创新体系构建研究 [J]．农业经济问题，2018（12）．

[57] 胡振通，王亚华．中国生态扶贫的理论创新和实现机制 [J]．清华大学学报（哲学社会科学版），2021，36（01）．

[58] 黄佳民，张照新．农民专业合作社在乡村治理体系中的定位与实践角色 [J]．中国农业资源与区划，2019，40（04）．

[59] 黄珺，顾海英，朱国玮．中国农户合作行为的博弈分析和现实阐释 [J]．中国软科学，2005（12）．

[60] 黄珺，朱国玮．异质性成员关系下的合作均衡——基于我国农民合作经济组织成员关系的研究 [J]．农业技术经济，2007（05）．

[61] 黄迈，谭智心，汪小亚．当前中国农民合作社开展信用合作的典型模

式、问题与建议［J］．西部论坛，2019，29（03）．

［62］黄胜忠，伏红勇．公司领办的农民合作社：社会交换、信任困境与混合治理［J］．农业经济问题，2019（02）．

［63］黄宗智．明清以来的乡村社会经济变迁：历史，理论与现实．卷三，超越左右：从实践历史探寻中国农村发展出路［M］．北京：法律出版社，2014．

［64］黄祖辉．改革开放四十年：中国农业产业组织的变革与前瞻［J］．农业经济问题．2018（11）．

［65］黄祖辉．农业农村优先发展的制度体系建构［J］．中国农村经济，2020（06）．

［66］霍军亮．乡村振兴战略下重塑农民主体性的多重逻辑——以山东省L村的实践为例［J］．西北农林科技大学学报（社会科学版），2022，22（03）．

［67］贾大猛，张正河．合作社影响下的村庄治理［J］．公共管理学报，2006，（03）．

［68］贾大猛，张正河．农民合作社对村庄治理的影响——基于对吉林梨树县百信农民合作社的实证调查［J］．学海，2006（05）．

［69］姜天龙，舒坤良．农村"三产融合"的模式、困境及对策［J］．税务与经济，2020（05）．

［70］姜裕富．农村基层党组织与农民专业合作社的关系研究——基于资源依赖理论的视角［J］．社会主义研究，2011（05）．

［71］姜长云．日本的"六次产业化"与我国推进农村一二三产业融合发展［J］．农业经济与管理．2015（03）．

［72］蒋东生．关于培育农民合作社问题的思考［J］．管理世界，2004（07）．

［73］孔德斌．农村社区治理：从硬治理向软治理的转变［D］．南京农业大学，2014．

［74］孔祥智．农业供给侧结构性改革的基本内涵与政策建议［J］．改革，2016（02）．

［75］孔祥智．构建农村社区股份合作社框架［J］．中国农民合作社，2017（02）．

［76］孔祥智．农村社区股份合作社的股权设置及权能研究［J］．理论探索，2017（03）．

［77］孔祥智．中国农民合作经济组织的发展与创新（1978—2018）［J］．

南京农业大学学报（社会科学版），2018，18（06）．

[78] 孔祥智．什么是综合合作社 [J]．中国农民合作社，2020（08）．

[79] 孔祥智．怎样认识党支部领办合作社——山东省平原县调研手记 [J]．中国农民合作社，2020（07）．

[80] 孔祥智．农民合作社办公司——我国合作社发展新特点 [J]．中国农民合作社，2021（03）．

[81] 孔祥智，陈丹梅．政府支持与农民专业合作社的发展 [J]．教学与研究，2007（01）．

[82] 孔祥智，黄斌．农民合作社联合社运行机制研究 [J]．东岳论丛，2021，42（04）．

[83] 孔祥智，魏广成．组织重构：乡村振兴的行动保障 [J]．华南师范大学学报（社会科学版），2021（05）．

[84] 孔祥智，岳振飞，张琛．合作社联合的本质——一个交易成本解释框架及其应用 [J]．新疆师范大学学报（哲学社会科学版），2018，39（01）．

[85] 孔祥智，周振．规模扩张、要素匹配与合作社演进 [J]．东岳论丛，2017，38（01）．

[86] 李博．村庄合并、精准扶贫及其目标靶向的精准度研究——以秦巴山区为例 [J]．华中农业大学学报（社会科学版），2017（05）．

[87] 李博，高强．转型与超越：乡村振兴背景下牧区合作社的功能演化 [J]．西北农林科技大学学报（社会科学版），2021，21（03）．

[88] 李婵娟，左停．“嵌入性”视角下合作社制度生存空间的塑造——以宁夏盐池农民种养殖合作社为例 [J]．农业经济问题，2013，34（06）．

[89] 李长健，李曦．乡村多元治理的规制困境与机制化弥合——基于软法治理方式 [J]．西北农林科技大学学报（社会科学版），2019，19（01）．

[90] 李东建，余劲．村党支部领办型合作社治村逻辑与现实检验——以陕西省留坝县扶贫互助合作社为例 [J]．农业经济问题，2022（08）．

[91] 李金珊，袁波，沈楠．农民专业合作社本质属性及实地考量——基于浙江省15家农民专业合作社的调研 [J]．浙江大学学报（人文社会科学版），2016，46（05）．

[92] 李琳琳，任大鹏．不稳定的边界——合作社成员边界游移现象的研究 [J]．东岳论丛，2014，35（04）．

[93] 李玲玲，杨坤，杨建利．我国农村产业融合发展的效率评价 [J]．中国农业资源与区划，2018，39（10）．

[94] 李明贤，唐文婷．农村资金互助社运营中的金融消费者权益保护分析 [J]．农业经济问题，2019（12）．

[95] 李宁，蔡荣，李光勤．农户的非农就业区域选择如何影响农地流转决策——基于成员性别与代际分工的分析视角 [J]．公共管理学报，2018，15（02）．

[96] 李俏，孙泽南．合作社融入农村养老供给的逻辑、模式与效应 [J]．西北农林科技大学学报（社会科学版），2021，21（01）．

[97] 李俏，孙泽南．合作社养老的实践形态与发展路向 [J]．华南农业大学学报（社会科学版），2022，21（03）．

[98] 李涛．中国乡村旅游投资发展过程及其主体特征演化 [J]．中国农村观察，2018（04）．

[99] 李文杰，胡霞．为何农民合作社未成为"弱者联合"而由"强者主导"——基于农民合作社组建模式的实现条件分析 [J]．中国经济问题，2021（02）．

[100] 李旭，李雪，宋宝辉．美国农业合作社发展的特点、经验及启示 [J]．农业经济，2018（11）．

[101] 梁巧，吴闻，刘敏，卢海阳．社会资本对农民合作社社员参与行为及绩效的影响 [J]．农业经济问题，2014，35（11）．

[102] 廖小静，邓衡山，沈贵银．农民合作社高质量发展机制研究 [J]．南京农业大学学报（社会科学版），2021，21（02）．

[103] 林坚，黄胜忠．成员异质性与农民专业合作社的所有权分析 [J]．农业经济问题，2007（10）．

[104] 林乐芬，顾庆康．农民专业合作社对农地经营权抵押贷款潜在需求及影响因素分析 [J]．中国土地科学，2017，31（07）．

[105] 林闽钢．中国社会保障制度优化路径的选择 [J]．中国行政管理，2014（07）．

[106] 林毅夫．新结构经济学的理论基础和发展方向 [J]．经济评论，2017（03）．

[107] 蔺雪春．新型农民组织发展对乡村治理的影响：山东个案评估 [J]．中国农村观察，2012（01）．

[108] 刘登高．农民专业合作社的八大功能 [J]．农村经营管理，2007（08）．

[109] 刘斐，蔡洁，李晓静，等．农村一二三产业融合的个体响应及影响

因素［J］．西北农林科技大学学报（社会科学版）．2019, 19（04）．

［110］刘凤．农民合作社的反脆弱性及其贫困治理能力［J］．中国农业大学学报（社会科学版），2018, 35（05）．

［111］刘俊文．农民专业合作社对贫困农户收入及其稳定性的影响——以山东、贵州两省为例［J］．中国农村经济，2017（02）．

［112］刘老石．合作社实践与本土评价标准［J］．开放时代，2010（12）．

［113］刘灵辉，唐海君，苏扬．农村大学生返乡创建家庭农场意愿影响因素研究［J］．四川理工学院学报（社会科学版），2018, 33（03）．

［114］刘守英，王宝锦，程果．农业要素组合与农业供给侧结构性改革［J］．社会科学战线，2021（10）．

［115］刘同山，苑鹏．农民合作社是有效的益贫组织吗？［J］．中国农村经济，2020（05）．

［116］刘雨欣，李红，郭翔宇．异质性视角下农机合作社内部监督缺失问题的博弈分析——以黑龙江省为例［J］．农业经济问题，2016, 37（12）．

［117］楼栋，孔祥智．成员异质性对农民合作社收益分配控制权归属的影响分析——基于京、冀、黑三省72家农民合作社的调查［J］．农林经济管理学报，2014, 13（01）．

［118］陆益龙，孟根达来．新时代乡村治理转型的内在机制与创新方向［J］．教学与研究，2021（08）．

［119］罗必良．小农经营、功能转换与策略选择——兼论小农户与现代农业融合发展的"第三条道路"［J］．农业经济问题．2020（01）．

［120］罗尔斯．正义论［M］．何怀宏、何包钢、廖申白，译．北京：中国社会科学出版社，1988.

［121］罗千峰，罗增海．合作社再组织化的实现路径与增效机制——基于青海省三家生态畜牧业合作社的案例分析［J］．中国农村观察，2022（01）．

［122］罗倩文．我国农民合作经济组织内部合作行为及激励机制研究［D］．西南大学，2009.

［123］马九杰，赵将，吴本健，诸怀成．提供社会化服务还是流转土地自营：对农机合作社发展转型的案例研究［J］．中国软科学，2019（07）．

［124］马克思恩格斯全集［M］．北京：人民出版社，1960.

［125］毛敏，李启洋，冯春．成员异质性视角下合作社农户收益比较分析［J］．系统科学学报，2018, 26（04）．

[126] 孟庆国，董玄，孔祥智．嵌入性组织为何存在？供销合作社农业生产托管的案例研究 [J]．管理世界，2021，37 (02)．

[127] 米新丽．论农民专业合作社的盈余分配制度——兼评我国《农民专业合作社法》相关规定 [J]．法律科学（西北政法大学学报)，2008 (06)．

[128] 塔尔科特·帕森斯．社会行动的结构 [M]．张明德，译．南京：译林出版社，2003.

[129] 潘劲．中国农民专业合作社：数据背后的解读 [J]．中国农村观察，2011 (06)．

[130] 潘劲．合作社与村两委的关系探究 [J]．中国农村观察，2014 (02)．

[131] 潘璐．村集体为基础的农业组织化——小农户与现代农业有机衔接的一种路径 [J]．中国农村经济，2021 (01)．

[132] 蒲实，孙文营．实施乡村振兴战略背景下乡村人才建设政策研究 [J]．中国行政管理，2018 (11)．

[133] 恰亚诺夫．农民经济组织 [M]．萧正洪，译．北京：中央编译出版社，1996.

[134] 邱春林．新时代乡村治理体系现代化的路径选择 [J]．中南民族大学学报（人文社会科学版)：2023 (01)．

[135] 曲承乐，任大鹏．合作社理事长的商业冒险精神与社员的风险规避诉求——以北京市门头沟区 AF 种植专业合作社为例 [J]．中国农村观察，2018 (01)．

[136] 曲承乐，任大鹏．农民专业合作社的价值回归与功能重塑——以小农户和现代农业发展有机衔接为目标 [J]．农村经济，2019 (02)．

[137] 曲承乐，任大鹏．农民专业合作社利益分配困境及对策分析——惠顾返还与资本报酬有限原则本土化的思考 [J]．农业经济问题，2019 (03)．

[138] 渠鲲飞，左停．乡村振兴的内源式建设路径研究——基于村社理性的视角 [J]．西南大学学报（社会科学版)，2019，45 (01)．

[139] 任大鹏．《农民专业合作社法》的基本理论问题反思——兼议《农民专业合作社法》的修改 [J]．东岳论丛，2017，38 (01)．

[140] 任大鹏，陈彦珅．农民专业合作社的基本法理与核心制度 [J]．教学与研究，2007，(01)．

[141] 任大鹏，李琳琳，张颖．有关农民专业合作社的凝聚力和离散力分析 [J]．中国农村观察，2012 (05)．

[142] 任大鹏，肖荣荣. 农民专业合作社对外投资的法律问题 [J]. 中国农村观察，2020（05）.

[143] 邵慧敏，秦德智. 内部信任对农民合作社绩效的影响分析 [J]. 农村经济，2018（03）.

[144] 邵科，徐旭初. 成员异质性对农民专业合作社治理结构的影响——基于浙江省88家合作社的分析 [J]. 西北农林科技大学学报（社会科学版），2008（02）.

[145] 邵科，徐旭初. 合作社社员参与：概念、角色与行为特征 [J]. 经济学家，2013（01）.

[146] 苏毅清，秦明，王亚华. 劳动力外流背景下土地流转对农村集体行动能力的影响——基于社会生态系统（SES）框架的研究 [J]. 管理世界，2020，36（07）.

[147] 苏毅清，游玉婷，王志刚. 农村一二三产业融合发展：理论探讨、现状分析与对策建议 [J]. 中国软科学，2016（08）.

[148] 孙迪亮. 农民合作社：走中国特色农业现代化道路的重要选择 [J]. 经济问题探索，2010（08）.

[149] 孙迪亮. 农民合作社的十大功能 [J]. 经济问题探索，2005（01）.

[150] 孙迪亮. 改革开放以来党的农民合作社政策：历史变迁与现实启示 [J]. 社会主义研究，2020（06）.

[151] 孙亚范. 农民专业合作社利益机制、成员合作行为与组织绩效研究 [D]. 南京农业大学，2011.

[152] 孙莹. 协同共治视角下的乡村治理现代化——以四川省J市的乡村振兴实践为例 [J]. 理论学刊，2022（02）.

[153] 孙中华. 我国现代农业发展面临的形势和任务 [J]. 东岳论丛，2016，37（02）.

[154] 唐溧，董筱丹. 乡村振兴中的空间资源利用制度创新——如何弱化"三产融合"中的空间"隐性剥夺"[J]. 探索与争鸣，2019（12）.

[155] 唐宗焜. 合作社功能和社会主义市场经济 [J]. 经济研究，2007（12）.

[156] 陶冶，王任，冯开文. 制度变迁视角下中国农民合作经济的发展 [J]. 西北农林科技大学学报（社会科学版），2021，21（03）.

[157] 田艳丽，赵益平. 内蒙古农牧民专业合作社规范运行问题研究

［J］．农业经济，2018（01）．

［158］仝志辉，温铁军．资本和部门下乡与小农户经济的组织化道路——兼对专业合作社道路提出质疑［J］．开放时代，2009（04）．

［159］埃米尔·涂尔干．社会分工论［M］．渠东，译．上海：生活·读书·新知三联书店，2000．

［160］涂圣伟，周振．农业供给侧改革关键在扭转"三大失衡"［N］．上海证券报，2016-04-06．

［161］完世伟．创新驱动乡村产业振兴的机理与路径研究［J］．中州学刊，2019（09）．

［162］万宝瑞．我国农业三产融合沿革及其现实意义［J］．农业经济问题，2019（08）．

［163］汪恭礼，崔宝玉．乡村振兴视角下农民合作社高质量发展路径探析［J］．经济纵横，2022（03）．

［164］王昌海．效率、公平、信任与满意度：乡村旅游合作社发展的路径选择［J］．中国农村经济，2015（04）．

［165］王惠健．加大力度抓规范 多措并举促发展——崇明农民专业合作社的现状与发展［J］．上海农村经济，2019（03）．

［166］王进．中国农村新型治理体系转型与村社一体化融合发展研究［J］．经济学家，2016（10）．

［167］王敬尧，王承禹．农地制度改革中的村治结构变迁［J］．中国农业大学学报（社会科学版），2018，35（01）．

［168］王军．供销社领办农民专业合作社的相关问题分析［J］．中国农村观察，2012（05）．

［169］王乐君，寇广增．促进农村一二三产业融合发展的若干思考［J］．农业经济问题．2017，38（06）．

［170］王力平．要素转变与精细治理：乡村振兴战略下的农村牧区社会治理［J］．贵州民族研究，2019，40（04）．

［171］王立峰，刘燕．社会学制度主义视角下新型政党制度的构成要素分析［J］．河南社会科学，2020，28（06）．

［172］王梦颖，杨艳文，于占海，邵科．国家农民合作社示范社中联合社发展现状及展望［J］．中国农民合作社，2022，（01）．

［173］王思斌．乡村振兴中韧性发展的经济——社会政策与共同富裕效应［J］．探索与争鸣，2022（01）．

[174] 王杨.新型农村合作金融组织社员权的法律保障——以农村资金互助社为研究视角 [J].中国农村观察,2019(01).

[175] 王永瑜,徐雪.中国新型城镇化、乡村振兴与经济增长的动态关系研究 [J].哈尔滨商业大学学报(社会科学版),2021(04).

[176] 王勇.产业扩张、组织创新与农民专业合作社成长——基于山东省5个典型个案的研究 [J].中国农村观察,2010(02).

[177] 王勇.村党支部领办合作社:理论探索和实践分析 [J].农村经济,2021(06).

[178] 王真.合作社治理机制对社员增收效果的影响分析 [J].中国农村经济,2016(06).

[179] 王志刚,于滨铜.农业产业化联合体概念内涵、组织边界与增效机制:安徽案例举证 [J].中国农村经济,2019(02).

[180] 王志华.论政府向社会组织购买公共服务的体制嵌入 [J].求索,2012(02).

[181] 魏广成.瑞安市农合联改革的五大服务平台体系建设案例研究 [J].中国合作经济评论,2020(01).

[182] 魏广成,李洁琼.增量转向提质的十字路口:如何规范引导合作社发展 [J].中国农民合作社,2020(06).

[183] 温涛,陈一明.数字经济与农业农村经济融合发展:实践模式、现实障碍与突破路径 [J].农业经济问题.2020(07).

[184] 吴晨.不同模式的农民合作社效率比较分析——基于2012年粤皖两省440个样本农户的调查 [J].农业经济问题,2013,34(03).

[185] 吴菊安.日本、韩国农业经营方式和社会化服务体系发展经验及借鉴 [J].世界农业,2016(05).

[186] 吴理财.中国农村社会治理40年:从"乡政村治"到"村社协同"——湖北的表述 [J].华中师范大学学报(人文社会科学版),2018,57(04).

[187] 伍振军.农业供给侧改革,资源配置是关键 [N].农民日报,2015-12-09.

[188] 西奥多·W,舒尔茨.改造传统农业 [M].梁小民,译.北京:商务印书馆,1987.

[189] 习近平.决胜全面建成小康社会夺取新时代中国特色社会主义伟大胜利 [N].人民日报,2017-10-28.

[190] 夏英. 政府扶持农民合作社的理论依据与政策要点 [J]. 农村经营管理, 2004 (06).

[191] 肖荣荣, 任大鹏. 合作社资本化的解释框架及其发展趋势——基于资本短缺视角 [J]. 农业经济问题, 2020 (07).

[192] 肖卫东, 杜志雄. 农村一二三产业融合: 内涵要解、发展现状与未来思路 [J]. 西北农林科技大学学报 (社会科学版), 2019, 19 (06).

[193] 熊爱华, 张涵. 农村一二三产业融合: 发展模式、条件分析及政策建议 [J]. 理论学刊, 2019 (01).

[194] 徐旭初. 农民合作社发展中政府行为逻辑: 基于赋权理论视角的讨论 [J]. 农业经济问题, 2014, 35 (01).

[195] 徐旭初. 谈谈农村劳务合作社 [J]. 中国农民合作社, 2018 (04).

[196] 徐旭初. 再谈农村劳务合作社 [J]. 中国农民合作社, 2018 (05).

[197] 徐旭初. 谈谈对国际农业合作社发展经验的借鉴 [J]. 中国农民合作社, 2019 (06).

[198] 徐旭初, 金建东. 联合社何以可能——基于典型个案的实践逻辑研究 [J]. 农业经济问题, 2021 (01).

[199] 徐旭初, 邵科. 合作社成员异质性: 内涵特征、演化路径与应对方略 [J]. 农林经济管理学报, 2014, 13 (06).

[200] 徐旭初, 吴彬. 异化抑或创新——对中国农民合作社特殊性的理论思考 [J]. 中国农村经济, 2017 (12).

[201] 徐志刚, 谭鑫, 廖小静. 农民合作社核心成员社会资本与政策资源获取及成员受益差异 [J]. 南京农业大学学报 (社会科学版), 2017, 17 (06).

[202] 阎占定. 新型农民合作经济组织乡村社会建设参与分析 [J]. 理论月刊, 2014 (08).

[203] 杨军. 不同模式农民合作社绩效的差异分析——基于广东、安徽148家农民合作社的调查 [J]. 西北农林科技大学学报 (社会科学版), 2014, 14 (03).

[204] 杨立社, 杨彤. 农民专业合作社内部信用合作参与意愿 [J]. 西北农林科技大学学报 (社会科学版), 2018, 18 (06).

[205] 杨涛. 农村产业融合的实践特征与提升路径 [J]. 中州学刊. 2019 (05).

[206] 叶娟丽, 曾红. 乡村治理的集体再造——基于山东烟台 X 村党支部

领办合作社的经验［J］．西北大学学报（哲学社会科学版），2022，52（03）．

［207］叶祥松，徐忠爱．显性契约还是隐性契约——公司和农户缔约属性的影响因子分析［J］．学术研究．2015（05）．

［208］殷陆君．人的现代化 心理·思想·态度·行为［M］．四川人民出版社，1985．

［209］尹成杰．"三产融合"打造农业产业化升级版［J］．农经，2016（07）．

［210］应瑞瑶．合作社的异化与异化的合作社——兼论中国农业合作社的定位［J］．江海学刊，2002（06）．

［211］于福波，张应良．基层党组织领办型合作社运行机理与治理效应［J］．西北农林科技大学学报（社会科学版），2021，21（05）．

［212］于涛．组织起来，发展壮大集体经济（上）——烟台市推行村党支部领办合作社、全面推动乡村振兴［J］．经济导刊，2019（12）．

［213］余利红．基于匹配倍差法的乡村旅游扶贫农户增收效应［J］．资源科学，2019，41（05）．

［214］喻永红，张志坚，刘耀森．农业生态保护政策目标的农民偏好及其生态保护参与行为——基于重庆十区县的农户选择实验分析［J］．中国农村观察，2021（01）．

［215］苑鹏．中国农村市场化进程中的农民合作组织研究［J］．中国社会科学，2001（06）．

［216］苑鹏．农民专业合作社联合社发展的探析——以北京市密云县奶牛合作联社为例［J］．中国农村经济．2008（8）．

［217］苑鹏．农民专业合作组织与农业社会化服务体系建设［J］．农村经济，2011（01）．

［218］苑鹏．中国特色的农民合作社制度的变异现象研究［J］．中国农村观察，2013（03）．

［219］苑鹏．关于修订《农民专业合作社法》若干问题的再思考［J］．东岳论丛，2017，38（01）．

［220］张琛，孔祥智．农民专业合作社成长演化机制分析——基于组织生态学视角［J］．中国农村观察，2018（03）．

［221］张琛，孔祥智．组织合法性、风险规避与联合社合作稳定性［J］．农业经济问题，2018（03）．

［222］张琛，张云华．根据农村常住人口变化趋势谋划乡村振兴［J］．中

国发展观察，2021（05）．

[223]张琛，赵昶，孔祥智．农民专业合作社的再联合[J]．西北农林科技大学学报（社会科学版），2019，19（03）．

[224]张纯刚，贾莉平，齐顾波．乡村公共空间：作为合作社发展的意外后果[J]．南京农业大学学报（社会科学版），2014，14（02）．

[225]张欢．新时代提升农民组织化路径：烟台再造集体例证[J]．重庆社会科学，2020（06）．

[226]张洁，陈美球，谢贤鑫，赖昭豪，刘艳婷，张淑娴，张玉琴．劳动力禀赋、耕地破碎化与农户生态耕种决策行为[J]．中国农业资源与区划，2022，43（03）．

[227]张紧跟．NGO的双向嵌入与自主性扩展：以南海义工联为例[J]．重庆社会主义学院学报，2014，17（04）．

[228]张康之．论竞争的后果与风险社会[J]．理论与改革，2020（04）．

[229]张利痒，刘开邦，张泠然．社会交换理论视角下"金字塔"型乡村治理体系研究——基于山东省J市S村的单案例分析[J]．中国人民大学学报，2022，36（03）．

[230]张连刚，支玲，谢彦明，等．农民合作社发展顶层设计：政策演变与前瞻——基于中央"一号文件"的政策回顾[J]．中国农村观察，2016（05）．

[231]张世兵，龙茂兴．乡村旅游中社区与旅游投资商合作的博弈分析[J]．农业经济问题，2009（04）．

[232]张天佐．抓好农民合作社带头人培育强化乡村振兴人才支撑[J]．中国农民合作社，2021（05）．

[233]张晓山．理想与现实的碰撞：《农民专业合作社法》修订引发的思考[J]．求索，2017（08）．

[234]张晓山．下一步农村改革最需要在哪些方面发力？[J]．农村经营管理，2018（09）．

[235]张晓山．"三位一体"综合合作与中国特色农业农村现代化——供销合作社综合改革的龙岩探索[J]．农村经济，2021（07）．

[236]张益丰，陈莹钰，潘晓飞．农民合作社功能"嵌入"与村治模式改良[J]．西北农林科技大学学报（社会科学版），2016，16（06）．

[237]张益丰，孙运兴．新型职业农民创业与农业产业融合发展——以山东省莱州市文峰路街道金丰农民专业合作社创业发展为例[J]．南京林业大学

学报（人文社会科学版），2020，20（03）.

[238] 张益丰，王晨. 政府服务、资助对象选择与经营主体融合发展研究——基于多案例的比较 [J]. 新疆农垦经济，2019（02）.

[239] 张众. 乡村旅游对农村劳动力就业的影响及其路径 [J]. 山东社会科学，2019（07）.

[240] 赵昶，董翀. 民主增进与社会信任提升：对农民合作社"意外性"作用的实证分析 [J]. 中国农村观察，2019（06）.

[241] 赵翠萍，侯鹏，刘阳，余燕. 传统农耕村的土地股份合作社实践——豫省 L 村案例 [J]. 农业经济问题，2018（12）.

[242] 赵德余. 新时代乡村振兴战略与"三农"问题研究 [J]. 贵州大学学报（社会科学版），2020，38（02）.

[243] 赵佳荣. 农民专业合作社"三重绩效"评价模式研究 [J]. 农业技术经济，2010（02）.

[244] 赵可欣. 合作社作用下的乡村治理 [J]. 南方农业，2016，10（03）.

[245] 赵泉民. 嵌入性还是内源性：对合作金融资本供给机制剖析——以 20 世纪前半期中国乡村信用合作社为中心 [J]. 财经研究，2010，36（03）.

[246] 赵泉民. 合作社组织嵌入与乡村社会治理结构转型 [J]. 社会科学，2015，（03）.

[247] 赵泉民，井世洁. 合作经济组织嵌入与村庄治理结构重构——村社共治中合作社"有限主导型"治理模式剖析 [J]. 贵州社会科学，2016（07）.

[248] 赵树凯. 乡镇政府之命运 [J]. 中国发展观察，2006（07）.

[249] 赵晓峰. 农民合作社信用合作的生长机制分析 [J]. 西北农林科技大学学报（社会科学版），2017，17（06）.

[250] 赵晓峰，孔荣. 中国农民专业合作社的嵌入式发展及其超越 [J]. 南京农业大学学报（社会科学版），2014，14（05）.

[251] 赵晓峰，王艺璇. 阶层分化、派系竞争与村域合作社发展——基于河南省先锋村新型农民合作社发展实践的调查 [J]. 中国农村观察，2013（03）.

[252] 赵晓峰，许珍珍. 农民合作社发展与乡村振兴协同推进机制构建：理论逻辑与实践路径 [J]. 云南行政学院学报，2019，21（05）.

[253] 赵晓峰，赵祥云. 新型农业经营主体社会化服务能力建设与小农经

济的发展前景［J］.农业经济问题.2018（04）.

［254］赵鑫,于欣慧,任大鹏.市场视域下农民专业合作社章程的有效自治［J］.农村经济,2021（04）.

［255］郑丹.农民专业合作社盈余分配状况探究［J］.中国农村经济,2011（04）.

［256］钟觅琦,刘西川.农村资金互助社大股东模式研究:欣禾案例［J］.金融发展研究,2018（11）.

［257］钟真,黄斌,李琦.农村产业融合的"内"与"外"——乡村旅游能带动农业社会化服务吗［J］.农业技术经济.2020（04）.

［258］钟真,黄斌.要素禀赋、入社门槛与社员增收:基于三家农民合作社的案例分析［J］.改革,2018（09）.

［259］钟真,余镇涛,白迪.乡村振兴背景下的休闲农业和乡村旅游:外来投资重要吗?［J］.中国农村经济,2019（06）.

［260］周立群,曹利群.农村经济组织形态的演变与创新——山东省莱阳市农业产业化调查报告［J］.经济研究,2001（01）.

［261］周振,孔祥智.资产专用性、谈判实力与农业产业化组织利益分配——基于农民合作社的多案例研究［J］.中国软科学,2017（07）.

［262］周忠丽,夏英.日韩农协发展探析［J］.农业展望,2014,10（01）.

［263］朱太辉,张彧通.农村中小银行数字化转型赋能乡村振兴研究——兼论"双链联动"模式创新［J］.南方金融,2022（04）.

［264］朱信凯,徐星美.一二三产业融合发展的问题与对策研究［J］.华中农业大学学报（社会科学版）,2017（04）

［265］朱余斌.建国以来乡村治理体制的演变与发展研究［D］.上海社会科学院,2017.

［266］朱哲毅,宁可,应瑞瑶.农民专业合作社的"规范"与"规范"合作社［J］.中国科技论坛,2018（01）.

［267］朱政.秩序重建与乡村治理的法治化——关于恩施市沐抚办事处基层社会治理创新调研的再思考［J］.西安电子科技大学学报（社会科学版）,2015,25（01）.

［268］宗锦耀.以农产品加工业为引领推进农村一二三产业融合发展［J］.农村工作通讯,2015（13）.

［269］Ajzen I. The theory of planned behavior［J］. Organizational behavior and human decision processes. 1991, 50（2）.

［270］ Caplan R D. Person-Environment Fit Theory and Organizations: Commensurate Dimensions, Time Perspectives, and Mechanisms ［J］. Journal of Vocational behavior. 1987, 31（3）.

［271］ Cook, M L. The Future of U. S. Agricultural Cooperatives: A Neo-institutional Approach, American Journal of Agricultural Economics, 1995, 77（5）.

［272］ Drivas K, Giannakas K. The effect of cooperatives on quality-enhancing innovation ［J］. Journal of Agricultural Economics, 2010, 61（2）.

［273］ Echols A, Tsai W. Niche and performance: the mode rating role of network embeddedness ［J］. Strategic Management Journal, 2005, 26（3）.

［274］ Elton C S. Animalecology ［M］. University of Chicago Press, 2001.

［275］ Fulton M, Giannakas K. The future of agricultural cooperatives ［J］. Annu. Rev. Resour. Econ., 2013, 5（1）.

［276］ Futagami K, Nakabo Y. Capital accumulation game with quasi-geometric discounting and consumption externalities ［J］. Economic Theory, 2021, 71（02）.

［277］ Boyle G E. The economic efficiency of Irish dairy marketing co-operatives ［J］. Agribusiness, 2004.

［278］ Gause G F. The struggle for existence ［M］. Baltimore: Williams & Wilkins, 1934.

［279］ Gosselin P, Lotz A, Wambst M. Heterogeneity in Social Valuesand Capital Accumulationina Changing World ［J］. Journal of Economic Interaction and Coordination, 2019, 14（1）.

［280］ Granovetter M. Economic Action and Social Structure: The Problem of Embeddedness ［J］. American Journal of Sociology, 1985（3）.

［281］ Granovetter M. The impact of social structure one conomic outcomes ［J］. Journal of economic perspectives, 2005, 19（1）.

［282］ Hannan M T, Freeman J. The population ecology of organizations ［J］. American journal of sociology, 1977, 82（5）.

［283］ Lemon W F, Liebowitz J, Burn J, et al. Information Systems Project Failure: A Comparative Study of Two Countries. ［J］. Journal of Global Information Management, 2002, 10（2）.

［284］ Levins R. Evolution in changingen vironments ［M］. Princet on University Press, 2020.

［285］ Lotka A J. Elements of physicalbiology ［M］. Baltimore: Williams &

Wilkinscompany, 1925.

[286] Majee W, Hoyt A. Cooperatives and community development: A perspective on the use of cooperatives in development [J]. Journal of community practice, 2011, 19 (1).

[287] Ma W, Abdulai A. Does cooperative membership improve household welfare? Evidence from apple farmers in China [J]. Food Policy, 2016, 58 (1).

[288] Mizik N. Assessing the total financial performance impact of brand equity with limited time-seriesdata [J]. Journal of Marketing Research. 2014, 51 (6).

[289] Mojo D, Fischer C, Degefa T. Social and environmental impacts of agricultural cooperatives: evidence from Ethiopia [J]. International Journal of Sustainable Development & World Ecology, 2015, 22 (5).

[290] Nilsson J, Svendsen G, Svendsen G T. Are Largeand Complex Agricultural Cooperatives Losing Their Social Capital? [J]. Agribusiness, 2012, 28 (2).

[291] Nilsson J, Svendsen G L H, Svendsen G T. Are large and complex agricultural cooperatives losing their social capital? [J]. Agribusiness, 2012, 28 (2).

[292] Nilsson J. The emergence of new organizational models for agricultural cooperatives [J]. Swedish Journal of agricultural research, 1998, 28.

[293] Saz-Gil I, Bretos I, Díaz-Foncea M. Cooperatives and social capital: A narrative literature review and directions for future research [J]. Sustainability, 2021, 13 (2).

[294] Zukin S, Dimagg io P. Structures of Capital: The Social Organization of Economy [M]. Cambridge: Cambridge University Press, 1990.

[295] Tolno E, Kobayashi H, Ichizen M, et al. Economic analysis of the role of farmer organizations in enhancing small holder potato farmers'income in middle Guinea [J]. Journal of Agricultural Science, 2015, 7 (3).

[296] Valentinov V. Why are cooperatives important in agriculture? An organizational economics perspective [J]. Journal of institutional Economics, 2007, 3 (1).

[297] Valentinov V. Toward a Social Capital Theory of Cooperative Organization [J]. Journal of Cooperative Studies, 2004, 37 (3).

[298] Volterra V. Fluctuations in the abundance of aspecies considered mathematically [J]. Nature, 1927, 119.

［299］ Winn Jane Kaufman. Relational Practices and the Marginalization of Law：Informal Financial Practices of Small Businesses in Taiwan ［J］ . Law & Society Review，1994，28 (2) .

［300］ Yin R K. Case study research：Design and methods ［J］. Applied Social Research Methods Series，1989，5.